RUNNER'S WORLD

Martin Grüning

RUNNER'S WORLD

SO SCHAFFEN SIE JEDES LAUFZIEL!

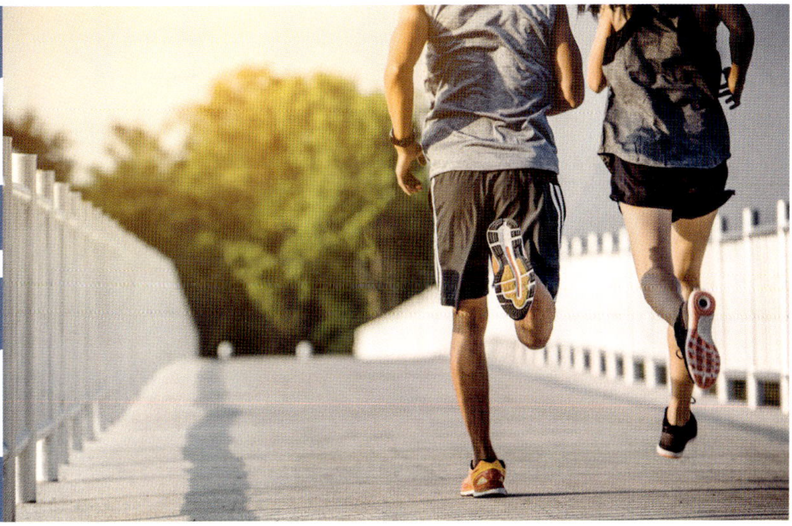

Die besten Trainingspläne von RUNNER'S WORLD

pietsch

Abbildungsnachweis

Cover: shutterstock/only_kim

Getty Images: 4: shapecharge; 12: Tara Moore; 15: zoranm; 16: Ken Redding; 17: AN Studio; 18: sanjeri; 24: filadendron; 33: Westend61; 34: kovaciclea; 36: FatCamera; 45: Casarsa-Guru; 49: EMS-FORSTER-PRODUCTION; 50/51: Neustock-images; 56: sanjeri; 60/61: Glowimages ; 65: FatCamera; 69: DjelicS; 75: Comstock; 76: as creative atelier; 77 (oben) Westend61; 77 (unten): Drazen; 79: EmirMemedovsk; 81: MStudioImages; 83: momcilog; 84 (oben): Alexandre_es; 84 (unten): runner of art; 87: Sanja Radin; 89: Milo Zanecchia Ascent Xmedia; 94: Aidon; 98: TommL; 99: fotog; 109: John P Kelly; 133: amriphoto; 157: Real Sports Photos; 166/167 (unten): Robb Reece

Shutterstock: 6/7: Real Sports Photos; 8: Jarama; 10: only_kim; 13: Koldunov Alexey; 20: valiantsin suprunovich; 21: Ljupco Smokovski; 22: Yulia Furman; 101: Belikova Oksana; 103: Gorodenkoff; 104: Sura Nualpradid;105: monticello; 106: Aleks shutter; 114: EvrenKalinbacak; 120 (oben links): Ground Picture; 120 (oben rechts): Goskova Tatiana; 120 (unten links): BallBall14; 120 (unten rechts): monticello; 122: michelangeloop; 132: Vladislav Noseek; 149: B-D-S Piotr Marcinski; 150/151: Jacob Lund; 151: Friends Stock; 152: lzf; 154: baranq; 155: lzf; 156: Atapialopez28; 160: Blazej Lyjak; 162/163: PeopleImages.com - Yuri A; 165: lzf; 166/167 (oben): PeopleImages.com - Yuri A; 168: Inside Creative House; 174: Blazej Lyjak; 176: Lopolo; 180: Gorodenkoff; 183: Anton Pentegov; 185: bbernard; 189/190: Sura Nualpradid;

Christian Martin Weiss: 192

ISBN: 978-3-613-50963-4

Postfach 103743, 70032 Stuttgart
Ein Unternehmen der Paul Pietsch Verlage GmbH & Co. KG

1. Auflage 2024

Sie finden uns im Internet
unter www.pietsch-verlag.de

Lektorat: Niko Schmidt
Einbandgestaltung und Layout:
grafik+design Kornelia Erlewein
Druck und Bindung: Graspo CZ, 76302 Zlín
Printed in Czech Republic

Es gibt keinen Menschen, mit dem ich lieber laufe, als mit meiner Frau Sonja von Opel. Danke für die vielen gemeinsamen Laufkilometer und die Unterstützung in allen Lebenslagen – auch bei der Erstellung dieses Buchs.

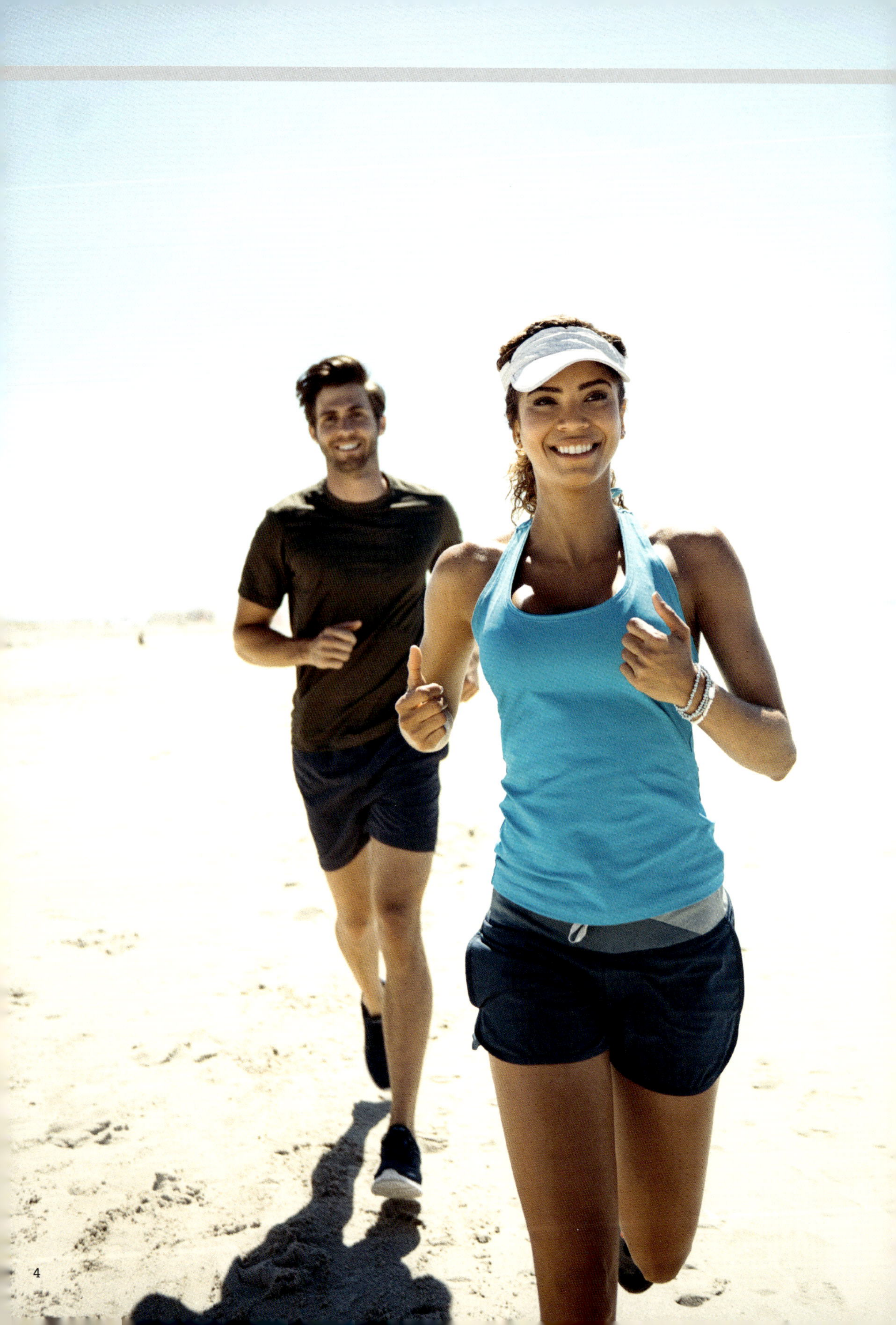

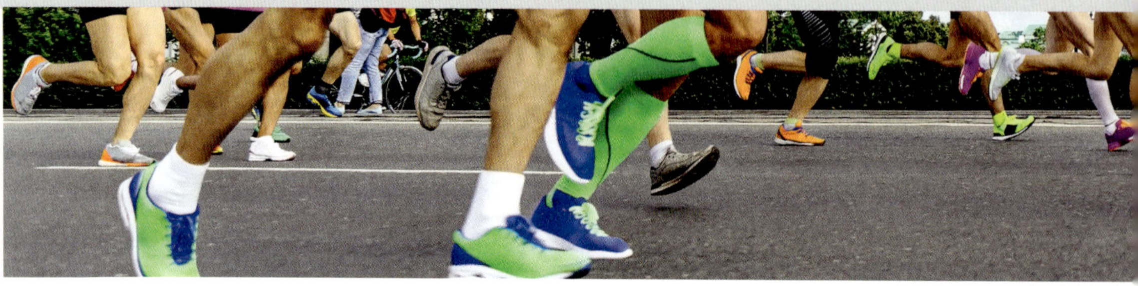

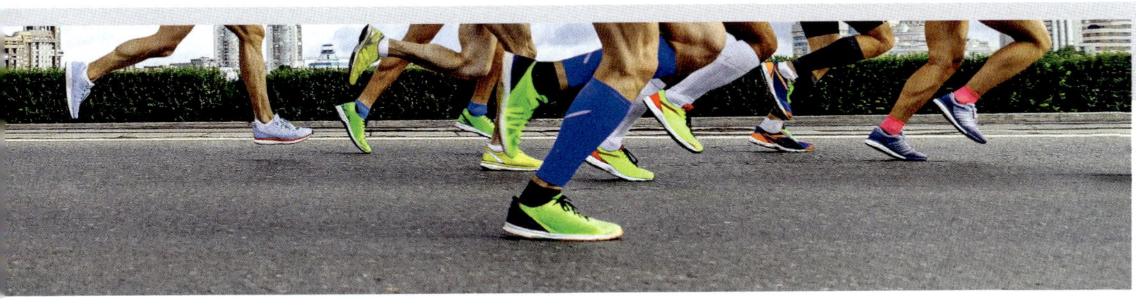

VORWORT

Ein Laufplan fürs Leben

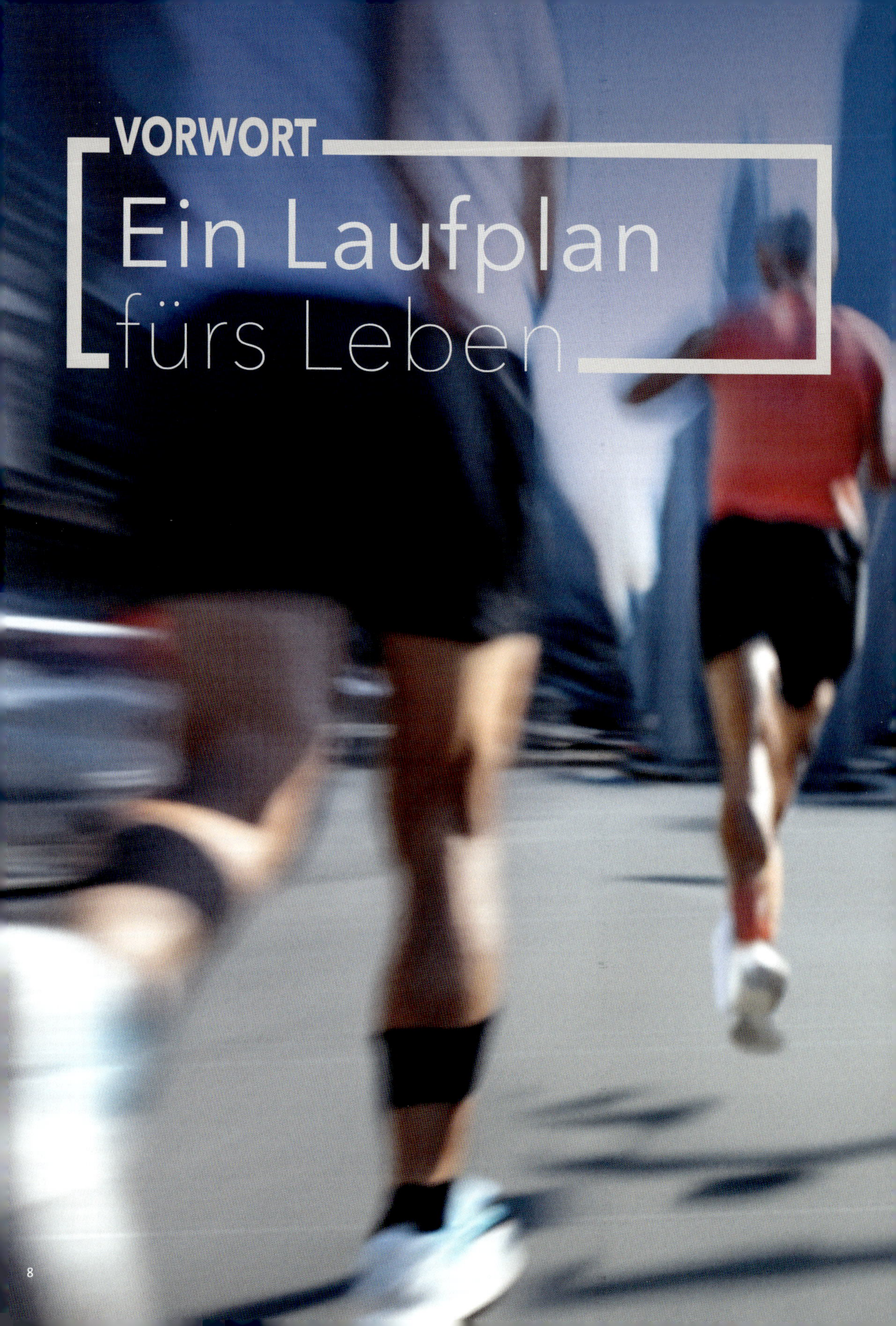

»So schaffen Sie jedes Laufziel« ist nicht nur irgendein Buchtitel, sondern meine Mission. Ich weiß aus eigener Erfahrung, dass es möglich ist, jedes selbst gesetzte Laufziel zu erreichen. Ein Lauferfolg fußt überwiegend auf der Herzkreislauf-Leistungsfähigkeit, und das Herz ist ein Muskel, und einen Muskel kann man trainieren. Je mehr Sie also in diesen Sport hineinstecken, desto mehr bekommen Sie heraus. Wie fair ist das denn bitte?!

Seit Jahrzehnten versuche ich, meine Mitmenschen davon zu überzeugen, dass es nichts Schöneres als das Laufen gibt. Und wenn ich sie dann so weit habe, dass sie es tun, dann lasse ich sie damit ungern allein. Denn sie laufen ja nicht lange nur »einfach so«, sondern entwickeln schnell Ansprüche an den Sport. Das kennen Sie doch auch, oder? Sie wollen mit dem Laufen ein Ziel erreichen, egal, ob es Stressabbau, Gewichtsverlust, Gesundheitsaufbau oder Wettkampfziele sind. Und glauben Sie mir, je besser ein Lauftraining geplant ist, desto schneller erreichen Sie dieses Ziel – und je schneller Sie ein Ziel erreichen, desto mehr Spaß macht es. Daher bin ich der Meinung, egal, ob Sie ein Laufeinsteiger sind oder ein erfahrener Marathonläufer, Sie sollten einen Plan haben, einen »Trainingsplan«! Das ist ganz einfach eine Vorgabe, die es Ihnen erleichtert, Ihr Laufen so zu strukturieren, dass es schnellstmöglich den Erfolg bringt, denn Sie sich vom Laufen erwarten.

In den über 30 Jahren meiner Tätigkeit als RUNNER'S WORLD-Trainingsexperte gibt es eigentlich nichts mehr, wozu ich noch keinen Plan geschrieben habe, und meine 45 besten Laufpläne sind in diesem Buch jetzt noch einmal zusammengefasst: Vom blutigen Laufanfänger bis zum Ultraläufer, für jeden ist der richtige Plan dabei. Dieses Buch ist im Grunde genommen nichts anderes als der Laufplan fürs Leben. Es kann Sie über Jahre begleiten, von Ihren ersten Laufschritten bis zum ersten Marathonlauf, ja, wenn es sein soll, sogar bis zum 100-km-Lauf. Und das Beste: Ein Plan baut auf dem nächsten auf, so sind Sie in Ihrer Laufkarriere nie allein.

Aber das Buch erschöpft sich nicht nur in den klassischen Trainingsplänen für den Laufeinstieg, für 5 km oder 10 km, für Halbmarathon und Marathon, sondern bietet auch Ideen und Vorgaben für die Situationen, in denen man als Läufer schnell mal die Übersicht oder gar Motivation verliert, sich über- oder unterfordert: Was tun, wenn es im Winter besonders kalt ist? Was tun, wenn man im Urlaub ist, nach Verletzungen, oder wenn das Alter drückt? Eigentlich gibt es nichts, für das ich nicht den richtigen Plan hätte. Ich bin gespannt, ob Sie das nach der Lektüre dieses Buches anders sehen.

Martin Grüning

KAPITEL 1

Erster Schritt: Der Laufeinstieg

→ **Nur für Laufanfänger**

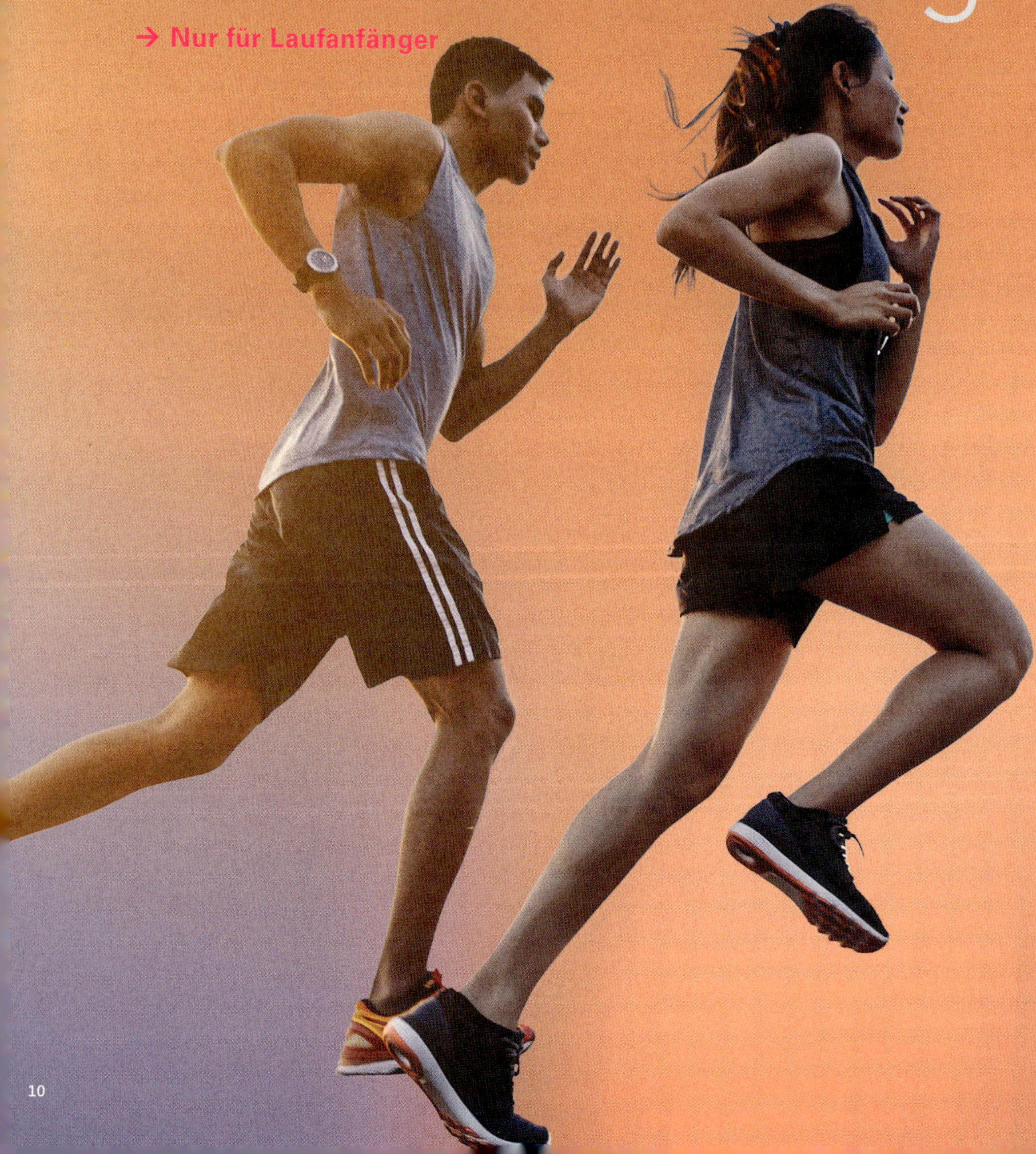

1

1.1 Laufen lernen

Laufen ist die einfachste Sache der Welt – einen Fuß vor den anderen setzen, das kann schließlich jeder. Ich weiß, Überwindung kostet es trotzdem, bis man die ersten Laufschritte gemacht hat. Jeder hat andere Gründe, mit dem Laufen zu beginnen. Der eine will abnehmen, die andere Abstand von Stress und Hektik des Alltags nehmen. Egal, warum Sie laufen, eines sollte Sie in Ihrem Vorhaben bestärken: Laufen ist nicht nur die einfachste sportliche Aktivität der Welt, sondern auch die wirkungsvollste Trainingsform für das Herz-Kreislauf-System.

1.1.1 Aller Anfang ist schwer: ein Test

Am leichtesten tut sich der Laufeinsteiger mit einem exakten Trainingsprogramm, das der Ausdauer planmäßig auf die Sprünge hilft. Bei einem Lauftraining nach dem Prinzip »Einfach drauflos« bleibt die Effektivität des Trainings oft allzu schnell auf der Strecke. Mit herkömmlichen Trainingsprogrammen können Laufanfänger allerdings wenig anfangen; entweder sind sie unverständlich oder viel zu ambitioniert angelegt. Deshalb ist der erste Schritt zum regelmäßigen Lauftraining auch der schwerste: Wer mit dem Laufen beginnt, sollte sich über seinen Leistungsstand im Klaren sein. Leider lässt sich die individuelle Leistungsfähigkeit nicht schätzen, man muss sie testen. Am Anfang steht also eine Art Leistungstest. Und so funktioniert er: Laufen Sie so langsam wie möglich so lange wie möglich. Konnten Sie zwei Minuten am Stück laufen? Dann sind Sie etwa genauso fit wie die Hälfte der deutschen Bevölkerung. Wenn Sie nach unseren Trainingsplänen trainieren wollen, halten Sie sich an den Trainingsplan für Anfänger ohne sportlichen Hintergrund (ab Seite 25). Konnten Sie tatsächlich 15 Minuten am Stück laufen? Dann sind Sie kein »blutiger Anfänger« mehr und können sogar innerhalb von 12 Wochen mindestens »Wettkampfniveau« erreichen, was nichts anderes bedeutet, als dass Sie an Wettkämpfen teilnehmen könnten (aber natürlich nicht müssen).

Völlig außer Puste müssen Sie schon nach wenigen Metern dem Traum vom leichtflüssigen Dahinfliegen Ade sagen. Nach wenigen Minuten heißt es: Rien ne va plus! Nichts geht mehr. Warum? Sie haben sich maßlos übernommen und sind viel zu schnell losgerannt. Die Lunge brennt, das Herz rast. Und hier die Überraschung: Der beste Einstieg ins Laufen ist das Gehen. 30 Minuten zügiges Gehen sollten auch für unsportliche Menschen (oder Übergewichtige) nach wenigen Tagen kein Problem sein. Dieses Programm dient in den ersten Trainingswochen als Einstieg in eine regelmäßige Laufbelastung.

1.1.2 Aus Gehen wird Laufen

Aus dem Gehen wird in Schritt zwei eine Kombination aus Gehen und Laufen. Das »Laufen mit Pausen« bringt schnell den Effekt, den sich Laufeinsteiger von der Sportart eigentlich versprechen: Sie kommen voran, legen eine Strecke zurück, die sie sich vor einigen Wochen noch nicht zugemutet hätten. Sicher werden bei einer 20-minütigen Geh-/Laufbelastung noch keine Unmengen von Endorphinen freigesetzt, aber das Hochgefühl, das sich in etwa mit den Gedanken be-

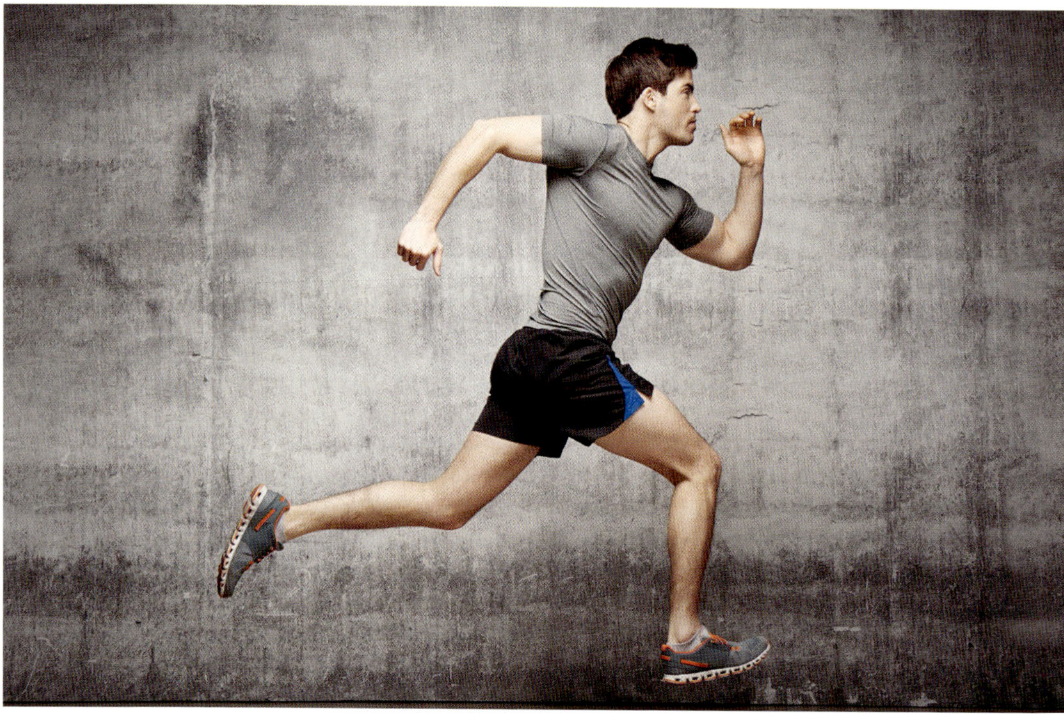

schreiben lässt: »Leute, ich spüre, dass ich etwas für meinen Körper getan habe«, setzt unter der anschließenden Dusche schon nach den ersten Laufeinheiten unweigerlich ein. Und das Beste: Beim Laufen wird enorm viel mehr Energie (Kalorien) verbraucht als beim Gehen. Die Pfunde beginnen schon nach wenigen Tagen zu purzeln.

Laufanfänger sollten eines vermeiden: erfahrenen Läufern zuzuhören. Diese definieren »Gelingen« oder »Nichtgelingen« ihrer Laufeinheiten oft nur über den Grad der Anstrengung (Fachjargon: »Intensität«) und die Kilometerlänge (Fachjargon: »Umfang«), frei nach dem Motto: Je anstrengender und länger ein Lauf war, desto besser. Sicherlich bleibt es jedem selbst überlassen, was er in seiner Freizeit tut und wie er es tut, aber in solchen Fällen kann man nur sagen: Diese Läufer sind keine guten Vorbilder für Laufeinsteiger. Anfänger sollten sich nicht an Kilometervorgaben orientieren, sondern nur an Minutenvorgaben (dies berücksichtige ich in meinen Trainingsplänen). Es heißt also nicht: »Heute will ich 2 km schaffen«, sondern: »Heute will ich 12 Minuten am Stück laufen«. Warum? 12 Minuten bleiben 12 Minuten, egal, wie schnell oder langsam Sie laufen. Wer zu schnell losläuft, bekommt in den letzten Minuten Probleme. Da lernen Sie schnell, die Zeit effektiv einzuteilen. Bei Kilometervorgaben ist dies anders: 2 km bleiben zwar auch 2 km. Aber an einem guten Tag schaffen Sie dies in 11 Minuten, an einem schlechten Tag in 14 Minuten, und es besteht immer der Reiz, die Strecke so schnell wie möglich hinter sich zu bringen. Die große Gefahr: Sie laufen immer zu schnell und übernehmen sich bei jeder Laufeinheit. Ein zu hohes Lauftempo ist der Anfängerfehler Nummer eins. Und leider auch ein guter Grund, das Laufen nach ersten schmerzhaften Versuchen schnell wieder aufzugeben.

Die ersten Laufschritte werden in einem Tempo absolviert, das nicht schneller ist als ein zügiges Gehtempo. Was auch immer Sie von anderen hören: Am Anfang kommt es nicht auf das Tempo an, sondern allein auf die Laufbewegung. Was das Laufen vom Gehen (selbst bei gleichem Tempo) unterscheidet, ist der größere Energieumsatz, denn beim Laufen heben Sie Schritt für Schritt Ihr gesamtes Körpergewicht vom Boden ab und fangen es auch wieder auf. Beim Gehen wird das Gewicht dagegen immer von einem Bein am Boden gestützt. Das ideale Lauftempo ist das, bei dem Sie sich problemlos mit Mitläufern unterhalten können (bzw. könnten, wenn Sie allein laufen). Es sollte zwar nicht so langsam sein, dass Sie Opernarien schmettern könnten, aber es muss genügend Luft zum Reden bleiben. Laute Hecheltöne stoßen nur die aus, die entweder viel zu schnell unterwegs sind und/oder völlig falsch atmen.

Immer mal wieder liest und hört man von Atemregeln für Läufer. Eine der gängigsten: Richten Sie sich nach einem Zählschema. Vergessen Sie's! Es geht viel einfacher. Starre Vorgaben zum Atemrhythmus und der Schrittfrequenz sind für Laufanfänger nicht hilfreich, sie irritieren nur. Die Atmung vollzieht sich beim Laufen automatisch. Ein interessantes Detail: Läufer atmen automatisch beim Aufsatz des Fußes ein und aus. Aber nicht nur das, Läufer atmen in der Regel auch auf demselben Fuß aus und auf demselben Fuß ein. Ganz von selbst, ohne dass sie darauf achten.

Beim Atmen gilt es höchstens, darauf zu achten, dass Sie kräftig ausatmen. Die Lungen holen sich dann die nötige Luft schon von allein. Je kräftiger die Ausatmung, desto tiefer kann man natürlich anschließend wieder einatmen. Atemregeln hin oder her – es gibt eine Regel, die ihre Berechtigung hat: Atmen Sie nicht durch die Nase, sonst gelangt nicht genügend Luft in Ihre Lungen.

RATGEBER

»Nach welchem Atemrhythmus sollte man sich beim Laufen richten?«

Starre Vorgaben zum Atemrhythmus sind für Laufanfänger nicht hilfreich, sie irritieren nur. Die Atmung vollzieht sich beim Laufen automatisch. Beim Atmen gilt es höchstens, darauf zu achten, dass Sie kräftig ausatmen. Die Lungen holen sich dann die nötige Luft schon von allein.

Aber die Laufintensität lässt sich ganz einfach über die Atmungsaktivität regulieren. An ruhigen Trainingstagen ist Ihr Atem kaum zu hören und Sie können sich beim Dauerlauf jederzeit unterhalten. An Belastungstagen mit schnellen Dauerläufen muss dagegen der Atem hörbar sein. Und harte Trainingseinheiten sollten Sie buchstäblich sprachlos machen.

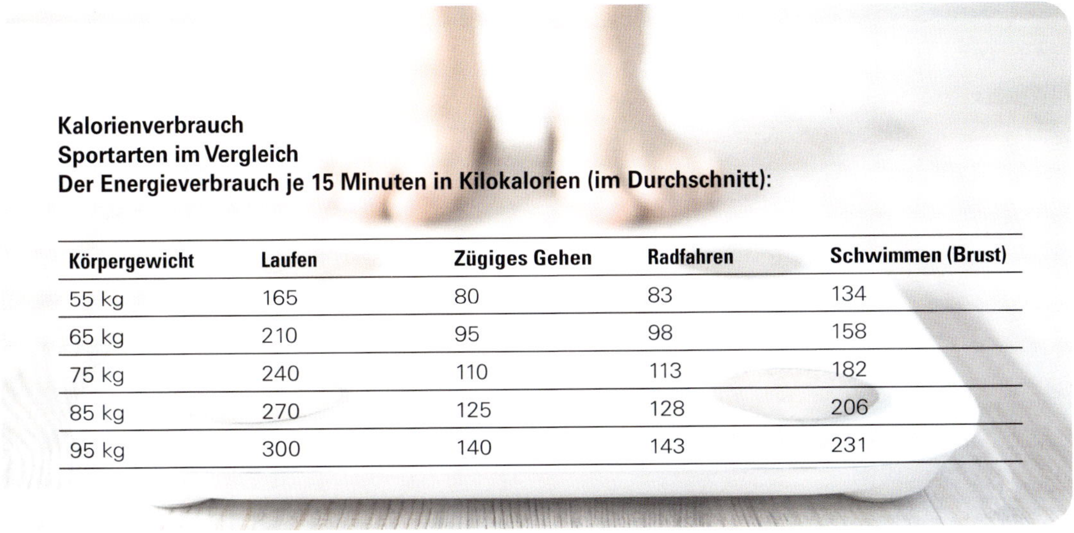

Kalorienverbrauch
Sportarten im Vergleich
Der Energieverbrauch je 15 Minuten in Kilokalorien (im Durchschnitt):

Körpergewicht	Laufen	Zügiges Gehen	Radfahren	Schwimmen (Brust)
55 kg	165	80	83	134
65 kg	210	95	98	158
75 kg	240	110	113	182
85 kg	270	125	128	206
95 kg	300	140	143	231

Darum sollten auch Sie laufen

Es gibt hunderte Gründe, mit einem Lauftraining zu beginnen, hier die acht besten Gründe.

Wer läuft, transportiert das Körpergewicht bei jedem einzelnen Schritt. Laufen ist somit eine Art Kraftausdauertraining, vor allem für die Beinmuskulatur, wobei das Herz in idealem Maße beansprucht wird: Es pumpt zur Sauerstoffversorgung der Muskeln Blut durch den Körper, ein Vorgang, der viele positive Nebenwirkungen hat. Der Stoffwechsel wird angeregt, und viele Hormone funktionieren aufgrund dieser moderaten Belastung optimal. Die günstigen gesundheitlichen Nebenwirkungen eines Ausdauertrainings, wie es das Laufen schlechthin darstellt, sind in ihrer Vielfalt noch lange nicht erforscht. Ständig veröffentlichen Forscher neue Erkenntnisse und liefern damit weitere Gründe, die für ein regelmäßiges Ausdauertraining sprechen.
Ich gebe Ihnen acht Gründe, die jeden überzeugen sollten, es sofort mit dem Laufen zu probieren:

1. Laufen ist effektiv

»Wer mehr als 30 Minuten 3 x pro Woche läuft, tut dies nicht mehr nur, weil er fit bleiben will.« Dieser Spruch stammt vom Ausdauerpapst der ersten Stunde, Dr. Kenneth Cooper, und er wollte damit ausdrücken, dass das Herz-Kreislauf-System mit geringem Aufwand in Schwung gehalten wird und viele weitere positive Nebenwirkungen erzielt werden.

2. Kalorien verbrennen

Laufen ist die beste Möglichkeit, Kalorien zu verbrennen und ist anderen Sportarten in dieser Hinsicht teilweise deutlich überlegen. Der Grund: Bei jedem Laufschritt wird das eigene Körpergewicht transportiert, ohne Hilfsmittel oder Hebel wie z. B. beim Radfahren, Inlineskating oder Eislaufen. Bei diesen Sportarten ist viel weniger Reibungswiderstand zu überwinden. Deshalb dauert es länger, bis ähnliche Brennwerte wie beim Laufen erreicht werden. Lediglich beim Skilanglauf werden im Vergleich zum Laufen mehr Kalorien verbrannt, vor allem, wenn Steigungen überwunden werden.

3. Laufen ist praktisch

In wenigen Minuten sind Sie umgezogen und unterwegs. Laufen können Sie fast überall, vor allem in den Ländern Mitteleuropas, wo Stadtparks, Felder und Wälder von Wegen und Pfaden durchzogen sind.

4. Keine komplizierte Technik

Laufen ist einfach, keine besondere Technik ist nötig. Lediglich das Tempo ist variabel, je nach Trainingszustand.

5. Keine teure Ausrüstung

Die Grundausstattung besteht aus einem (oder mehreren) Paar Laufschuhen, die Bekleidungsfrage ist im Sommer sehr einfach gelöst, und auch im Winter müssen Sie nicht sehr tief in den Geldbeutel greifen, um sich optimal einzukleiden. Kein Vergleich zu anderen Sportarten, vom Schwimmen einmal abgesehen.

6. Zu jeder Jahreszeit

Laufen können Sie das ganze Jahr hindurch. Sie erleben die Jahreszeiten in ihrem Wandel, freuen sich im Winter auf den Frühling und im Sommer auf den Herbst. Nur bei wenigen Witterungsbedingungen ist vom Laufen abzuraten, z. B. bei Glatteis oder bei großer Hitze.

7. In der Gruppe laufen

Mal allein mit sich selbst und der Natur, mal in netter Unterhaltung zusammen mit Freunden oder Bekannten – laufen können Sie je nach Lust, Laune und Möglichkeit.

8. Laufen entspannt

Schon 20–30 Minuten genügen, um ein Gefühl der Frische aufkommen zu lassen, Sie fühlen sich entspannt und trotzdem voller Energie. Tagsüber sind Sie länger fit, dynamisch und konzentriert, Ihr Selbstbewusstsein steigt.

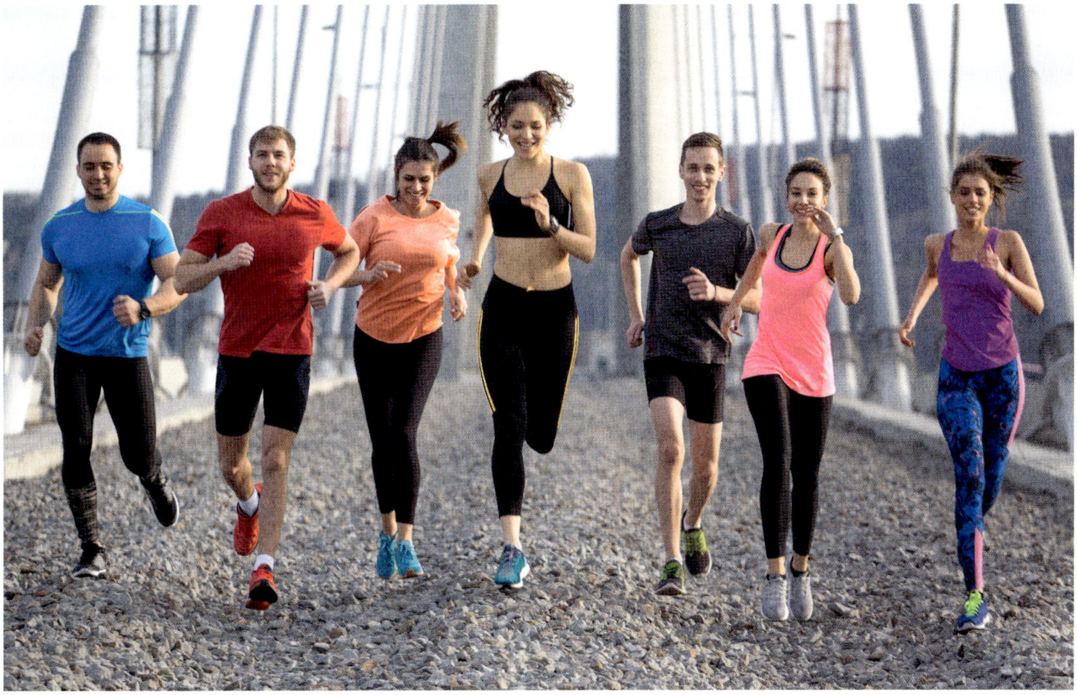

1.1.3 Arme mitnehmen

Atmen kann der Mensch von Geburt an, laufen nicht. Ebenso wie sich das Kleinkind die ersten Schritte mühsam erarbeitet, sollten Läufer an ihrem Laufstil feilen. Arme und Beine müssen optimal koordiniert werden. Das hört sich leichter an, als es schließlich ist. Der optimale Laufstil ist dem Laufanfänger quasi von Natur aus gegeben und somit eine sehr individuelle Angelegenheit. Wer Läufer beobachtet, bemerkt schnell, dass es ästhetischere und weniger schöne Formen des Laufens gibt. Dies ist vor allem bei der Armhaltung augenfällig. Bei einem idealen Laufstil sehen die Arm- und Beinbewegungen rund und synchron aus, sie korrelieren harmonisch. Die leicht angewinkelten Arme schwingen locker und parallel zum Körper. Der Oberkörper wippt dabei kaum auf und ab. Der Idealtyp ist in der Mehrzahl ein schnellerer Läufer, doch Ausnahmen bestätigen auch hier die Regel: Es gibt Weltklasseläufer mit fürchterlichem Laufstil und sehr ästhetisch laufende Anfänger.

Viele Läufer winken ab, wenn man sie auf ihren Laufstil anspricht und ihnen Hilfen zur Korrektur anbietet, da sie der Ansicht sind, der Laufstil ließe sich nicht verändern. Das ist falsch. Je »sauberer« der Laufstil ist, desto größer ist das Leistungsvermögen und desto geringer die Anfälligkeit für Verletzungen. Korrekturen am Laufstil sind allerdings nur sinnvoll, wenn damit der Bewegungsablauf verbessert wird. Je ökonomischer eine Bewegung abläuft, desto weniger Kraft muss für die Bewegung aufgewendet werden.

Und je geringer der Kraftaufwand bei jedem Schritt ist, desto länger halten die individuellen Kraftreserven vor. Folglich hat ein ökonomischer Laufstil ein größeres Leistungsvermögen zur Folge als ein unökonomischer. Entwickeln Sie also ein Gefühl für den eigenen Körper und versuchen Sie, Ihre Armhaltung vorsichtig zu verbessern. Eine ideale Armarbeit zeichnet sich unter anderem durch folgende Bewegungsmuster aus:

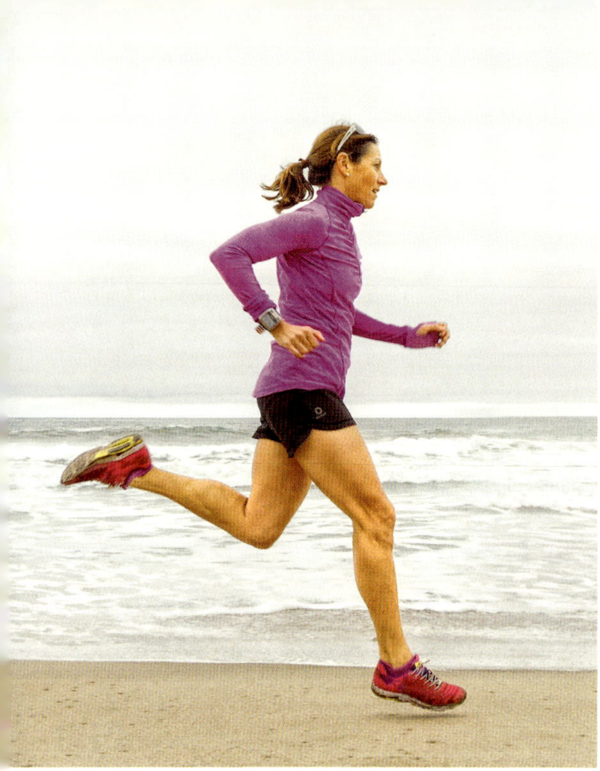

- Ober- und Unterarm befinden sich etwa in einem rechten Winkel. Die Arme pendeln während des Laufens seitlich und nahe am Körper vorbei. Sie werden in der Pendelbewegung zwischen Brusthöhe und Hosenbund geführt.

- Die Hände sind locker und entspannt. Halten Sie die Handrücken seitwärts und die Hände leicht geöffnet. Der Daumen liegt locker auf dem Zeigefinger auf. Keine Faust!

- Der Oberkörper ist ganz aufgerichtet. Nur dann ist die Wirbelsäule entlastet und kann über dem Körperschwerpunkt leicht und ganz entspannt schwingen.

- Der Schritt- und Pendelrhythmus von Beinen und Armen korreliert; dies geschieht unbewusst. Die Arme haben beim Langstreckenlauf keinen aktiven Anteil an der Fortbewegung, sie balancieren quasi den Oberkörper aus. Anders ist dies beim Sprint, wo die Arme für zusätzlichen Schwung sorgen müssen.

1.1.4 Knie hoch

Jede gelaufene Minute steht für einige hundert Laufschritte. In einem Läuferleben sind dies viele Millionen Schritte. Da lohnt es sich, den Laufschritt zu optimieren. Ist der Schritt zu lang, setzt der Fuß zu weit vor dem Körperschwerpunkt auf, und der Schwung wird abgebremst. Ist der Schritt zu kurz, wird ebenfalls Energie verschenkt; dies geht auf Kosten des Lauftempos. Allerdings weniger, als dies beim zu langen Schritt der Fall ist. Eine wichtige Rolle beim Laufschritt spielt die Hüfte. Sie wird bei jedem Schritt nach vorn gebracht. Dies vernachlässigen viele. Die Folge: Sie »sitzen« im Schritt. Dies sieht nicht nur wenig dynamisch aus, es kann sogar zu Überlastungsbeschwerden führen.

Die Schrittlänge ist unter anderem abhängig vom Lauftempo: Der Schritt ist umso länger, je kraftvoller und zügiger das Bein gestreckt wird und je höher der Kniehub ist. Ein Sprinter hat einen sehr viel längeren Schritt als ein Langstreckenläufer, doch er hat ja auch nur ein paar Meter zurückzulegen. Dem Jogger geht es schließlich nicht darum, eine maximale Geschwindigkeit zu entwickeln, sondern einen Laufschritt zu finden, der bei höchstmöglichem Lauftempo den ökonomischsten Einsatz seiner Körperenergie garantiert. Versuchen Sie nicht, Ihre Schrittlänge bewusst zu beeinflussen, indem Sie einfach größere Schritte machen. Eine solche bewusste Verlängerung des Laufschritts kostet nur Energie und sieht außerdem seltsam aus.

Beachtenswert

Der Körperschwerpunkt bewegt sich beim Laufen nicht nur nach vorn, sondern auch ständig auf und ab. Dasselbe gilt natürlich auch für das Körpergewicht. Je größer die Differenz zwischen dem höchsten und dem tiefsten Punkt des Körpers ist, desto mehr Energie wird für dieses Auf und Ab gebraucht. Diese Energie sollte allerdings besser in die Vorwärtsbewegung einfließen. Bei einem flüssigen Laufstil bewegt sich der Körperschwerpunkt deshalb auch immer nur minimal auf und ab.

1.2 Die Einsteigerausrüstung

Zum Rüstzeug eines Laufeinstiegs gehört auch das richtige Outfit, nicht (nur), weil man damit besser aussieht, sondern weil es einfach auch das Laufen erleichtert.

1.2.1 Der richtige Laufschuh

Der allerwichtigste Ausrüstungsgegenstand beim Laufen? Ein Paar Laufschuhe. Und wir sprechen hier von einem echten Paar Laufschuhe. Sicherlich können Sie auch die ersten Schritte in Straßen-, Tennis- oder Hallenschuhen machen, aber wundern Sie sich anschließend nicht über Blasen, Verspannungen oder sogar Verletzungen. Einen Qualitätsschuh finden Sie ab zirka 80 Euro im Fachhandel. Am besten beraten werden Sie in einem speziellen Laufshop. Dort finden Sie auch die größte Auswahl an Laufschuhen. Beim Kauf eines Laufschuhs sollten Sie unbedingt folgende Hinweise beachten:

- Gehen Sie erst am Nachmittag die Schuhe kaufen, dann sind Ihre Füße am größten (Füße schwellen über den Tag an).
- Nehmen Sie abgetragene Sportschuhe mit, daraus kann ein fachkundiger Verkäufer auf Ihre Fußstellung schließen.
- Lassen Sie beide Füße vor dem Kauf messen, denn viele Menschen haben unterschiedlich große Füße (die Schuhgröße richtet sich dann natürlich nach dem größeren Fuß).
- Achten Sie unbedingt auf einen guten Halt und angenehmen Sitz und vor allem ausreichenden Platz im Vorfußbereich. Ein Fingerbreit Platz sollte zwischen Schuhspitze und Zehen sein.
- Laufen Sie mit den Schuhen einige Schritte durch den Laden oder einfach nur auf der Stelle.

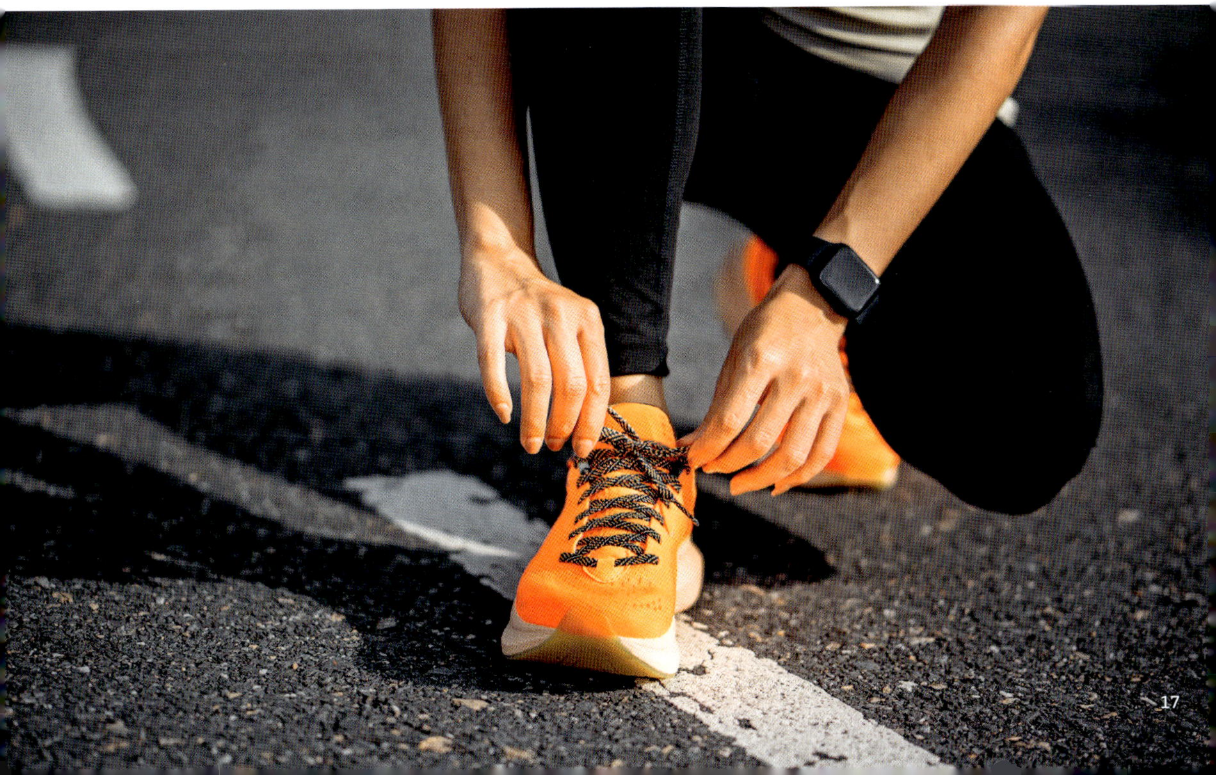

1.2.2 Funktionelle Bekleidung

Die richtige Sportbekleidung bemisst sich weniger an der Optik als an der Funktionalität. Das heißt aber nicht, dass man nicht auch optische Akzente mit Funktionsbekleidung setzen könnte. Denn selbst die funktionellste Laufbekleidung zeichnet sich mittlerweile durch viele modische Komponenten aus. Worauf aber müssen Laufanfänger bei der Auswahl ihrer Bekleidung nun tatsächlich achten?

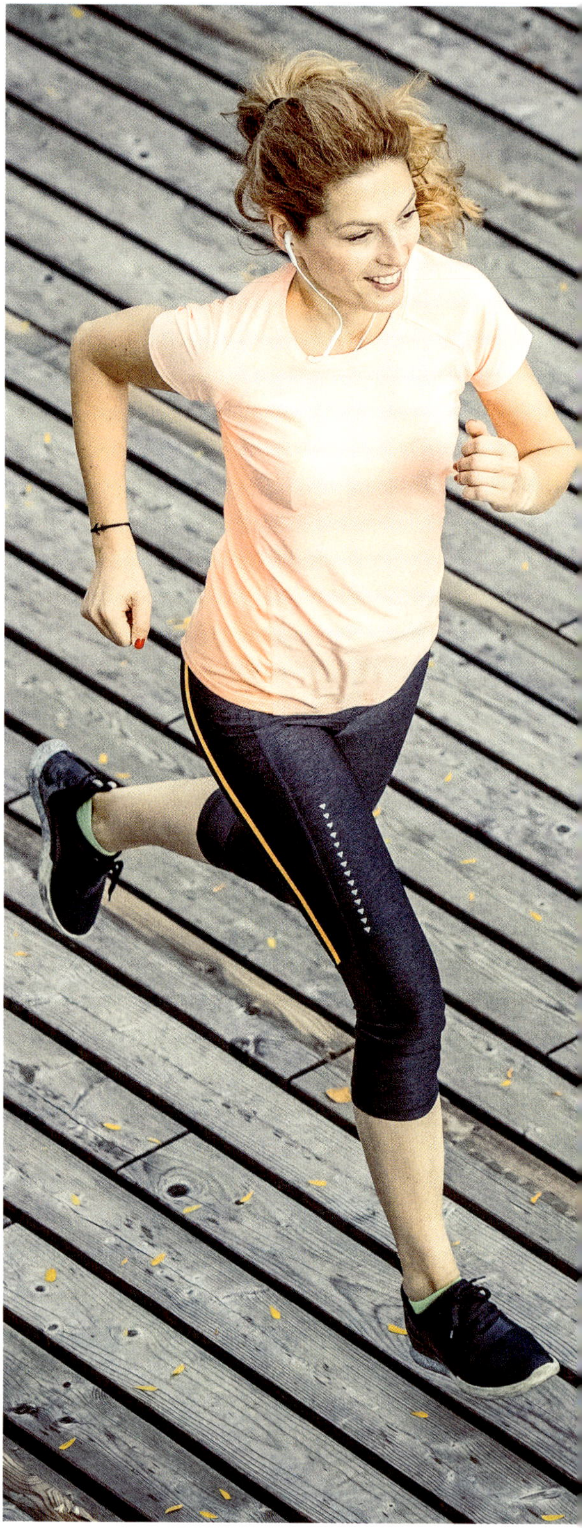

- Tragen Sie lieber mehrere dünne als eine dicke Bekleidungsschicht. »Zwiebelprinzip« nennt man das. Erstens wird Schweiß schneller durch zwei dünne als eine dicke Schicht transportiert, und zweitens lässt eine mehrschichtige Variante auch bei einem Wetterumschwung die Möglichkeit einer individuellen Bekleidung zu.

- Lassen Sie die Haut trocknen und atmen. Baumwolle ist perfekt beim Aufsaugen von Schweiß, gibt ihn nur leider nicht wieder ab. Das Gewicht eines Baumwollshirts nimmt so um bis zu 40 % zu, und es reibt auf der Haut. Funktionsbekleidung ist dagegen aus Synthetikfasern gefertigt und zeichnet sich durch ein geringes Gewicht und vor allem eine enorme Atmungs- und Feuchtigkeitstransportfähigkeit aus. So bleibt die Haut immer trocken, und der Körper bleibt im Sommer kühl und im Winter warm.

- Bekleidungsfehler Nummer eins: Laufanfänger ziehen sich zu warm an. Wer sich bei den ersten 10 Laufschritten angenehm warm fühlt, hat meist zu viel an, denn durch die Bewegung steigert sich bekanntlich die Körperwärme, und schon nach weiteren 10 Schritten fangen Sie furchtbar an zu schwitzen. Also drehen Sie den Spieß um: Bei den ersten Laufschritten sollten Sie eher etwas frösteln als schwitzen.

- Schwarz schützt bei Sonne besser als weiß. Entgegen landläufiger Meinung absorbieren dunkle T-Shirts UV-Strahlen besser als helle. Man fühlt sich zwar wärmer im schwarzen Shirt, es schützt aber grundsätzlich die Haut besser.

1.3 Die optimale Laufstrecke

Über das Training wissen Sie inzwischen ein wenig Bescheid, die richtige Ausrüstung haben Sie sich zugelegt, jetzt wollen Sie nur noch wissen, wo Sie am besten laufen, d. h., welches die optimale Laufstrecke ist.

- Es ist voraussichtlich nicht der Bürgersteig, der direkt vor Ihrer Haustür verläuft – auch wenn es sich aus Zeitgründen empfiehlt, von zu Hause aus loszulaufen. Bürgersteige sind aus Betonplatten, und dies ist so ziemlich der härteste Laufuntergrund, den Sie sich vorstellen können. Und ein harter Untergrund steht für eine hohe Belastung der Muskeln, Sehnen und Gelenke. Für ein paar Minuten – die Sie hoffentlich nur brauchen, um von der Haustür zum nächsten Grünstreifen zu gelangen – kann der harte Untergrund kaum schaden. Ansonsten sollten Sie Beton unbedingt meiden.

- Laufbahnen sind ein ideales Terrain, um seine Fortschritte zu messen. Eine Runde ist – in der Regel – exakt 400 m lang. Runde für Runde weiß man also genau, wie viele Meter man schon zurückgelegt hat, ohne dass man eine GPS-Uhr besitzt. Außerdem sind Bahnen topfeben und, egal ob aus Kunststoff oder Asche, allemal weicher und schonender für die Extremitäten als Beton. Großer Nachteil: Es kann einem beim Rundendrehen schnell langweilig werden.

- Fitnessstudiobesucher laufen natürlich bevorzugt auf dem Laufband. Die guten Laufbänder (wie man sie in den Studios eigentlich immer findet) sind gut gedämpft und lassen die Einstellung von verschiedenen Tempi und Steigungsgraden zu. Einziger Nachteil: Das Laufen auf dem Band kann auf Dauer eintönig werden.

- Asphaltwege und -straßen sind eine der beliebtesten Trainingsstrecken. Sie sind nicht ganz so hart wie Beton, aber doch wesentlich härter als Naturboden. Ihr großer Vorteil: Sie bieten einen guten und sicheren Abdruck. Ihr Nachteil: Man muss sie leider meist mit Fahrzeugen (Auto, Fahrrad) teilen.

- Naturwege sind bei uns das beliebteste Laufrevier. Aber auch nirgends sonst in der Welt bietet sich ein solch vielfältiges Angebot von Naturlaufwegen wie im deutschsprachigen Raum. Naturböden sind leicht federnd, meist eben und hervorragend geeignet für ein Lauftraining. Mit dem Namen »Natur« ist nicht nur die Natürlichkeit des Bodens gewährleistet, sondern auch eine pflanzenreiche (also sauerstoffreiche) Umgebung.

- Wer die Möglichkeit hat, auf Gras zu laufen, sollte diese unbedingt nutzen. Gras bietet den optimalen Laufuntergrund. Es dämpft hervorragend und macht sogar Barfußlaufen sinnvoll. Leider sind in Deutschland große Parkanlagen mit riesigen Grasflächen eher die Seltenheit, aber auf Sportplätzen bzw. Sportanlagen findet man meist ein akzeptables Rasenstück.

Übrigens:
Wer seine ersten Laufschritte macht, für den ist es schließlich egal, wo er sie macht, Hauptsache er macht sie. Überlastungsschäden holt man sich nicht nach 10 Minuten Lauftraining auf Beton, sondern nur, wenn man immer, immer öfter oder ausschließlich auf festem Untergrund läuft.

Anfänger, aufgepasst!

Was Sie unbedingt noch wissen sollten

1. Eine gründliche medizinische Untersuchung ist der erste Schritt zum gesunden Einstieg ins Lauftraining.

2. Hinterlassen Sie immer eine Nachricht, wo Sie laufen und wann Sie ungefähr zurück sein werden. Nehmen Sie einen Ausweis mit und ihr Mobiltelefon, falls ein Telefonanruf von unterwegs notwendig wird (Verletzung, Überanstrengung etc.).

3. Seien Sie im Verkehr besonders vorsichtig, und verlassen Sie sich nicht darauf, dass die Autofahrer Sie sehen. Wenn Sie auf der Straße laufen, laufen Sie gegen die Fahrtrichtung, um die entgegenkommenden Fahrzeuge im Blick zu haben. Versuchen Sie, an einer Kreuzung mit dem Autofahrer Augenkontakt herzustellen, bevor Sie die Straße überqueren.

4. Einige leichte Dehnübungen vor und nach dem Laufen dienen der Lockerung der Muskulatur und verbessern die Muskelelastizität. Nehmen Sie sich dafür 10 Minuten Zeit nach jedem Lauf, und konzentrieren Sie sich bei den Übungen vor allem auf die hintere Waden- und Oberschenkelmuskulatur.

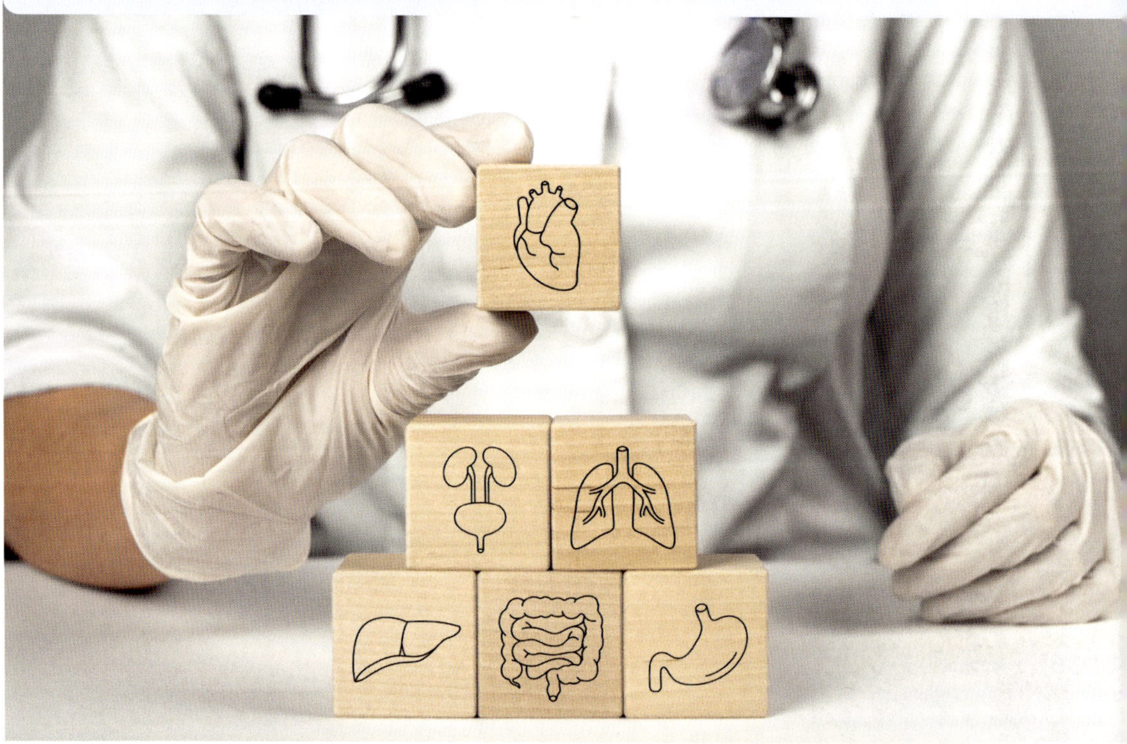

5. Laufen Sie mit einem Trainingspartner. Sie können sich gegenseitig motivieren, und sicherer ist es auch. Viel leistungsstärker als Sie sollte er allerdings nicht sein, sonst wird er Sie schnell überfordern, außer er ist erfahren genug, Ihre unterschiedliche Leistungsfähigkeit richtig einzuschätzen.

6. Wenn Sie verletzt sind, und sei es nur ein »Zipperlein«, trainieren Sie nicht einfach weiter. Aus leichten Schmerzen werden laufhinderliche Verletzungen, wenn sie nicht richtig, sprich ärztlich, behandelt werden.

7. Nehmen Sie bei Unwohlsein oder Verletzungen keinesfalls schmerzstillende Medikamente vor dem Lauf. Ergänzen Sie Ihre Nahrung nur sinnvoll. Vitamine und andere Substitutionsmittel können Sie zwar vor Mangelerscheinungen bewahren, ersetzen aber kein Lauftraining.

8. Läufe mit Kopfhörer sind mit Vorsicht zu genießen. Musik beim Laufen kann Sie von Gefahren ablenken (Autos etc.), selbst wenn es schon solche gibt, die die Umgebungsgeräusche einordnen können. Es ist besser, Ihre Lieblingsstücke zu hören, während Sie auf dem Laufband laufen.

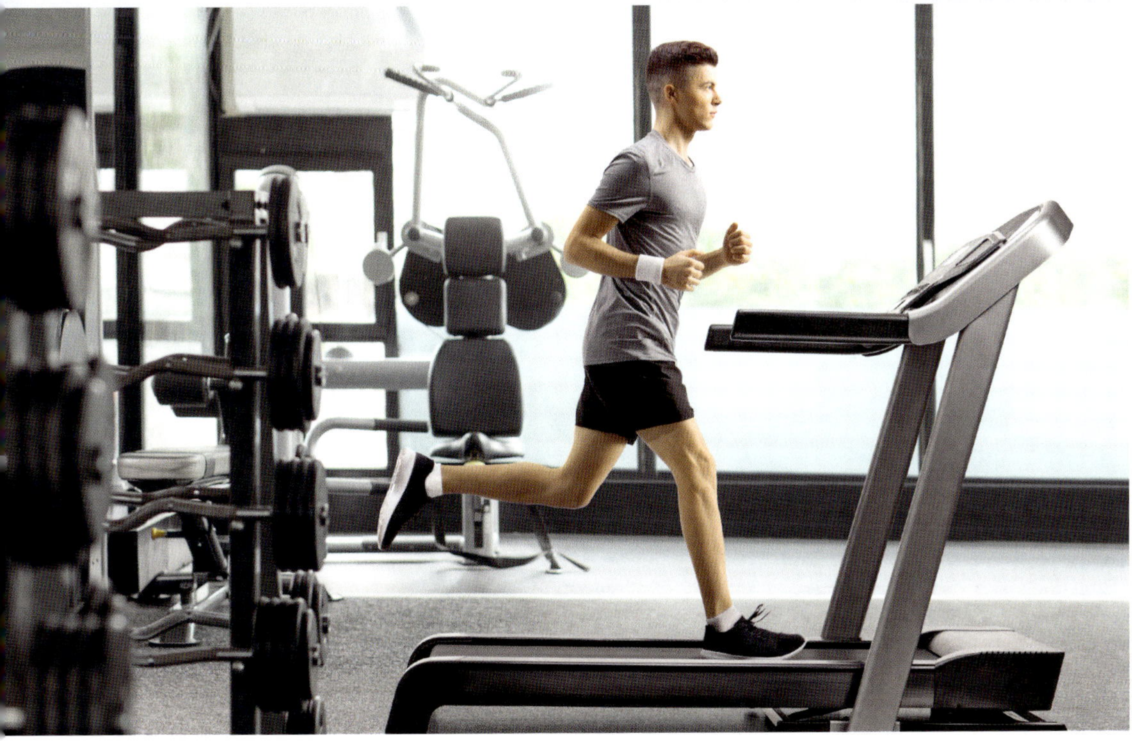

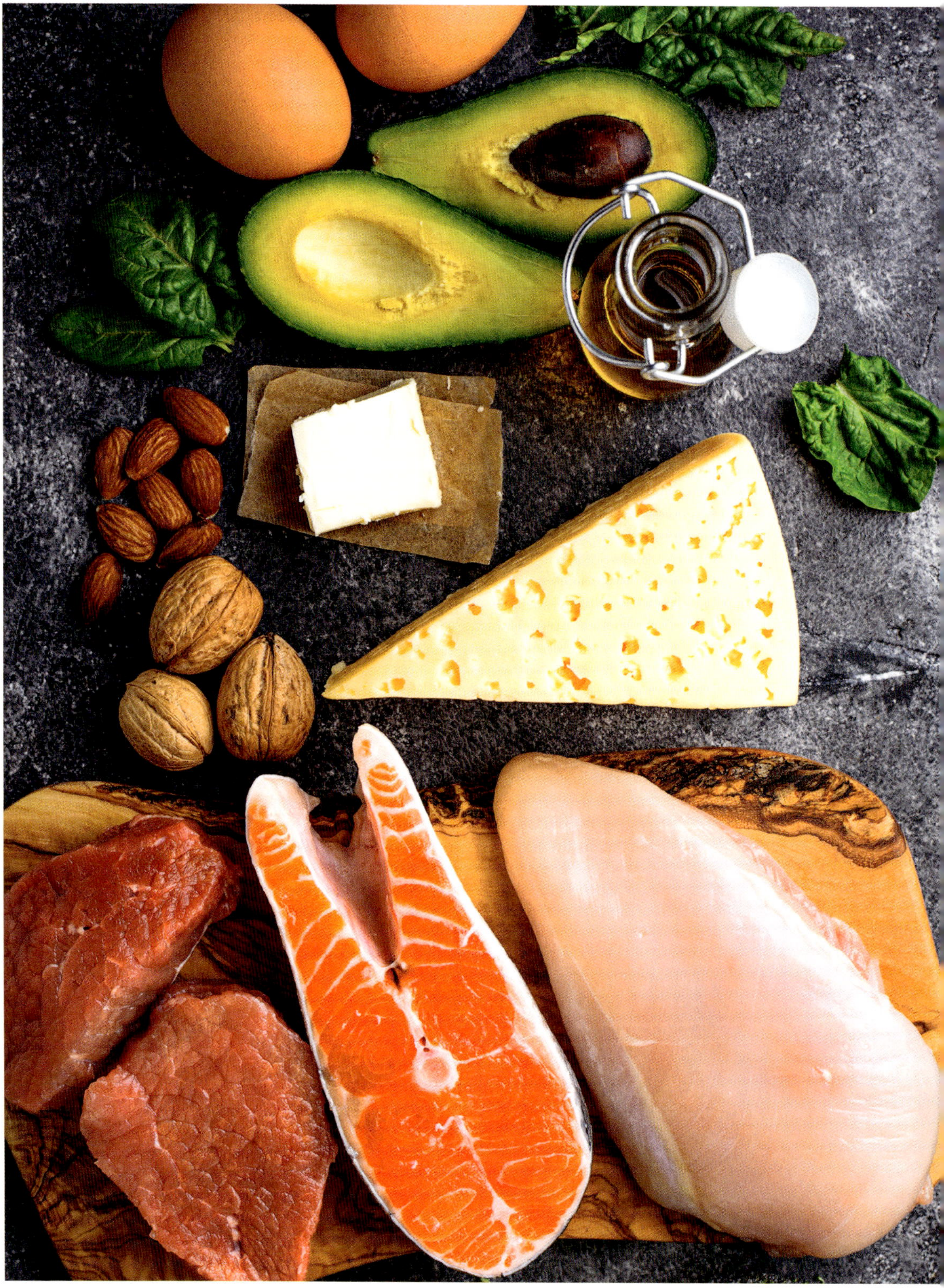

1.4 Auch auf die Ernährung kommt es an

»Trainieren, trainieren, trainieren, nichts als trainieren!« Das antworteten früher lapidar Trainer und erfahrene Läufer, wenn man sie danach fragte, wie man außer durch ein ordentliches Lauftraining seine Leistung steigern könnte. Falsch! Ich bin der Meinung, man kann einiges mehr tun als nur laufen, um erstens seine Gesundheit und zweitens seine Leistungsfähigkeit zu verbessern. Zum Beispiel sich richtig, also gesund und ausdauergerecht, ernähren.

1. Laufen Sie nie mit völlig leerem Magen

Es gibt zwei Gründe, warum Laufanfänger oftmals nichts vor dem Laufen zu sich nehmen: a): Sie haben Angst, dass Ihnen eine Mahlzeit vor dem Laufen nicht bekommt, der Magen rebelliert, die Nahrung aufstößt. b): Sie laufen, um abzunehmen und wollen dies durch die Nullernährung vor dem Lauf noch unterstützen.

Zu a): Um Magenprobleme während des Laufens zu vermeiden, sollten Sie vorher nur leichte Kost zu sich nehmen: ein weißes Brötchen oder ein Toastbrot mit Marmelade zum Beispiel. Lassen Sie vor dem Laufen die Finger von magenbelastenden Vollkornprodukten wie Müsli oder Körnerbrot, aber auch von Salat mit Soße oder fetter Nahrung.

Zu b): Wenn Sie auf Nahrung vor dem Laufen verzichten, um abzunehmen, dann lassen Sie sich gesagt sein: Sie spielen leichtsinnig mit Ihrer Gesundheit. Ihr Körper braucht Energie, um Leistung zu bringen. Nehmen Sie keine Nahrung zu sich, sind Ihre Energiedepots schnell entleert, und Sie können nicht mehr durch das Laufen abnehmen, da Sie nicht mehr laufen können. Ihre Beine versagen Ihnen den Dienst. Nehmen Sie deshalb etwa eine Stunde vor dem Lauftraining mindestens 200 bis 400 Kalorien zu sich, damit Ihr Körper genügend Kraft für die Belastung hat.

2. Laufen Sie nie mit vollem Magen

Die einen essen zu wenig, die anderen zu viel. Die Muskeln brauchen bei einer Laufbelastung mehr Blut als im Ruhezustand, sodass der Magen nur einen Bruchteil der normalen Blutmenge zur Verfügung hat. Das verlangsamt den Verdauungsprozess, und die unverdaute Nahrung wird im Magen ständig bewegt, was sehr unangenehm sein kann. Einige Kalorien (200–400) vor dem Lauf sollten es schon sein, das reicht allerdings auch. Und sie sollten sich eher aus Bananen als aus Pommes frites zusammensetzen.

3. Vermeiden Sie ungewollte Zwischenstopps

»Und was ist, wenn ich unterwegs mal muss?«, fragt sich der Laufanfänger. Dann halten Sie an, suchen Sie sich ein schattiges Plätzchen und erledigen das Unvermeidliche. Ist Ihnen das extrem unangenehm und wollen Sie es unbedingt vermeiden, zwischendurch auf die Toilette zu müssen? Dann trinken und essen Sie rechtzeitig vor dem Lauf. Flüssigkeit braucht nur 45–90 Minuten, um im Körper verarbeitet und wieder ausgeschieden zu werden. Trinken Sie also bis 90 Minuten vor dem Lauf große Mengen, dann sollten diese bis zum Start schon wieder ausgeschieden worden sein. In den letzten Minuten vor dem Laufbeginn nehmen Sie nur noch kleine Schlucke zu sich. Etwas anders verhält es sich mit fester Nahrung. Die letzte Mahlzeit sollten Sie 3–4 Stunden vor dem Lauf zu sich genommen haben. Dann sollte es kein Problem sein, vor dem Start jegliche Toilettengänge absolviert zu haben. Das Wichtigste: Kaffee, Milch und Zitrusfrüchte sollten in den letzten Stunden vor einem Lauf unbedingt vermieden werden, sie regen den Magen unnötig an und bringen die Verdauung unter Belastung gehörig durcheinander.

4. Trinken Sie beim Laufen

Eine Dehydration ist das Schlimmste, was Ihnen während eines Lauftrainings passieren kann. »Dehydration« bedeutet Flüssigkeitsmangel, und die Folge ist ein enormer Leistungsverlust bis hin zum Kollaps. Kurzum: Die Folgen sind verheerend. Aber nichts ist leichter, als dem vorzubeugen: Wenn Sie über den gesamten Tag verteilt acht Gläser Wasser oder vergleichbare Flüssigkeit zu sich nehmen (doppelt so viel an warmen Tagen), dann brauchen Sie eine Dehydration nicht zu fürchten. Vernachlässigen Sie auch während des Lauftrainings die Getränkeaufnahme nicht, und nehmen Sie alle 15–20 Minuten etwa 0,1–0,2 l Flüssigkeit zu sich. Getränke lassen sich in Trinkflaschen mittels entsprechender Gürtel mitnehmen, man kann auch ein Getränk auf seiner Laufrunde deponieren und diese »private« Verpflegungsstation ab und zu anlaufen.

Bei Läufen von über einer Stunde Dauer empfiehlt sich auch die Einnahme von Kohlenhydraten während der Belastung, entweder in Form von fester Nahrung (Bananen, Energieriegel etc.) oder flüssig als Pulver oder Gel in ein Getränk gemischt. Die optimale Dosierung: alle 30 Minuten 50–100 Kalorien.

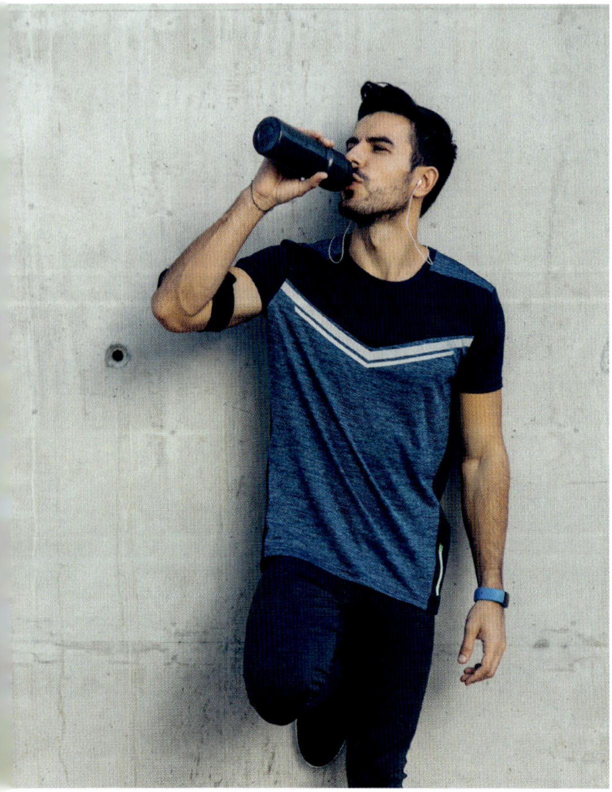

5. Ernähren Sie sich ausgewogen

Die optimale Ernährung für Ausdauersportler setzt sich aus 60 % Kohlenhydraten, 25 % Fett und 15 % Eiweiß zusammen. Für die 2800 Tageskalorien, die als gesund empfohlen werden, sind dies entsprechend: 420 g Kohlenhydrate, 77 g Fett und 105 g Proteine pro Tag. Die 60–25–15-Ausdauerdiät steht also für nichts anderes als jede Menge Kohlenhydrate, die helfen, Ihre Glykogenspeicher aufzufüllen, sowie eine ausreichende Menge Proteine, um die arbeitende Muskulatur zu versorgen und das Immunsystem zu stärken. Wer seine Nahrungsaufnahme nicht richtig einschätzen kann, sollte sich an den Gebrauch von Nährwerttabellen gewöhnen, welche die Zusammensetzung aller Lebensmittel detailliert auflisten.

Ein praktischer Überblick:

Zur ausdauergerechten Ernährung gehören immer Vollkorn, Obst und Gemüse. Die richtige Tagesration im Kurzüberblick: 6–11 Einheiten Vollkornprodukte (eine Einheit sind z. B. eine Scheibe Brot, eine Tasse Vollkornnudeln, eine Tasse Müsli), 5–9 Einheiten Obst und Gemüse und 2–3 Einheiten Fleisch.

RATGEBER

»Muss man eigentlich ein schlechtes Gewissen haben, dass man so viel Zeit in das Laufen steckt?«

Beschleichen Sie Schuldgefühle, weil Ihr Lauftraining Zeit raubt, die für Familie oder Freunde reserviert sein sollte? Erläutern Sie ihnen, warum Sie so zielstrebig trainieren. Lassen Sie die anderen erkennen, dass das Erreichen Ihrer Fitness- und Leistungsziele viele positive Begleiterscheinungen hat, die Ihnen als Persönlichkeit insgesamt gut bekommen, und von denen letztendlich auch Ihr soziales Umfeld und Ihr Partner profitieren dürfte.
Oder müssen Sie Ihre Leidenschaft sich selbst gegenüber rechtfertigen? Jeder Trainingslauf – und erst recht das Setzen von Zielen, das Überwinden von Hindernissen und das Besiegen des »inneren Schweinehunds« – ist doch zugleich ein hervorragendes Training für die Herausforderungen, die das Alltagsleben an jeden von uns stellt. Machen Sie sich klar, dass Sie nicht nur für den einen Laufhöhepunkt trainieren, sondern für ein langes, gesundes und mit einem hohen Maß Vitalität bereichertes Leben.

1.5 Die besten Pläne zum Laufeinstieg

1.5.1 Blutige Anfänger – mit Übergewicht

Sie sind ein blutiger Laufanfänger, eher etwas übergewichtig und können gerade einmal eine Minute am Stück laufen? Sie wollen nichts übereilen und sich mit den Fortschritten ein wenig Zeit lassen? So schaffen Sie es, in acht Wochen die 5-km-Distanz problemlos zu bewältigen.

Plan 1

1. Woche	
Mo., Mi., Sa.	20 min zügiges Gehen
2. Woche	
Mo., Mi., Sa.	30 min zügiges Gehen
3. Woche	
Mo., Sa.	5 x 2 min Laufen/2 min Gehen
Mi.	4 x 3 min Laufen/2 min Gehen
4. Woche	
Mo., Sa.	4 x 3 min Laufen/2 min Gehen
Mi.	3 x 4 min Laufen/2 min Gehen
5. Woche	
Mo., Sa.	3 x 4 min Laufen/2 min Gehen
Mi.	4 x 5 min Laufen/2 min Gehen
6. Woche	
Mo., Sa.	4 x 5 min Laufen/2 min Gehen
Mi.	3 x 7 min Laufen/3 min Gehen
7. Woche	
Mo., Sa.	3 x 7 min Laufen/2 min Gehen
Mi.	3 x 8 min Laufen/3 min Gehen
8. Woche	
Mo., Sa.	3 x 8 min Laufen/2 min Gehen
Mi.	3 x 9 min Laufen/3 min Gehen
9. Woche	
Mo., Sa.	3 x 9 min Laufen/2 min Gehen
Mi.	2 x 10 min Laufen/3 min Gehen
10. Woche	
Mo., Sa.	2 x 10 min Laufen/2 min Gehen
Mi.	2 x 12 min Laufen/2 min Gehen
11. Woche	
Mo., Sa.	2 x 12 min Laufen/2 min Gehen
Mi.	2 x 14 min Laufen/2 min Gehen
12. Woche	
Mo.	2 x 15 min Laufen/2 min Gehen
Mi.	2 x 10 min Laufen/1 min Gehen
Sa.	30 min Laufen

1.5.2 Blutige Anfänger

Sie sind ein blutiger Laufanfänger und können gerade einmal eine Minute (bzw. sehr wenige Minuten) am Stück laufen, aber trauen sich einiges zu? Sie sind nicht übergewichtig oder krank und mutig? So schaffen Sie es, in acht Wochen die 5-km-Distanz wechselnd gehend/laufend problemlos zu bewältigen.

Plan 2

1. Woche	
Mo., Mi., Sa.	3 min Gehen, 1 min Laufen, 3 min G, 1 min L, 3 min G, 1 min L, 3 min G, 1 min L, 3 min G, 1 min L **(= 5 x 3 min Gehen, 1 min Laufen)**
2. Woche	
Mo., Mi., Sa.	4 min G, 2 min L, 4 min G, 2 min L, 4 min G, 2 min L, 4 min G, 2 min L **(= 4 x 4 min Gehen, 2 min Laufen)**
3. Woche	
Mo., Mi., Sa.	4 min G, 3 min L, 4 min G, 3 min L, 4 min G, 3 min L, 4 min G, 3 min L **(= 4 x 4 min Gehen, 3 min Laufen)**
4. Woche	
Mo., Mi., Sa.	3 min G, 3 min L, 3 min G, 3 min L, 3 min G, 3 min L, 3 min G, 3 min L, 3 min G, 3 min L **(= 5 x 3 min Gehen, 3 min Laufen)**
5. Woche	
Mo., Mi., Sa.	3 min G, 4 min L, 3 min G, 4 min L, 3 min G, 4 min L, 3 min G, 4 min L, 3 min G, 4 min L **(= 5 x 3 min Gehen, 4 min Laufen)**
6. Woche	
Mo, Mi, Sa	3 min G, 5 min L, 3 min G, 5 min L, 3 min G, 5 min L, 3 min G, 5 min L, 3 min G, 5 min L **(= 5 x 3 min Gehen, 5 min Laufen)**
7. Woche	
Mo., Mi., Sa.	2 min G, 6 min L, 2 min G, 6 min L, 2 min G, 6 min L, 2 min G, 6 min L, 2 min G, 6 min L, 2 min G, 6 min L **(= 6 x 2 min Gehen, 5 min Laufen)**
8. Woche	
Di.	2 min G, 6 min L, 2 min G, 6 min L, 2 min G, 6 min L, 2 min G, 6 min L **(= 4 x 2 min Gehen, 6 min Laufen)**
Wochenende	5 km mit abwechselnd 6 min Laufen und 2 min schnellem Gehen

G = Gehen,
L = Laufen

1.5.3 Sportliche Anfänger

Sie sind sportlich, normalgewichtig, haben aber keinerlei Lauferfahrung?
So schaffen Sie es, in 8 Wochen 5 km durchzulaufen – ohne Pausen und ohne außer Puste zu kommen.

Plan 3

1. Woche	
Mo., Mi., Sa.	5 min Laufen, 3 min Gehen, 5 min L, 3 min G, 5 min L, 3 min G, 5 min L, 3 min G **(= 4 x 5 min Laufen, 3 min Gehen)**
2. Woche	
Mo., Mi., Sa.	7 min L, 3 min G, 7 min L, 3 min G, 7 min L, 3 min G **(= 3 x 7 min Laufen, 3 min Gehen)**
3. Woche	
Mo., Mi., Sa.	8 min L, 2 min G, 8 min L, 2 min G, 8 min L, 2 min G **(= 3 x 8 min Laufen, 2 min Gehen)**
4. Woche	
Mo., Mi., Sa.	9 min L, 2 min G, 9 min L, 2 min G, 9 min L, 2 min G **(= 3 x 9 min Laufen, 2 Gehen)**
5. Woche	
Mo., Mi., Sa.	9 min L, 1 min G, 9 min L, 1 min G, 9 min L, 1 min G **(= 3 x 9 min Laufen, 1 min Gehen)**
6. Woche	
Mo., Mi., Sa.	12 min L, 2 min G, 12 min L, 2 min G
7. Woche	
Mo., Mi., Sa.	15 min L, 2 min G, 15 min L
8. Woche	
Di.	15 min L
Wochenende	5 km im langsamen Lauftempo durchlaufen

G = Gehen,
L = Laufen

Plan 4

1.5.4 Quereinsteiger

Für Laufanfänger mit sportlichem Hintergrund (Fußball, Tennis, Radfahren etc.).
Ziel: 10 km auf Zeit

1. Woche	
Mo., Sa.	3 x 10 min Laufen/1:30 min Gehen
Mi.	20 min Laufen
2. Woche	
Mo., Sa.	2 x 15 min Laufen/1:30 min Gehen
Mi.	25 min Laufen
3. Woche	
Mo., Sa.	3 x 12 min Laufen/1:30 min Gehen
Mi.	30 min Laufen, anschl. 3 Steigerungen
4. Woche	
Mo., Sa.	20 min Laufen
Mi.	40 min Laufen, anschl. 3 Steigerungen
5. Woche	
Mo., Sa.	25 min Laufen
Mi.	45 min Laufen, anschl. 3 Steigerungen
6. Woche	
Mo., Di., Sa.	25 min Laufen
Do.	45 min Laufen, anschl. 3 Steigerungen
7. Woche	
Mo., Di., Sa.	25 min Laufen
Do.	50 min Laufen, anschl. 3 Steigerungen
8. Woche	
Mo., Di., Sa.	30 min Laufen
Do.	60 min Laufen
9. Woche	
Mo., Sa.	30 min Laufen
Di.	30 min Laufen (wechselndes Tempo nach Gefühl)
Do.	60 min Laufen, anschl. 3 Steigerungen
10. Woche	
Mo., Sa.	30 min Laufen
Di.	30 min Laufen (wechselndes Tempo nach Gefühl)
Do.	60 min Laufen, anschl. 3 Steigerungen
11. Woche	
Mo., Sa.	30 min Laufen
Di.	30 min Laufen (wechselndes Tempo nach Gefühl)
Do.	45 min Laufen, anschl. 3 Steigerungen
12. Woche	
Mo.	20 min Laufen
Do.	20 min Laufen, anschl. 3 Steigerungen
So.	10 km auf Zeit (eventuell ein Wettkampf)

1.5.5 Laufeinstieg für Fitnessfreaks

Sie besuchen 2- bis 3-mal wöchentlich das Fitnessstudio, legten bisher das Hauptaugenmerk Ihres Trainings auf Kraft und allgemeine Fitness, wollen nun aber auch laufend Ihre Ausdauer schulen.

Plan 5

1. Woche	
Mo.	Krafttraining
Mi.	Laufband: 20 min Power-Walking
Do.	60 min Fitness (Aerobics etc.)
Sa	Laufband: 20 min Power-Walking
2. Woche	
Mo.	Krafttraining
Mi.	Laufband: 5 x 2 min Laufen/2 min Gehen
Do.	60 min Fitness (Aerobics etc.)
Sa.	Laufband: 4 x 3 min Laufen/2 min Gehen
3. Woche	
Mo.	Krafttraining
Mi.	Laufband: 3 x 4 min Laufen/2 min Gehen
Do.	60 min Fitness
Sa.	Laufband: 4 x 5 min Laufen/2 min Gehen
4. Woche	
Mo.	Krafttraining
Mi.	Laufband: 3 x 7 min Laufen/2 min Gehen
Do.	60 min Fitness
Sa.	Laufband: 4 x 5 min Laufen/1 min Gehen
5. Woche	
Mo.	Krafttraining
Mi.	Laufband: 3 x 7 min Laufen/2 min Gehen
Do.	60 min Fitness
Sa.	Laufband: 3 x 8 min Laufen/2 min Gehen
6. Woche	
Mo.	Krafttraining
Mi.	Laufband: 3 x 8 min Laufen/2 min Gehen
Do.	60 min Fitness
Sa.	Laufband: 2 x 10 min Laufen/2 min Gehen
7. Woche	
Mo.	Krafttraining
Mi.	Laufband: 2 x 10 min Laufen/2 min Gehen
Do.	60 min Fitness
Sa.	Laufband: 2 min Gehen, 15 min Laufen, 2 min Gehen
8. Woche	
Mo.	Krafttraining
Mi.	Laufband: 2 x 10 min Laufen/1 min Gehen
Do.	60 min Fitness
Sa.	Laufband: 20 min Laufen
9. Woche	
Mo.	Krafttraining
Mi.	Rudergerät: 5–10 min, anschl. Laufband: 15 min Laufen; anschl. 10 min Ergometer
Do.	60 min Fitness
Sa.	Laufband: 25 min Laufen
10. Woche	
Mo.	Krafttraining
Mi.	Rudergerät: 5–10 min, anschl. Laufband: 20 min Laufen; anschl. 10 min Ergometer
Do.	60 min Fitness
Sa.	Laufband: 25 min Laufen
11. Woche	
Mo.	Krafttraining
Mi.	Rudergerät: 5–10 min, anschl. Laufband: 15 min Laufen; anschl. 15 min Ergometer
Do.	60 min Fitness
Sa.	Laufband: 30 min Laufen
12. Woche	
Mo.	Krafttraining
Mi.	Rudergerät: 5–10 min, anschl. Laufband: 20 min Laufen; anschl. 15 min Ergometer
Do.	60 min Fitness
Sa.	Laufband: 30 min Laufen

1.6 Fortschritte spüren: Vom Laufanfänger zum Fortgeschrittenen

Laufen baut Stress ab, senkt den Cholesterinspiegel, senkt erhöhten Blutdruck, verbrennt Fett ... Dafür reicht eine regelmäßige Laufbelastung im gleichmäßigen, ruhigen Lauftempo, gerade so, wie ich es Laufeinsteigern im vorherigen Kapitel vorgeschlagen habe. Wer aber nach den ersten Laufwochen mehr will – noch mehr Gesundheit, noch mehr Ausdauer, noch weniger Fett, noch weniger Stress –, der ist gut beraten, dann irgendwann eines zu beginnen: zielgerichtet zu trainieren. Dann ist es vorbei mit dem »So-vor-sich-Hinlaufen«, aber mit einem Ziel vor Augen macht es mehr Spaß, und das Laufen fällt noch leichter. So richtig effektiv ist sowieso nur ein Training, das auf ein bestimmtes Ziel ausgerichtet ist.

Beispiel: Sie wollen mehr Fett verbrennen. Schnelle Läufe sind dazu besser geeignet als langsame, also mischen Sie in Ihr wöchentliches Laufprogramm auch einige schnelle Läufe.

Aber Vorsicht: Echte Anfänger sollten zunächst nur im Sinn haben, die Streckenlänge, die sie am Stück laufend bewältigen können, auszubauen. Verschwenden Sie keinen Gedanken daran, das Lauftempo zu erhöhen. Achten Sie beim Ausbau der Streckenlänge darauf, dass dies zyklisch verläuft: Auf eine Steigerung des Laufumfangs folgt in der nächsten Laufeinheit wieder ein Lauf mit geringerem Umfang, sodass Sie nicht jeden Tag 2 oder 5 Minuten Streckenlänge.

1.6.1 Von 30 auf 60 min
So bauen Sie Ihr Laufvermögen von 30 auf 60 min aus.

Plan 6

1. Woche	
Mo.	30 min
Do.	30 min
Sa.	35 min
2. Woche	
Mo.	30 min
Do.	35 min
Sa.	35 min
3. Woche	
Mo.	35 min
Do.	30 min
Sa.	40 min
4. Woche	
Mo.	35 min
Do.	30 min
Sa.	45 min

5. Woche	
Mo.	35 min
Do.	30 min
Sa.	50 min
6. Woche	
Mo.	40 min
Do.	30 min
Sa.	50 min
7. Woche	
Mo.	30 min
Do.	30 min
Sa.	55 min
8. Woche	
Mo.	30 min
Do.	40 min
Sa.	60 min

1.7 Zielgerichtet trainieren

11 klassische Trainingseinheiten, mit denen Sie Ihre Gesundheit stärken und Ihre Leistungsfähigkeit steigern.

Jetzt sind Sie also schon ein richtiger Läufer. Zeit, dass Sie Ihr Training unter individuellen Gesichtspunkten strukturieren. Sie laufen, um den Blutdruck zu senken, die Cholesterinwerte zu verbessern, um abzunehmen? Jeder hat andere Prioritäten, die Sie auch durch die richtige Wahl der Trainingsmittel setzen können.

Die nachfolgenden 11 Trainingsbeispiele können Sie beliebig in einem Trainingszyklus, zum Beispiel einer der im Plan 6 aufgeführten Wochen, kombinieren, ganz so wie es Ihren Bedürfnissen entspricht. Am besten ist eine gesunde Mischung aus allem. Keine der Einheiten dauert länger als 45 Minuten, inklusive jeweils 5–10 min Auf- und Abwärmen.

So intensiv darf es sein

Achtung: Alle Trainingseinheiten, die Intensitätsbereiche ab Wert 7 ansprechen, bedürfen einer nachfolgenden Regenerationsphase von mindestens zwei lockeren Lauf- oder Ruhetagen.

1 = nicht belastend
2 = kaum belastend
3 = gering belastend
4 = leicht belastend
5 = moderat belastend
6 = spürbar belastend
7 = gut spürbar belastend
8 = stark belastend
9 = sehr stark belastend
10 = extrem belastend

Ziel: Cholesterin senken

In der Vergangenheit ging man davon aus, dass ein Mehr an Laufumfang ein Weniger an Gesamtcholesterin bedeutete, einhergehend mit einem Anstieg des »guten« HDL-Cholesterins. Neueste Studien an der Berkeley-Universität (Kalifornien) scheinen aber zu bestätigen, dass auch ein schnelleres Lauftempo hilfreich sein kann.

Trainingseinheit:

1.	Traben Sie sich 5–10 Minuten langsam ein.
2.	Laufen Sie 10 min in Belastungsintensität 7 (siehe Kasten)
3.	Traben Sie 3 min.
4.	Laufen Sie 5 min in Belastungsintensität 8.
5.	Traben Sie 3 min.
6.	Laufen Sie 2–3 min in Belastungsintensität 9.
7.	Traben Sie 5–10 min im langsamsten Tempo aus.

Häufigkeit: 1 x pro Woche.

Ziel: Blutdruck senken

Hochintensives Training kann unter Umständen den Blutdruck in die Höhe schnellen lassen. Sehr wenig belastendes Training hat keinerlei Auswirkungen (also auch keine positiven) auf den Blutdruck und ist außerdem auf Dauer wenig leistungs- und gesundheitsfördernd. Wo also liegt die Intensität, die den Blutdruck optimiert? Im gut spürbaren, aber verträglichen Intensitätsbereich 7.

Trainingseinheit:

1.	Traben Sie 5–10 min langsam ein.
2.	Laufen Sie 30 min im leicht wechselnden Tempo zwischen den Intensitätsbereichen 6 und 7. Dabei wechseln intensivere 4–5 min (gut spürbarer Belastungsbereich 7) mit weniger intensiven 4–5 min (spürbarer Belastungsbereich 6) ab.
3.	Traben Sie 5–10 min langsam aus.

Häufigkeit: 1–2 x pro Woche.

Ziel: Stress abbauen

Geistige und körperliche Entspannung müssen miteinander einhergehen. Wenn Sie sich auf diese Laufeinheit vorbereiten und die Alltagskleidung ablegen (um die Sportkleidung anzuziehen), versuchen Sie, mit jedem Bekleidungsstück bewusst auch ein Stück Spannung abzulegen. Atmen Sie schon beim Umziehen tief durch.

Nutzen Sie die innere Ruhe, die die gleichmäßige, leichte körperliche Belastung in ruhiger Umgebung forciert. Bevorzugte Laufstrecken für diese Einheit liegen in der Natur; beispielsweise im Wald oder im Park. Beim lockeren Traben an der frischen Luft finden Sie nicht nur ein inneres Gleichgewicht, sondern Ihr Gehirn wird auch hervorragend mit Sauerstoff versorgt. Eine ideale Kombination, um eventuelle Probleme (Beruf, Familie etc.) zu strukturieren und Problemlösungen klar zu definieren.

Trainingseinheit:

1.	Traben Sie 5–10 min langsam an.
2.	Finden Sie über 30–40 min »Ihr« Lauftempo, ein Tempo, bei dem Sie nicht außer Atem kommen, sich wohlfühlen, rhythmisch laufen können (Intensitätsbereich 3–4). Wählen Sie eine Laufstrecke, die ein flüssiges Laufen zulässt (keine unebenen Wege) und ruhig gelegen ist (Wald etc.). Versuchen Sie, innerhalb der Laufeinheit die nicht an der Laufbewegung beteiligte Muskulatur zu entspannen. Das betrifft vor allem das Gesicht, die Schultern und den Nacken.
3.	Rollen Sie abschließend 5 min immer langsamer werdend aus.

Häufigkeit: So oft wie möglich (bzw. nötig).

Ziel: Gewicht verlieren

Entgegen der landläufigen Meinung verbrennt man absolut gesehen – und nur das ist beim Abnehmen interessant – beim schnellen Lauftempo mehr Fett als beim langsamen Tempo. Das einzige Problem: Immer nur schnell zu laufen ist nicht gesund und führt zu Überlastungen. Am besten also so viele schnelle Abschnitte wie möglich bzw. verträglich mit ruhigeren Passagen mischen.

Trainingseinheit:

1.	Traben Sie 5–10 min locker ein.
2.	Steigern Sie über 4 min Ihr Lauftempo minutenweise vom Intensitätsbereich 6 bis zum Bereich 9.
3.	Traben Sie anschließend 2 min ganz langsam.
4.	Wiederholen Sie das 4-min-Belastungsintervall mit anschließender zweiminütiger Trabpause noch weitere viermal.
5.	5–10 min langsamstes Auslaufen.

Merke: Je höher die Belastung, desto mehr Fett wird verbrannt.

Häufigkeit: 1 x pro Woche.

Ziel: Immunabwehr stärken

Leichte Belastungen stärken das Immunsystem, das ist bekannt. Neuere Forschungsergebnisse beweisen aber auch, dass erst intensive Belastungen die Effektivität der körpereigenen »Killerzellen« verbessern. Die sogenannten Killerzellen sollen u. a. im Kampf gegen Virenzellen und sogar Krebszellen wirken.

Trainingseinheit:

1.	Traben Sie 5–10 min locker ein.
2.	Laufen Sie 12 min im Intensitätsbereich 7.
3.	Traben Sie anschließend 6 min im lockeren Tempo.
4.	Laufen Sie 12 weitere schnelle Minuten, die ersten 6 min im Intensitätsbereich 8, die zweiten (und letzten) 6 min im Intensitätsbereich 9.
5.	Laufen Sie 5–10 min im langsamsten Tempo aus, und lassen Sie anschließend Ihre Killerzellen arbeiten.

Häufigkeit: 1 x pro Woche.

Ziel: Kräftiger werden

Ob Sie es glauben oder nicht, dieses Ziel sollte jeder Läufer haben. Nein, Kraft und Ausdauer schließen sich nicht aus. Eine kräftige Muskulatur hilft, das Verletzungsrisiko zu minimieren und den Laufstil zu optimieren.

Trainingseinheit:

1.	Traben Sie 5–10 min langsam ein.
2.	Laufen Sie direkt anschließend einen Kilometer im hohen Intensitätsbereich 9.
3.	Machen Sie 20 (Anfänger) bis 40 (Fortgeschrittene) Rumpfbeugen liegend mit hochgelagerten Unterschenkeln. *Übungsbeschreibung:* Legen Sie sich mit dem Rücken auf den Boden und die Beine auf eine Bank oder Ähnliches ab. Körper und Oberschenkel bilden einen 90°-Winkel. Heben Sie den Oberkörper mit vor dem Bauch verschränkten Armen langsam »gegen die Decke«. Schauen Sie nach oben, nicht zu Ihren Beinen und versuchen Sie, den Rücken gerade zu halten.
4.	Machen Machen Sie 20–40 Hockstrecksprünge. *Übungsbeschreibung:* Gehen Sie tief in die Hocke und halten Sie dabei die Arme vor dem Körper. Drücken Sie sich nach vorn oben mit den Fußballen ab und strecken Sie den Körper in der Flugphase ganz durch. Die Arme schwingen über den Kopf. Achten Sie auf eine weiche Landung, indem Sie den Körper in der Hocke vorsichtig abfedern.
5.	Machen Sie 10–40 Liegestütze. *Übungsbeschreibung:* Gehen Sie in den Vierfüßlerstand (Körper wird nur auf Handflächen und Fußspitzen stabilisiert). Stellen Sie die Hände in Schulterabstand, und halten Sie Rücken und Kopf gerade und die Beine gestreckt. Gehen Sie mit geradem Körper so tief runter, dass die Brust den Boden berührt, und kehren Sie wieder in die Ausgangslage zurück.
6.	Machen Sie 40 »Rückenstärker«. *Übungsbeschreibung*: Legen Sie sich in Bauchlage auf den Boden, der Kopf ruht auf den verschränkten Armen. Heben Sie das linke Bein aus der Hüfte heraus an, bis eine Dehnung spürbar ist. Setzen Sie das Bein wieder ab, und wiederholen Sie die Übung mit dem rechten Bein.
7.	Machen Sie (noch einmal) 10–40 Liegestütze. *Wichtig*: Sind Sie mit allen sechs Kraftübungen einmal durch, wiederholen Sie diese, bis 20 min um sind.
8.	Laufen Sie abschließend 5–10 min locker aus.

Häufigkeit: 1–2 x pro Woche.

Ziel: Jung bleiben

Sind Sie ein sogenannter Altersklassenläufer (ich habe mir diese Bezeichnung nicht ausgedacht), also über 40 Jahre, und wollen trotzdem noch mit den Jüngeren mithalten? Das ist, was die Ausdauer betrifft, selbstverständlich kein Problem, aber an Geschwindigkeit und Tempohärte müssen Sie unbedingt arbeiten. Am wirkungsvollsten ist ein Training etwas über der sogenannten Laktatschwelle, also etwa in den Intensitätsbereichen 7 und 8.

Trainingseinheit:

1.	Traben Sie sich 10 min ein.
2.	Laufen Sie 10 min im Intensitätsbereich 7–8.
3.	Traben Sie anschließend 4 min im lockeren Tempo.
4.	Laufen Sie 8 x 1 min im Intensitätsbereich 9 mit jeweils 1 min Trabpause zwischen den Belastungen.
5.	Laufen Sie 5–10 min im langsamsten Tempo aus.

Häufigkeit: 1 x pro Woche.

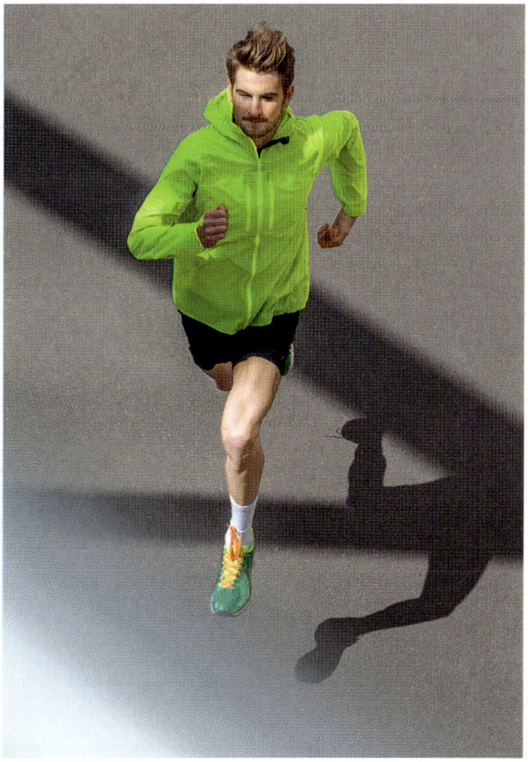

Ziel: Angst vor Belastungen verlieren

Sie haben Angst vor Belastungen? Sie befürchten, dass Sie hohe Intensitäten nicht verkraften? Sie sind zu faul, um sich ab und zu auszubelasten? Sie empfinden vorgeschriebene Belastungseinheiten als Bevormundung? Kein Problem, wir helfen Ihnen trotzdem auf die Sprünge.

Trainingseinheit:

1.	Suchen Sie sich eine landschaftlich reizvolle und leicht profilierte Laufstrecke.
2.	Laufen Sie sich locker einige Minuten ein.
3.	Beginnen Sie über einen Zeitraum von etwa 30 min, mit Ihrem Tempo nach Lust und Laune zu spielen. Sie bestimmen, wie oft, wie lange und wie intensiv Belastungen sind: Mal traben Sie, mal sprinten Sie, dann laufen Sie im moderaten Tempo, dann wieder, bis Ihnen »die Zunge aus dem Hals hängt«. Alles ohne Plan. Mal querfeldein, mal bergauf, mal bergab. Es sei Ihnen versichert: Die Zeit vergeht wie im Flug, und Sie sind anschließend ganz schön geschafft … und haben es kaum gemerkt.

Häufigkeit: 1–2 x pro Woche.

RATGEBER

»Wie oft muss man denn mindestens laufen, damit es Effekte zeigt. Reicht 1 x pro Woche?«

»Einmal ist keinmal« lautet mein gängiges Gesetz, was bedeutet: Wer leistungsfördernde Anpassungsprozesse im Körper provozieren will, muss das wichtigste Prinzip eines wirkungsvollen Lauftrainings berücksichtigen: die Kontinuität. 2 x Laufen pro Woche ist das Mindeste für alle, die die Ausdauer verbessern und das Immunsystem stärken wollen. 3 x ist ein Muss für Läufer, die abnehmen oder an Wettkämpfen teilnehmen wollen.

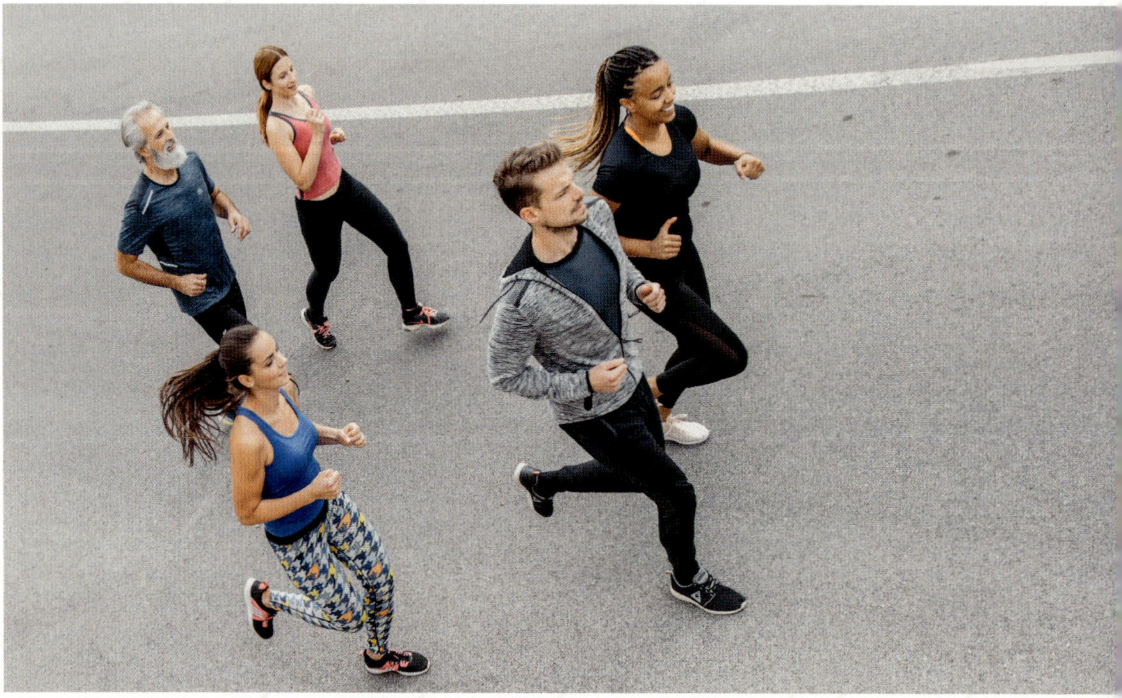

Verletzungen vermeiden

Was Sie unbedingt noch wissen sollten

1. **Wärmen Sie die Muskulatur auf**
   Beginnen Sie eine Belastung immer mit 2–3 min Gehen. Das gilt im Übrigen nicht nur für Laufanfänger, sondern auch für ambitionierte Läufer.

2. **Mindestens 75 % Ihrer Laufbelastungen sollten im »Wohlfühltempo« sein**
   Mit diesem Tempo bezeichnen wir einen Tempobereich, bei dem Sie sich problemlos unterhalten können. Tatsache ist: je langsamer das Lauftempo, desto geringer das Verletzungsrisiko.

3. **Steigern Sie Ihre Laufumfänge nur langsam bzw. in Maßen**
   Laufanfänger steigern Ihre Belastungen Woche für Woche immer nur um wenige Minuten. »Höchstens 10 % mehr« heißt meine wichtigste Vorgabe, will heißen: 10 % mehr Umfang pro Woche, 10 % mehr Umfang pro Monat etc. sind ein verträgliches Maß.

4. **Dehnen Sie Ihre Muskulatur**
   Aufwand: 10 min nach jeder Laufeinheit. Achten Sie dabei besonders auf die Waden- und rückwärtigen Oberschenkelmuskeln sowie auf die Adduktoren.

5. **Kräftigen Sie Ihre Muskulatur**
   Leichtes Krafttraining für Arme und Beine macht die Muskeln belastungsverträglicher und somit auch resistenter gegen Verletzungen. Aber Vorsicht, ein falsch ausgeführtes Krafttraining verhindert keine Verletzungen, sondern führt erst zu diesen. Übertreiben Sie es also nicht gleich, und gehen Sie im Idealfall ins nächstgelegene Fitnessstudio. Lassen Sie sich dort im Rahmen eines (kostenlosen) Probetrainings erst einmal in die wichtigsten Grundlagen eines sinnvollen Krafttrainings einweisen.

6. **Laufen Sie nicht mit viel schnelleren und ambitionierteren Läufern zusammen**
   Ausnahme: Diese nehmen bewusst Rücksicht auf Ihr Leistungsvermögen und lassen Sie den Umfang und das Tempo beim Laufen bestimmen. Ansonsten kann dies erstens zu belastend werden und zweitens zu Überlastungsbeschwerden führen. Und außerdem macht ein ständiges »Hinterherhecheln« keinen Spaß, ist frustrierend und demotivierend.

7. **Laufen Sie niemals mit Schmerzen**
   Tut Ihnen während des Laufens etwas weh, beenden Sie sofort das Training. Versuchen Sie nicht, über den Schmerz hinwegzulaufen, dies tun auch Eliteläufer – entgegen allen Gerüchten – nie. Es tun nur dumme Läufer bzw. die Läufer, die permanent verletzt sind.

8. **Nehmen Sie keine Medikamente vor dem Training**
   Wer nur dank Schmerzmitteln oder Ähnlichem (wegen Kopfschmerzen, Gliederschmerzen etc.) zum Laufen bereit ist, sollte es lieber ganz sein lassen. Die Medikamente behindern das Wahrnehmungsgefühl für den eigenen Körper und programmieren Überlastungen vor.

KAPITEL 2

Zweiter Schritt: 5 km – mein erster Wettkampf

→ **Für Läufer, die schon 30 min laufen können**

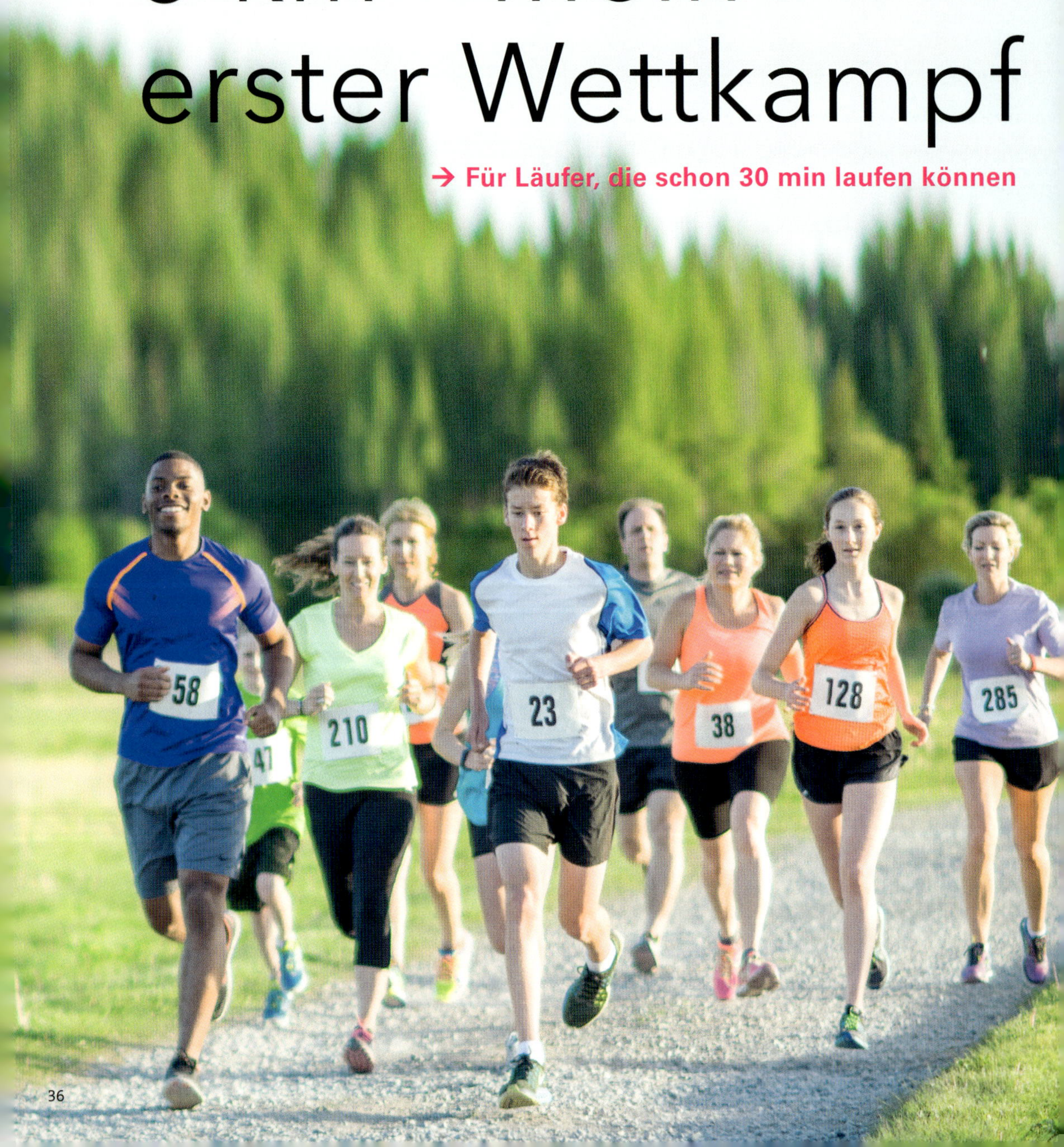

2

2.1 Trainingspartner Herzfrequenz

Natürlich haben Sie nicht mit dem Laufen angefangen, um später einen Weltrekord im Marathonlauf aufzustellen. Sie wollten einfach nur Entspannung suchen, Ihr Gewicht reduzieren bzw. halten oder etwas für Ihre Gesundheit tun. Und jetzt, nachdem Sie 30, sogar 60 min durchlaufen können, juckt es Sie endgültig, doch einmal selbst an einem Wettkampf teilzunehmen. Gute Idee! Ich sage: Das erste Wettkampfziel ist der entscheidende Schritt auf dem Sprung vom Einsteiger zum engagierten Läufer. Und glauben Sie mir, die Teilnahme an einem Wettkampf macht nicht nur Spaß, sondern ist auch gar nicht so schwer.

Wenn überhaupt, scheitern die meisten an der falschen Einschätzung ihres Lauf-(Leistungs-)Vermögens, aber nicht nur im Wettkampf, auch im alltäglichen Lauftraining. Sie rennen viel zu schnell los und wundern sich, dass ihnen schon nach wenigen Metern »die Zunge aus dem Hals hängt«. Wer sich auf einen Wettkampf vorbereitet, muss aber lernen, sich effektiv zu belasten. Kaum einem Läufer gelingt es auf Anhieb, den für ihn richtigen Trainingsbereich blind zu finden. Folge: Nicht nur Laufeinsteiger, sondern auch ambitionierte Läufer verbauen sich eine Steigerung ihres Leistungsvermögens durch zu intensives Training, sprich Lauftempo. Aus dieser Unsicherheit kann die Messung der Herzfrequenz heraushelfen.

2.1.1 Auf die Herzfrequenz kommt es an

Gerade Laufanfänger können ihre Belastungen leicht dosieren und Leistungsfortschritte erkennen, indem sie ihre Herzfrequenz im Auge behalten. Dazu müssen Sie nicht ständig mit dem Finger am Puls und den Augen auf dem Sekundenzeiger joggen, sondern sich nur eines sogenannten Herzfrequenzmessers bedienen. Dieser besteht aus einem Brustgurt und einer Uhr und ist im Sportfachhandel erhältlich. Vom Sender im Gurt wird die Herzfrequenz drahtlos an den Empfänger in der Armbanduhr übertragen und ermöglicht eine permanente Überprüfung der aktuellen Herzfrequenzwerte.

Wichtigste Frage: Wieso entspricht die Herzfrequenz der Belastungsintensität? Mit jedem Herzschlag wird eine konstante Menge Blut und Sauerstoff durch den Körper gepumpt. Bei einem einstündigen Dauerlauf etwa 10000 x bis zu 200 ml Blut. Der Anstieg der Herzfrequenz entspricht ungefähr dem Anstieg der Sauerstoffaufnahme sowie dem Energieverbrauch und damit auch der Belastungsintensität.

Und welches ist die richtige Herzfrequenz? Wer einen Herzfrequenzmesser besitzt, sollte zunächst wissen, dass Trainingspartner bei demselben Tempo und derselben Anstrengung unter Umständen völlig unterschiedliche Pulswerte erreichen. Hintergrund: Die Herzfrequenz ist ein sehr individuelles Maß. Wie Körper- oder Schuhgröße kann sie von Läufer zu Läufer sehr unterschiedlich sein. Zwar existieren einige Faustregeln zur Angabe eines »idealen« Belastungspulses, wie zum Beispiel »220 minus Lebensalter« oder »210 minus Lebensalter mal 0,65«, diese sind allerdings zur Ermittlung einer geeigneten Trainingsherzfrequenz nur sehr bedingt geeignet.

Individuelle Belastungsbereiche lassen sich am besten über die maximale Herzfrequenz ermitteln.

Von dieser lassen sich sehr exakte Pulsangaben für entsprechende Belastungsbereiche von leicht (kaum belastend) bis schwer (extrem belastend) »in Prozent der maximalen Herzfrequenz« ableiten. Die maximale Herzfrequenz ist die Pulsfrequenz, die ein Sportler unter maximaler Belastung erreicht. Dazu muss man sich allerdings einmal total auspowern. Zugegeben, dies ist gerade für Laufanfänger keine leichte Aufgabe. Und ein solcher Maximaltest ist auch mit Vorsicht zu genießen: Maximal ausbelasten dürfen sich nur Laufanfänger, die kerngesund sind und in der Vorgeschichte keinerlei Herzprobleme hatten. Ein Maximaltest für Einsteiger sollte unbedingt unter Aufsicht (z. B. durch erfahrene Läufer, Trainer eines Fitnessstudios oder örtlichen Sportvereins) durchgeführt werden.

Der Maximaltest

Es gibt viele Möglichkeiten, sich maximal auszubelasten, manche sind effektiver als andere. Die sicherlich zeiteffektivste Methode basiert auf einer sogenannten Intervallbelastung. Das sind kurze, intensive Belastungen mit nicht ausreichenden Pausen, bei denen man sich in den maximalen Pulsbereich »hochschaukelt«. Beispiel: Laufen Sie sich 5–10 min langsam ein, und belasten Sie sich anschließend 3 x 3 min im höchstmöglichen Tempo. Traben Sie zwischen den drei Belastungen nur 1 min langsam. Nehmen Sie 5 s nach der letzten der drei 3-min-Sprints den Puls. Der gemessene Wert sollte in etwa Ihrem Maximalpuls entsprechen.

2.1.2 Dauerlauf ist nicht gleich Dauerlauf

Wer seine maximale Herzfrequenz kennt, muss nun von dieser die Pulsvorgaben für die verschiedenen Belastungsbereiche ableiten. Dabei sollten Anfänger wissen, dass sich ein effektives Training längerfristig aus vielen Elementen zusammensetzt, die sich vor allem durch das Lauftempo unterscheiden. Aber beim Lauftraining ohne Wettkampfziel, unterscheidet man zunächst nur in verschiedene Dauerlauftempi, bevor in einer gezielten Wettkampfvorbereitung auch noch schnellere Laufvarianten hinzukommen (s. Kap. 2.2.2):

1. **Der langsame Dauerlauf**
Er spricht das niedrigste Trainingstempo an und ist somit das sinnvollste Trainingsmittel für Laufeinsteiger. Sein Tempo unterscheidet sich von dem des schnellen Gehens nur wenig. Der Belastungsbereich für einen langsamen (regenerativen) Dauerlauf liegt annähernd bei 70–75 % der maximalen Herzfrequenz. Die Herzfrequenzmessung soll hier das Tempo nicht antreiben, denn es gibt bei dieser Trainingsform keine untere Belastungsgrenze. Beim langsamen Dauerlauf misst man die Herzfrequenz nur, um nicht in einen zu hohen Belastungsbereich zu kommen.

2. **Lockerer Dauerlauf**
Bei dieser Laufbelastung ist man schneller unterwegs als beim langsamen Dauerlauf. Der lockere Dauerlauf entspricht dem meistgenutzten Lauftempo erfahrener Läufer. Hier hat die Messung der Herzfrequenz für Laufanfänger eine Doppelfunktion: als Begrenzung nach oben und als Antrieb, wenn das Tempo allzu langsam werden sollte. Der Belastungsbereich für einen lockeren Dauerlauf sollte etwa bei 80–85 % der maximalen Herzfrequenz liegen. Wichtig ist bei dieser Laufintensität, dass man in den ersten Minuten langsam losläuft und erst nach Ablauf der Aufwärmphase versucht, die Herzfrequenz, sprich Belastung, der Intensität eines lockeren Dauerlaufs anzupassen.

3. **Zügiger Dauerlauf**
Ein großes »Achtung!« vorweg: Dieses Dauerlauftempo ist nichts für blutige Laufanfänger und nur

RATGEBER

»Gibt es einen Trick, wie ich es schaffe, mich um das Laufen nicht herumzumogeln?«

Die Erfahrung zeigt, dass es eine Schmach ist, nicht durchgeschwitzte Laufsachen ungenutzt wieder zurückzulegen. Deshalb: Wollen Sie morgens vor dem Frühstück laufen gehen? Dann legen Sie sich

Laufeinsteigern, die schon ihre ersten Erfahrungen mit der Laufbelastung gesammelt haben, zu empfehlen. Zügige Dauerläufe sind die schnellste Dauerlaufbelastung. Sie liegen im höchsten, gerade noch ohne Übersäuerung möglichen Tempobereich, das liegt erfahrungsgemäß bei 85–88 % der maximalen Herzfrequenz. Zur Erklärung: Bei hohem Lauftempo wird der Sauerstoffbedarf des Körpers zur Gewinnung von Energie durch den Abbau von in der Muskulatur und in der Leber gespeichertem Glykogen nicht mehr gedeckt. Die Atmung wird intensiver und schneller, von Unterhaltung kann keine Rede mehr sein. Mit Übersäuerung bezeichnet man also einen Vorgang, bei dem der Läufer unter großer Belastung in eine Sauerstoffschuld gerät: Der Organismus greift auf den anaeroben Stoffwechsel (Energiegewinnung ohne Sauerstoff) zurück, bei dem Milchsäure (Laktat) gebildet wird. Der Vorteil: Laufen in diesem Bereich trainiert am effektivsten die Ökonomisierung des Stoffwechsels. Mehr als 1 x pro Woche sollte ein zügiger Dauerlauf allerdings in keinem Fall auf dem Programm stehen. Auch hier verwendet man die Herzfrequenzmessung vor allem als obere und untere Grenze. Ein Kriterium für einen effektiven Tempodauerlauf ohne zunehmende Übersäuerung ist ein relativ stabiler Herzfrequenzverlauf. Das bedeutet, dass die Herzfrequenz ab der fünften Belastungsminute bis zum Ende des Tempodauerlaufs nicht mehr weiter steigt. Der Belastungsbereich für einen Tempodauerlauf sollte etwa bei 85 % der maximalen Herzfrequenz liegen.

abends Ihre Laufbekleidung neben das Bett, sodass Sie beim Aufstehen darüber stolpern. Wollen Sie erst nach der Arbeit laufen? Dann ziehen Sie, sobald Sie nach Hause kommen, sofort Ihre Laufbekleidung an – auch wenn Sie zunächst noch anderes zu tun haben.

2.2 5 km, das schafft jeder

Sie sind nun kein Laufanfänger mehr und suchen neue Herausforderungen, und nicht nur ich, sondern auch viele Bekannte und Freunde fragen, warum Sie denn noch nie an einem Wettkampf teilgenommen haben. Und Sie fragen sich, wenn Sie ehrlich sind, nur: Was könnte mich reizen, an einem Wettkampf teilzunehmen? Warum nicht meine Garantie, dass ich Sie in 8–12 Wochen so fit mache, dass Sie nicht nur die 5-km-Distanz auch in einem Wettkampf problemlos schaffen, sondern sich anschließend noch viel wohler und fitter fühlen als je zuvor?

Ist Ihnen auch schon aufgefallen, dass ich die ganze Zeit von »Wettkampf« spreche? Jetzt erkläre ich erst einmal, was ein Laufwettkampf überhaupt ist: nichts anderes als eine organisierte Laufveranstaltung – bei der eben auch einige um die Wette laufen, um zu gewinnen, aber die meisten den Kontakt zu Gleichgesinnten suchen, um sich auszutauschen, Tipps und Anregungen zu finden. Und außerdem können Sie auf einer abgemessenen Strecke Ihr Leistungsvermögen testen. Gegen eine Startgebühr sorgt der Veranstalter aber nicht nur für die Streckenvermessung und die individuelle Zeitnahme, sondern auch für die Verpflegung auf der Strecke.

Wenn es eine gute Veranstaltung ist, gibt es außerdem ein Rahmenprogramm zur Unterhaltung bzw. ein geselliges Beisammensein nach dem Lauf. Bei richtig großen Veranstaltungen brilliert die Veranstaltung durch viele Zuschauer an der Strecke und eine Verkaufsmesse. Wer gerne einmal im Mittelpunkt stehen möchte, für den sind die attraktivsten Laufveranstaltungen die Stadtläufe, deren Streckenführung mitten durch den jeweiligen Stadtkern verläuft. Wer es beim ersten Mal lieber unter Ausschluss der Öffentlichkeit versuchen möchte, der meldet sich bei einem der zahlreichen Wald- und Wiesenläufe an, wo es zwar keine Zuschauer, dafür aber etwas anderes im Übermaß gibt: Natur. Das Wichtigste: Einen Wettkampf zu bestreiten bedeutet mehr, als nur eine vermessene Strecke möglichst schnell zu laufen. Es steht auch für das Treffen von Gleichgesinnten, den Erfahrungsaustausch und viel Spaß. Auf den Punkt gebracht: Der einzige echte Unterschied zwischen einem Läufer und einem Jogger ist, dass der Läufer an Wettkämpfen teilnimmt, während sich der Jogger mit der Runde im Stadtwald zufriedengibt.

Das wahre Ziel eines professionellen 5-km-Trainings ist vor allem eines: die maximale Sauerstoffaufnahme zu steigern. Denn nur wer die verbessert, besitzt die physiologische Basis für einen Leistungssprung. Die beim Atmen vom Blut aufgenommene Sauerstoffmenge entspricht der Menge, die die Muskeln zur Energieerzeugung verbrauchen. Folglich ist die Fähigkeit des Körpers, große Mengen an Sauerstoff aufzunehmen, zu transportieren und zu verarbeiten, entscheidend für Erfolge auf den Laufstrecken. Wenn Sie mehr Sauerstoff verarbeiten können, ist Ihre Beinmuskulatur leistungsfähiger.

Die Zahlen sagen alles. Jedes Prozent Zunahme an maximaler Sauerstoffaufnahme – die Kurzformel lautet VO2max – ergibt eine Verbesserung der 5-km-Zeit um 5–10 s. Liegt Ihre VO2max 10 % unter Ihrem möglichen Maximalwert, so bedeutet dies, dass Ihre Bestzeit über 5 km 1–2 min langsamer als möglich ist.

Wie aber lässt sich die VO2max optimal verbessern? Als Erstes bietet sich eine Erhöhung des Laufumfangs an. Die VO2max nimmt beträchtlich zu, wenn Sie Ihr wöchentliches Laufpensum allmählich von 2–3 x Laufen pro Woche auf 4–5 x erhöhen. Diese Zunahme der Sauerstoffaufnahmefähigkeit wird leider geringer, wenn Ihr Kilometerumfang erst einmal ein bestimmtes Niveau erreicht hat. Diverse Studien lassen darauf schließen, dass bei einem sehr hohen Trainingsumfang die VO2max abflacht. Damit kommen wir zur nächsten Möglichkeit: dem anaeroben Training. »Anaerob« bedeutet »ohne Sauerstoff«. Wenn Sie ein ziemlich hohes Tempo laufen, kann Ihr Körper nicht genügend Sauerstoff für eine ausreichende Versorgung der Muskeln bereitstellen. Deshalb setzt eine wichtige »anaerobe« chemische Reaktion ein: Ihr Körper spaltet Glukose, wandelt sie in Milchsäure um und beschafft so die zum Laufen benötigte Energie. Darum wird Tempotraining manchmal auch als »anaerobes Training« bezeichnet. Das anaerobe Training aktiviert Ihre Typ-IIa- oder »schnell kontraktierenden« Beinmuskelzellen. Sie stellen die für das Sprinten benötigte Energie bereit, und ihre Fähigkeit, Sauerstoff zu nutzen, steigt bei Aktivierung, d. h. bei sehr schnellem Laufen im anaeroben Bereich, deutlich an. Diese Zellen müssen sich auch anpassen, denn Tempoläufe bringen sowohl das Herz-Kreislauf-System als auch die Atmungsorgane an ihre Grenzen. Diese Tatsache wiederum zwingt die Typ-IIa-Muskelfasern dazu, ihre Fähigkeit zur Aufnahme von Sauerstoff zu steigern.

2.2.1 Der 5-km-Trainingsplan

Die wichtigsten Fragen lauten: Wie oft können Sie trainieren? An welchem Tag der Woche bietet es sich an, im Training zu belasten? (Nicht unbedingt an Ihrem schwersten Arbeitstag.) Wer bereits ein Rennen über 5 km gelaufen ist, nimmt diese Leistung als Geschwindigkeitsorientierung für die schnellen Tempoeinheiten. Wenn Sie später nachvollziehen wollen, wie Ihre Leistung zustande gekommen ist, sollten Sie ein Trainingstagebuch führen. Halten Sie fest, wie lange Sie gelaufen sind, wie viele Kilometer (so Sie die Streckenlänge kennen) und eventuell, wie Sie sich gefühlt haben. Wer keinen Herzfrequenzmesser verwendet, sollte im Dauerlauf ruhig mal stehen bleiben und die Herzfrequenz am Handgelenk, am Hals oder am Herz messen. Dann 10 s den Pulsschlag zählen und mit 6 multiplizieren, das Ergebnis ist die HF/min. Oder Sie legen sich vielleicht doch endlich einen Herzfrequenzmesser zu. Auch die durchschnittliche Herzfrequenz ist ein interessanter Parameter, den man festhalten sollte.

Die Trainingshäufigkeit hat einen entscheidenden Einfluss auf die Trainingsgestaltung. Grob gesagt bedeutet das: Wer 2 x wöchentlich trainiert, sollte sich zuallererst darum bemühen, eine dritte Einheit zu realisieren, bevor er die Intensität seiner Einheiten verschärft.

Grundsätzlich gilt: Wer 3 x wöchentlich trainiert, sollte 1 x pro Woche belasten, das heißt, eine intensive

Trainingseinheit absolvieren, einen längeren Dauerlauf (DL) und einen ruhigen DL machen. Ab vier Trainingseinheiten pro Woche sind zwei Belastungen sinnvoll, ein langer DL und ein ruhiger DL runden das Wochenpensum ab. Die Regenerationsphasen der Energiespeicher (Kohlenhydrate und Fette) für die Ausdauerleistungen liegen bei etwa 48 Stunden. Nach dem Prinzip der Superkompensation ist eine hohe Belastung erst jeden dritten Tag zu empfehlen, womit mehr als zwei schnelle Trainingseinheiten pro Woche von vornherein auszuschließen sind. Wer in der Woche 5 x und öfter läuft, kann noch einen weiteren langen DL einplanen. Alle weiteren Trainingseinheiten dienen vornehmlich der aktiven Erholung und müssen auch als solche gestaltet werden (also langsam laufen!).

Generell heißt mehr Training nicht gleich mehr Leistung. Wenn die Regeneration ständig zu kurz kommt, steigt die Verletzungsgefahr. Sollten Sie im Training feststellen, dass Sie sich immer seltener frisch fühlen und Sie für Ihr normales Dauerlauftempo immer mehr Energie aufbringen müssen, dann streichen Sie ruhig mal eine Trainingseinheit. Der Organismus dankt es oft mit einer erstaunlichen »Energiespritze« am folgenden Tag.

2.2.2 Verschiedene Laufintensitäten

Sie wollen schneller werden! Richtig viel schneller, um bei einem 5-km-Wettkampf eventuell schon mal an Ihre Grenzen zu gehen. Da reicht es nicht mehr, verschiedene Dauerlauftempi zu probieren, sondern da müssen Sie auch mal mit höheren Lauftempi spielen. Denn ich kann's Ihnen hier und an dieser Stelle einfach nicht verschweigen: Um schneller zu werden, muss man ab und zu schneller laufen, und das ist anstrengender, als langsam zu laufen. Ich weiß einfach, dass Sie erstens Ihre Schnelligkeit entscheidend – sprich: messbar – verbessern können, wenn Sie nur 5 % Ihres gesamten Lauftrainings schnell laufen, und dass Sie zweitens beim schnellen Laufen wesentlich mehr Kalorien verbrauchen als beim langsamen Laufen. Die Verbesserungen zeigen sich schnell, sehr schnell sogar: schon nach 2–3 Wochen. Voraussetzung: Sie richten sich nach meinen Trainingsvorschlägen.

Alles, was Sie benötigen, ist eine neue Einstellung zum Laufen: Scheuen Sie sich nicht, ab und zu an Ihre Grenzen zu gehen. Suchen Sie nicht jetzt schon nach Gründen, einem schnellen Lauf aus dem Weg zu gehen. Legen Sie einfach los. Für die meisten reicht ein Schnelligkeitstraining pro Woche aus. Und wer einmal damit begonnen hat und die Formkurve steigen (und Gewichtskurve sinken) sieht, der findet schnell Spaß daran und muss in seinem Eifer womöglich bald gebremst werden.

Im Folgenden stelle ich Ihnen sieben verschiedene Laufinhalte bzw. -programme vor, die Sie schneller machen. Diese Programme sind auch Bestandteil meiner Trainingspläne, mal alle sieben, mal nur ein einziges. Das richtet sich ganz nach den Laufambitionen. Das Ergebnis bleibt immer dasselbe: Sie werden schneller, denn Ihr Laufschritt wird runder, Ihr Abdruck kräftiger, Ihr Gewicht geringer und Ihr Energieverbrauch ökonomischer – alles, was ein Läuferherz begehrt. Einziger Nachteil: Suchtgefahr. Denn, wie bereits gesagt, wer einmal mit dem Tempotraining begonnen hat, will immer mehr davon.

RATGEBER

»Wo liegt die optimale Schrittfrequenz?«

Die Schrittfrequenz von Eliteläufern liegt fast immer bei 90–95 Schritten pro Minute (SpM), während sie bei Durchschnittsläufern lediglich etwa 80–85 SpM beträgt. Bestimmen Sie Ihre derzeitige Schrittfrequenz. Liegt Ihre Frequenz unter 90 SpM, sollten Sie spezielle Übungen in Ihr Training einbauen, mit denen Sie Ihre Frequenz erhöhen: Machen Sie Wiederholungsläufe von 3 min mit einer Schrittfrequenz von 92 SpM. Dabei zählen Sie zur Kontrolle Ihre Schritte alle 30 s. Wenn die Frequenz Ihrer SpM dabei unter 46 liegt, erhöhen Sie sie während der nächsten 30 s. Nach dem 3-min-Wiederholungslauf joggen Sie 3 min locker und machen anschließend einen weiteren 3-min-Lauf mit 92 SpM. Insgesamt sollten Sie vier dieser Wiederholungsläufe absolvieren.

1. Fahrtspiel

Definition:
Ein Fahrtspiel ist das »Spiel mit der Fahrt«, dem Tempo. Das Wichtigste bei dieser Trainingsform ist das »Spiel«. Der Läufer spielt mit unterschiedlichen Geschwindigkeiten, mal schnell, mal langsam nach Lust, Laune und Streckenprofil.

So geht's:
Anstatt Ihre gewohnte Dauerlaufrunde im gewohnten Dauerlauftempo zu laufen, laufen Sie sie einfach mal mit wechselndem Tempo. Scharfe Antritte wechseln mit langsamen Erholungspassagen ab. Die schnellen Abschnitte dauern zwischen 30 s und 5 min, die Pausen variieren entsprechend, sind in der Regel aber etwa halb so lang wie die Belastungen. Beim echten Fahrtspiel orientiert sich der Läufer bei seinen Belastungen am besten an markanten Punkten entlang der Strecke wie Bäumen, Bänken, Weggabelungen nach dem Motto: »Bis zur nächsten Parkbank flott, dann bis zur hohen Tanne traben.« Je mehr Variationen ein Fahrtspiel bietet, desto besser. Eigentlich findet ein »echtes« Fahrtspiel im profilierten Gelände statt, bergauf, bergab. Das Einzige, was beim Fahrtspiel vorgegeben sein sollte, ist die zeitliche Dauer. Sie liegt zwischen 20 min (Einsteiger) und 50 min (Profis).

Der Effekt:
Ein Fahrtspiel bringt Kraft und Schnelligkeit in wohldosierter Form. Es ist das optimale Schnelligkeitstraining für Einsteiger, da die Länge und Intensität der Belastungen nicht starr vorgegeben ist, sondern der individuellen Tagesverfassung angepasst wird. Das heißt, Sie laufen nur so schnell, wie Sie am Tag X wollen. Und Sie laufen nur so lange schnell, wie Sie wollen. Der Nebeneffekt: Sie lernen Ihre Laufrunde jetzt erst richtig kennen, da Sie sich mit den topografischen Gegebenheiten zur Bestimmung der Belastungsintervalle bewusst auseinandersetzen müssen.

Solche Tempowechsel innerhalb eines Laufs regen auch Ihren Stoffwechsel in besonderem Maße an. Nach Tempowechselläufen (wie auch nach Tempodauerläufen, siehe unten) entsteht ein sogenannter Nachbrenneffekt, was bedeutet, dass auch in den beiden Stunden nach dem Laufen weiter verstärkt Kalorien verbrannt werden. Um sich von überflüssigen Pfunden zu trennen, bietet das Fahrtspiel sicherlich eine der effektivsten Trainingsformen, effektiver als ein Tempodauerlauf, da Sie einen solchen nicht so oft durchführen sollten, weil Sie dabei Sehnen und Muskeln nicht übermäßig belasten.

Ein Trainingsbeispiel:
Klassische Fahrtspielprogramme gibt es per definitionem (siehe oben) schon nicht, da die Gestaltung jedem Läufer selbst überlassen bleibt. Kein Fahrtspiel gleicht dem anderen, auch wenn es von ein und derselben Person wöchentlich durchgeführt wird. Spezifische Trainingsbeispiele können deshalb nicht genannt werden, da es ein Widerspruch in sich wäre.

2. Tempodauerlauf

Definition:
Tempodauerläufe sind zügige Läufe in einem gleichmäßig hohen Lauftempo. Das Tempo ist schnell, aber kontrolliert. Es bedarf hoher Konzentration, um das Tempo über die gesamte Strecke zu halten, und es sollte so gewählt werden, dass es keine großen Geschwindigkeitseinbrüche gibt.

So geht's:
Nach einer 10-minütigen Einlaufphase im langsamsten Lauftempo folgen 15 min (Einsteiger) bis 45 min (ambitionierte Läufer) in einem zügigen Lauftempo, das gewöhnlich 15–30 s langsamer als das 10-km-Renntempo ist. Wenn Sie Ihr 5- oder 10-km-Renntempo nicht kennen, da Sie noch nie einen Wettkampf gelaufen sind, dann halten Sie sich an die obige Vorgabe: »Schnell, aber kontrolliert«. Oder richten Sie sich nach der Herzfrequenz. Ein Tempodauerlauf wird mit 85–92 % der maximalen Herzfrequenz gelaufen. Wichtig: Tempoläufe sind keine »Killer«. Brauchen Sie länger als zwei Tage, um sich von einem Tempodauerlauf zu erholen, dann laufen Sie entweder zu schnell oder zu lang.

Der Effekt:

Tempodauerläufe helfen, ein gutes Körpergefühl für das richtige Belastungstempo zu entwickeln. »Richtig« heißt in diesem Fall: Es ist ein Tempo, das möglichst hoch ist, aber eben nur so hoch, dass Sie es auch ziemlich lang kontrolliert durchhalten können. Das Tempodauerlauftempo entspricht bei gut trainierten Läuferinnen und Läufern dem Marathonrenntempo. Das heißt, dass sie dieses Tempo über die gesamte Marathondistanz durchhalten können bzw. könnten, wenn Sie noch nie einen gelaufen sind. Außerdem ist es das Tempo, bei dem die meisten Kalorien verbrannt werden. Schlussfolgern Sie jetzt, dass ein Marathon der maximale Kalorien-»Burner« ist, kann ich nur sagen: Recht haben Sie. Eine Warnung an die Übergewichtigen: Im Marathontempo darf man nicht jeden Tag laufen, und einen Marathon kann man zum Glück nicht jeden Tag laufen.

Ein Trainingsbeispiel:

Laufen Sie sich 10 min im langsamsten Lauftempo ein. Steigern Sie anschließend das Tempo auf ein Maß, das Sie gerade noch nicht außer Atem kommen lässt. Halten Sie das Tempo gleichmäßig 30 min lang, und traben Sie anschließend 10 min aus. Für die Belastung bietet sich eine kaum profilierte Laufstrecke an, deren Belag eben ist und die asphaltiert sein kann.

3. Extensive Intervalle

Definition:

Extensive Intervalle sind wiederholte Tempobelastungen von 4–10 min Länge in einem minimal schnelleren Lauftempo als beim Tempodauerlauf (siehe 2.) und mit relativ kurzen Trabpausen zwischen den einzelnen Belastungen. Für ambitionierte Einsteiger eine gute Möglichkeit, sich mit Tempospitzen im Training vertraut zu machen.

So geht's:

Nach einer üblichen Einlaufphase von zirka 10 min steigern Sie das Lauftempo wie beim Tempodauerlauf bis in einen Bereich, den Sie als »schnell, aber kontrollierbar« bezeichnen können. Halten Sie dieses Tempo bei den ersten Malen nicht länger als 4–6 min durch. Sie kommen dabei nicht total außer Atem, aber in den letzten beiden Minuten leichte Atemprobleme verspüren (erkennbar daran, dass Sie nicht mehr tief atmen). Für Wettkampfprofis: Das Tempo ist etwa 10–20 s pro Kilometer langsamer als Ihr 10-km-Wettkampftempo. Es entspricht also einer Herzfrequenz von 90–92 % der maximalen Herzfrequenz. Nach dem ersten Intervall traben Sie 2 min, um dann die nächste Belastung anzuschließen. Drei 4- bis 6-min-Belastungen reichen für den Einstieg vollkommen aus. Längerfristig kann man die Länge der Intervalle bis zu 10 min und die Anzahl der Intervalle bis auf fünf ausbauen und die Pausen bis auf 30–60 s verkürzen. Mehr als 20 min (Einsteiger) bis 50 min (Profis) Belastung (alle Intervalle ohne Pausen zusammengezählt) dürfen es nicht werden.

Der Effekt:

Extensive Intervalle fördern das Laufvermögen im Bereich der Leistungsschwelle, die das atemberaubende Rasen (Fachbegriff: anaerober Bereich) vom gerade noch kontrollierbaren Rennen (Fachbegriff: aerob–anaerober Übergangsbereich) trennt. Dank kurzem Atem, sprich: Trabpausen, und eines nicht allzu hohen Lauftempos, sind sie eine gute Vorstufe für hochintensive Laufeinheiten und der richtige Einstieg ins Tempotraining für talentierte Anfänger.

Ein Trainingsbeispiel:

Nach dem Warmlaufen (10 min) laufen Sie 5–8 x 6 min im oben angesprochenen Tempo mit nur 60 s langsamer Trabpause zwischen den schnellen Abschnitten. Oder wiederholen Sie 4 x 10-min-Belastungen mit 90 s Pause.

RATGEBER

»Sollte man ein ausgefallenes Training am nächsten Tag einfach dranhängen?«

Training kann man nicht nachholen! Nicht immer läuft alles nach Plan. Wenn Sie aus irgendeinem Grund einmal das Training ausfallen lassen müssen, machen Sie nicht den Fehler, den »verlorenen« Tag wieder aufholen zu wollen, indem Sie zum Beispiel die kommenden Läufe verlängern oder den zwischen zwei harten Einheiten geplanten Ruhetag einsparen.

4. Bergaufläufe

Definition:
Bergaufläufe sind schnelle Läufe einen Berg hinauf. Die Länge des Bergaufabschnitts liegt zwischen einer und 4 min, der Grad des Anstiegs idealerweise zwischen 5–8 %, was einem moderaten, aber gut spürbaren Anstiegsgrad entspricht.

So geht's:
Suchen Sie sich einen Berg, Hügel oder sonstigen Anstieg in Ihrer Nähe (zur Not ein Laufband), der einen spürbaren Steigungsgrad bietet, aber wiederum nicht so steil ist, dass Sie Steigeisen und Pickel brauchen. Die Länge des Anstiegs sollte mindestens 200 m betragen, alles, was länger ist: umso besser. Laufen Sie sich bis zum Fuße des Berges locker 10 min warm, und steigern Sie dann den Berg hinauf Ihr Tempo bis zu einem Maß, das Sie zwar außer Atem bringt, aber einen gleichmäßigen Einsatz ohne Tempoeinbruch über die gesamte Bergaufdistanz möglich macht. Das Tempo ist kein Sprinttempo, aber Sie achten auf einen starken Kniehub und eine effektive Unterstützung durch einen bewusst aktiven Armeinsatz. Natürlich ist das Tempo auch von der Länge der Bergaufbelastung abhängig. Wählen Sie Intervalle von 1 min Länge, dann ist das Tempo nahezu bei 98 % Ihrer Möglichkeiten. Laufen Sie bis zu 4 min bergauf. Sie werden dabei auf jeden Fall außer Atem kommen, können jedoch ein und dasselbe Tempo über die gesamte Zeit durchhalten. Ambitionierte Läufer wiederholen 1-min-Bergaufläufe bis zu 10 x, 4-min-Läufe bis zu 4 x. Die Pausen werden bergab zum Ausgangspunkt zurückgetrabt.

Effekt:
Bergaufläufe bringen nicht nur enorm viel Schnelligkeit, sondern auch Kraft. Kraft für einen kräftigen Abdruck, guten Kniehub, weiten Schritt, was direkt zu einer verbesserten Laufleistung führt. Außerdem sind die Belastungen für den Bewegungsapparat relativ gering, trotz höchster organischer Anforderung, auf jeden Fall geringer als im Flachen und erst recht als beim Bergablaufen. Und Bergauflaufen macht mental stark. Denn Bergaufläufe können ganz schön »wehtun«, was Fachjargon ist und bedeutet, dass man sich bergauf die letzten Meter quälen muss. Außerdem verbrauchen Sie dabei die meisten Kalorien von allen hier beschriebenen Trainingsformen, vor allem im Vergleich zur korrespondierenden Belastung von Sehnen und Gelenken.

Ein Trainingsbeispiel:
Suchen Sie sich einen Berg, der einen schnellen Lauf bergauf von 1–2 min bei etwa 5 % zulässt. »Besteigen« Sie den Berg 6 x, traben Sie nach jeder Bergaufbelastung bergab zurück im langsamsten Tempo.

5. 30-s-Spiele

Definition
Die »30-s-Spiele« sind eine Fahrtspielvariante, bei der sich alle 30 s das Tempo ändert. Sie gehen 30 s im zügigen Tempo. 2. Anschließend traben Sie 30 s im gemütlichen Lauftempo. 3. Sie steigern über 30 s das Lauftempo von einem gemütlichen bis zu einem anspruchsvollen Tempo. 4. Sie sprinten 30 s im höchsten Tempo.

So geht's:
Suchen Sie eine gerade Laufstrecke, die nicht profiliert ist und einen ebenen Untergrund bietet. Sie benötigen eine Uhr, die es Ihnen ermöglicht, 30-s-Intervalle zu kontrollieren. Ideal sind Funktionsuhren, die Zeitintervalle durch einen Alarmton anzeigen. Laufen Sie sich zunächst 10 min langsam ein, und beginnen Sie dann mit den ersten 30 s im Gehtempo. Halten Sie sich an die oben beschriebenen Vorgaben, und steigern Sie in den vorgegebenen 30-s-Schritten das Tempo bis zum Sprint. Wiederholen Sie diese insgesamt 2 min dauernde Einheit zunächst 3 x bis maximal 4 x. Sie kommen auf eine Belastungslänge von etwa 1,5–2 km. Achten Sie beim dritten 30-s-Abschnitt, in dem das Tempo gesteigert wird, auf einen runden Laufstil und eine gleichmäßige Temposteigerung. Geben Sie in den letzten 30 s ruhig alles, aber verlieren Sie dabei nicht die Kontrolle über den Körper.

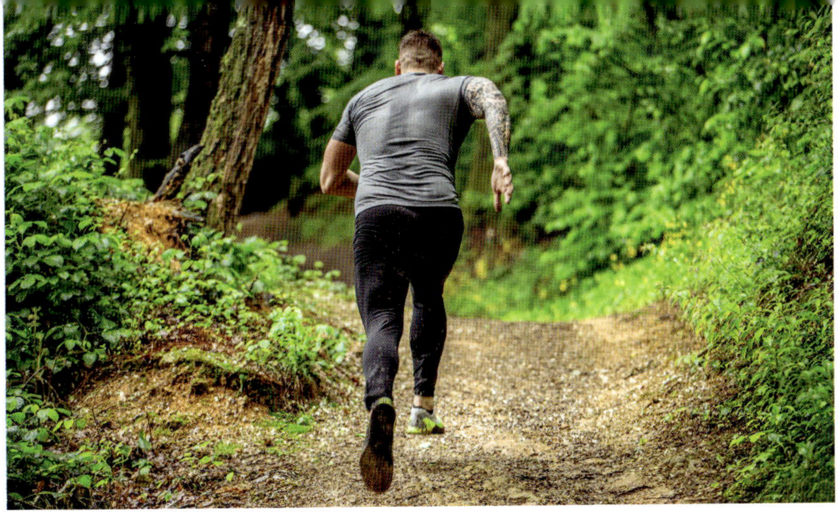

Auch beim Sprint sollte das Tempo der 10–20 s dem der 20–30 s entsprechen.

Der Effekt:
Sie lernen, sich mit verschiedenen Laufgeschwindigkeiten und den entsprechenden Ansprüchen an den Körper (z. B. Koordination) auseinanderzusetzen. Sie entwickeln einen ökonomischen Laufstil und enorm viel Schnelligkeit. Die Herz-Kreislauf-Belastung ist kurzzeitig sehr hoch und bringt Sie eventuell in unbekannte Belastungsbereiche, aber sie ist zu kurz (maximal 150 m), um Überlastungsprobleme zu provozieren.

Ein Trainingsbeispiel:
Laufen Sie sich 10 min im langsamsten Lauftempo ein. Laufen Sie anschließend 3 x das 30-s-Spiel (30 s Gehen, 30 s Traben, 30 s Steigern, 30 s Sprinten) und anschließend 10 min im langsamsten Tempo aus. Wollen Sie diese Tempoeinheit später weiter ausbauen, dann fügen Sie Woche für Woche jeweils ein weiteres Spielelement hinzu. Nicht mehr.

6. Ins und Outs

Definition:
Ins und Outs sind eine heiße Tempovariante, bei der sich 60 s langsamstes Traben mit 60 s Sprint permanent abwechseln. Diese Trainingsform hat schon Emil Zatopek (Olympiasieger 1948 und 1952) bis ins Äußerste ausgereizt; allerdings lief er in seinem Training in Militärstiefeln, behauptete er jedenfalls.

So geht's:
Ins und Outs können Sie überall machen. Natürlich bedürfen sie einer langen Einlaufphase (ca. 15 min). Bevor Sie mit dem ersten 60-s-Antritt beginnen, sollten Sie drei Steigerungen machen, das sind 80–100 m, auf denen Sie das Tempo vom langsamen Trab bis zum schnellen Sprint kontinuierlich steigern. Dann kann's losgehen: Ziehen Sie 60 s das Tempo an. Das Tempo ist so hoch, dass Sie dabei definitiv außer Atem kommen, aber dennoch Ihre Schritte kontrollieren können (sauberer Laufstil, kontrollierte Bewegungen). Hinweis für Profis: Das Tempo ist etwas schneller als das 5-km-Renntempo und entspricht ca. 95–98 % der maximalen Herzfrequenz. An die 60 schnellen Sekunden schließen sich 60 langsame Sekunden an. Achten Sie darauf, dass Sie in der Pause schnellstmöglich das Tempo reduzieren, womit aber kein »brutales« Abstoppen gemeint ist. Wiederholen Sie die 60/60 zunächst 5 x, später können Sie die Belastungen bis auf 10 x ausbauen.

Der Effekt:
Ins und Outs bringen Tempohärte. Die Laufökonomie wird in einem sehr hohen Belastungsbereich geschult und verbessert. Dieses Tempo ist das anspruchsvollste Lauftempo, das es gibt, da es einerseits sehr hoch ist und andererseits dennoch kontrollierbar bleiben muss. Beim Sprint darf die Kontrolle auf den letzten Metern verloren gehen, beim 5-km-Renntempo eben nicht, da es im Wettkampf 5 km durchgehalten werden muss. Das ist eine sehr anspruchsvolle Einheit.

Ein Trainingsbeispiel:
Nach 20 min Eintraben laufen Sie 5 x 60 s im 5-km-Renntempo mit 60 s Trabpause und anschließend 20 min locker aus. Pro Woche dürfen Sie ein 60-s-In-und-Out drauflegen, mehr als 10 dürfen es aber nie sein (auch wenn Emil Zatopek in besten Zeiten bis zu 40 machte).

RATGEBER

»Was tun, wenn die Muskeln nach dem Laufen schmerzen?«

Halten Sie Eis bereit: Wenn Schmerzen vom Training nachwirken, besteht ein probates Mittel darin, das Training zumindest für 48 Stunden etwas zurückzunehmen und die betroffene Region mehrmals täglich mit Eis zu behandeln, um so die Durchblutung anzuregen. Das Vereisen reduziert Schwellungen und Entzündungen, schränkt die Wirkung zerstörerischer Enzyme ein und wirkt überdies schmerzlindernd. Zudem wirkt es auch Verspannungen und Muskelkrämpfen entgegen.

7. Pyramide

Definition:
Pyramidenläufe sind Tempoläufe, die sich pyramidisch aufbauen, was die Dauer und das Tempo angeht: von lang und langsamer zu immer kürzer und schneller und wieder zurück zu lang und langsamer. Ein Beispiel: 1, 3, 5, 7, 4, 2 min Belastung mit 1, 2, 3, 4, 2 min Trabpause danach.

So geht's:
Einlaufen über 10 min ist Pflicht, dann folgen pyramidisch aufgebaute Tempobelastungen von kurz (1–2 min) in höchstem Tempo (95–98 % der maximalen Herzfrequenz (HFmax) bis zu relativ lang (7–9 min) und langsamer (90–92 % der HFmax) und wieder zurück zu kurz und schnell. Übersichtlicher wird das Pyramidentraining auf einer kleinen, überschaubaren Runde von z. B. 300–400 m Länge (keine Stadionlaufbahn). Die Runde läuft man bei der ersten Pyramidenbelastung 1 x, bei der zweiten Belastung 2 x, bei der dritten 3 x usw. und schließlich wieder alles »zurück«. Die Pausenlängen orientieren sich an den Belastungslängen und korrelieren bei den kürzeren Belastungen (bis 2 min) etwa mit der Belastungslänge, bei den langen Pyramidenabschnitten (über 2 min) sind sie etwa halb so lang wie die schnellen Abschnitte. Die gesamte Belastung (d. h. alle Belastungen ohne Pausen zusammengezählt) sollte nicht länger als 25 min dauern.

Der Effekt:
Pyramidenläufe bieten die Möglichkeit, die gesamte Bandbreite des Tempospektrums innerhalb eines Laufes abzudecken und schulen die richtige Einteilung der Kräfte, sodass Sie auch zum Schluss noch, wenigstens für kurze Zeit, ein sehr hohes Tempo laufen können. Die Pyramide bereitet sehr gut auf den üblichen Wettkampfverlauf vor, wo allgemein (zu) schnell gestartet wird, dann das Tempo etwas verflacht und am Schluss das Tempo zum Schlussspurt wieder noch einmal stark erhöht wird.

Ein Trainingsbeispiel:
Klassische Pyramidenprogramme sind oben angesprochene 1-, 3-, 5-, 7-, 4-, 2-min-Belastungen und 1-, 3-, 6-, 9-, 6-, 3-, 1-min-Belastungen. So sehen diese Programme exakt aus:

1. Pyramidenbeispiel:
10 min Einlaufen, 1 min schnell (98 % HFmax), 1 min Trabpause (TP), 3 min schnell (95 %), 2 min TP, 5 min schnell (95 %), 3 min TP, 7 min schnell (92 %), 4 min TP, 4 min schnell (95 %), 2 min TP, 2 min schnell (98 % HF), 10 min Auslaufen.

2. Pyramidenbeispiel
10 min Einlaufen, 1 min schnell (98 %), 1 min TP, 3 min schnell (95 %), 2 min TP, 6 min schnell (92 %), 3 min TP, 9 min schnell (90 %), 5 min TP, 6 min schnell (92 %), 3 min TP, 3 min schnell (98 %), 2 min TP, 1 min schnell (98 %), 10 min Auslaufen.

2.3 Die unmittelbare Wettkampfvorbereitung

Wer sich planmäßig auf einen Wettkampf vorbereitet, wird in der Regel sein Wettkampfziel nicht verfehlen, egal ob er Laufanfänger oder Profi ist, ob er nur ankommen oder gar gewinnen will. Aber auf der sicheren Seite ist erst, wer nicht nur gut trainiert hat, sondern auch sonst in der Vorbereitung alles richtig gemacht hat. Dazu gehören unter anderem die Organisation der Anreise, die Ernährung, aber auch die Kräfteeinteilung im Wettkampf selbst.

2.3.1 Vorsicht beim ersten Mal

Planen Sie Ihren ersten Wettkampfeinsatz sorgfältig. Das betrifft weniger das Training im Vorfeld als vielmehr das Drumherum am Wettkampftag. Halten Sie den Reiseaufwand bei Ihrem ersten Wettkampf in Grenzen, und suchen Sie sich eine Veranstaltung aus, die in Ihrer Nähe stattfindet.

Bei allen offiziellen Laufveranstaltungen ist eine Anmeldung mit der Angabe persönlicher Daten nötig. Eine Startnummer, die Sie während des Laufs auf der Brust tragen, gilt als Ihre persönliche Identifikationsmarke. Die Teilnahme an einem Wettkampf kostet in der Regel eine Startgebühr, mit welcher der Veranstalter seine Unkosten deckt. Wer sich erst am Wettkampftag anmeldet, zahlt in der Regel eine erhöhte Startgebühr. Sollten Sie den Anmeldetermin einmal verpasst haben, keine Panik: Nur wenige Laufveranstaltungen sind völlig ausgebucht. Machen Sie es sich beim ersten Start so leicht wie möglich:

Suchen Sie sich zur Premiere nicht die heißesten Tage aus, sondern gehen Sie das Unternehmen Wettkampf entweder noch bis Ende Juni oder erst im Herbst an. Informieren Sie sich außerdem beim Veranstalter über die Streckenbeschaffenheit und das Streckenprofil. Anfänger sollten unbedingt auf einer flachen Strecke ihren ersten Wettkampfversuch starten und sich nicht durch eine schwierige, bergige Strecke die Freude vermiesen lassen.

2.3.2 Am Tag X in Form

In der unmittelbaren Vorbereitung auf einen Wettkampf dient das Training dem Erreichen einer individuellen Höchstleistung – und zwar nicht irgendwann und irgendwo, sondern an einem ganz bestimmten Tag, dem Wettkampftag. Das Training muss in der Phase vor einem Wettkampf sehr kontrolliert sein und möglichst stressfrei ablaufen. Wahrscheinlich werden Sie in diesen Tagen auch feststellen, dass Sie sich im Training gedanklich weniger mit der realen Umwelt auseinandersetzen, sondern bereits den Wettkampf vorempfinden. In diesen Momenten können Sie sich mental mit verschiedenen Rennsituationen befassen. Sie können für sich Teilziele während des Rennens definieren und eine Rennstrategie aufstellen. Sie können sich Mut machen und eine Vorfreude auf das Rennen wecken. Haben Sie bloß keine Hemmungen, sich gedanklich mit einem bevorstehenden Wettkampf zu beschäftigen. Träumen ist besser als Verdrängen.

In der vorletzten Trainingswoche vor dem Wettkampf sollten Sie Ihren Laufumfang bereits etwas reduzieren. Schließlich wollen Sie so kurz vor einem Wettkampf keine unnötige Ermüdung schaffen.

Als Belastungseinheit empfehlen sich kontrollierte Läufe, entweder auf der Bahn oder auf einer bekannten Strecke im Wald. Unter »kontrolliert« versteht man, dass Sie sich ganz bewusst mit dem angestrebten Wettkampftempo auseinandersetzen, also zum Beispiel 3 x 1000 m in der Zeit laufen, die Sie später im 5-km-Wettkampf durchlaufen wollen. Aber, Vorsicht: Jetzt sollten Sie nicht mehr Ihre maximale Leistungsfähigkeit testen!

Die letzte Woche ist eigentlich die wichtigste im gesamten bisherigen Trainingsprozess. Nun rückt das Training gänzlich in den Hintergrund. Priorität hat einzig und allein die optimale Wettkampfvorbereitung. Je nachdem, an welchem Tag der Wettkampf stattfindet, sollten Sie vier Tage vorher kein ermüdendes Training mehr bestreiten. Nach dem letzten Dauerlauf vor dem Rennen helfen 2–3 Steigerungsläufe noch ein wenig, muskuläre Spannung zu erzeugen.

RATGEBER

»Wie kann man Seitenstechen wieder wegbekommen?«

Bei Seitenstechen Lauftempo reduzieren oder sogar eine kurze Gehpause einlegen. Während des Laufens kann ein Druck mit der Hand auf die stechende Stelle Erleichterung verschaffen. Dabei sollte man die Hand immer wieder mit einer tiefen Ausatmung loslassen. Ich empfehle bei Seitenstechen eine spezielle Atemtechnik: Atmen Sie jeweils dann bewusst aus, wenn das Bein der nicht schmerzenden Seite auf den Boden aufsetzt. Dann schwingt das Zwerchfell mit den inneren Organen eher im Gleichtakt und die schmerzende Spannung im Bauch wird vermieden.

2.3.3 Der Wettkampftag

Am Wettkampftag sollten Sie folgende Dinge genau planen: die letzte Nahrungsaufnahme, Flüssigkeitsbedarf, Anfahrt und Anmeldung, Aufwärmen und Startvorbereitung. Viele Rennen werden schon bei der Anfahrt verloren. Planen Sie Ihre Anreise mit genügend Zeitreserven. Reisestress ist Energieverlust. Und schließlich muss man sich am Ort des Geschehens zuerst orientieren, eventuell noch anmelden und vielleicht die Strecke besichtigen. Sie können sich umso besser konzentrieren und einstellen, je mehr Ruhe Sie am Wettkampfort vor dem Aufwärmen finden.

Das Aufwärmen bildet die letzte unmittelbare Vorbereitung auf den Wettkampf. Ziel ist es, durch leichte körperliche Aktivität die Durchblutung anzuregen und den Stoffwechsel auf die bevorstehende Energieleistung gezielt vorzubereiten. In dieser letzten Stunde spielen sich aber auch noch entscheidende psychische Prozesse ab, die die Wettkampfleistung stark beeinflussen. Jetzt sollte es Ihnen gelingen, Ihre Nervosität in positive Antriebskraft umzusetzen. Dazu gehören eine realistische Zielsetzung und Selbstsicherheit, was Ihre Leistungsfähigkeit angeht. Versuchen Sie deshalb, irgendwann beim Aufwärmen allein zu sein, damit Sie in aller Ruhe in sich gehen können und Ihre Vorsätze noch einmal gedanklich formulieren können.
Das Aufwärmen gliedert sich grob in drei Teile: lockeres Einlaufen – Stretching – Steigerungsläufe. Das lockere Einlaufen sollte etwa 5–10 min dauern, daran schließt sich ein leichtes Stretching an. Jetzt ist es wichtig, den Körper warm zu halten, am besten mit einer Extraschicht Kleidung. Nach dem Stretching traben Sie noch ein wenig auf und ab und machen noch 2–3 Steigerungsläufe. Beenden Sie die aktive Aufwärmarbeit spätestens 10 min vor dem Start, damit das durch die Steigerungsläufe entstandene Laktat noch abgebaut werden kann. In den letzten Minuten sollten Sie nur noch langsam traben und Ihren Platz im Startgemenge behaupten.

Wer seinen ersten Wettkampf bestreitet, sollte eigentlich nur das Ankommen als Ziel haben. Die Zeit ist völlig unwesentlich; Hauptsache, Sie haben keine größeren Probleme. Einziges legitimes Ziel: Sie wollen nicht Letzter sein. Und wenn schon: Wer schon einmal die rote Laterne ins Ziel trug, wird es nie vergessen – für den Letzten klatschen die Zuschauer am lautesten.

Das Wichtigste: Beteiligen Sie sich nach dem Startschuss nicht an der wilden Hatz der anderen, sondern starten Sie ganz langsam. Stellen Sie sich ruhig ganz hinten auf, und machen Sie nicht den Fehler anderer Anfänger, die sich vorn aufstellen, wobei sie zum einen den Schnelleren im Weg stehen und zum anderen dadurch viel zu schnell beginnen. Diese »Kandidaten« kommen Ihnen schon bald »entgegen«. Gehen Sie die ersten Meter, nach 100 m fallen Sie in einen langsamen Trab und nehmen schließlich nach weiteren 100 m Ihr angestrebtes Tempo auf. Und noch einmal: Lassen Sie sich nicht dadurch irritieren, dass eine Großzahl der Läuferinnen und Läufer um Sie herum sehr viel schneller startet, als Sie es tun.

Beim ersten Wettkampf sollten Sie nicht an Ihre körperlichen Reserven gehen. Und wenn Sie es doch nicht lassen können, dann bitte nur im Schlussspurt

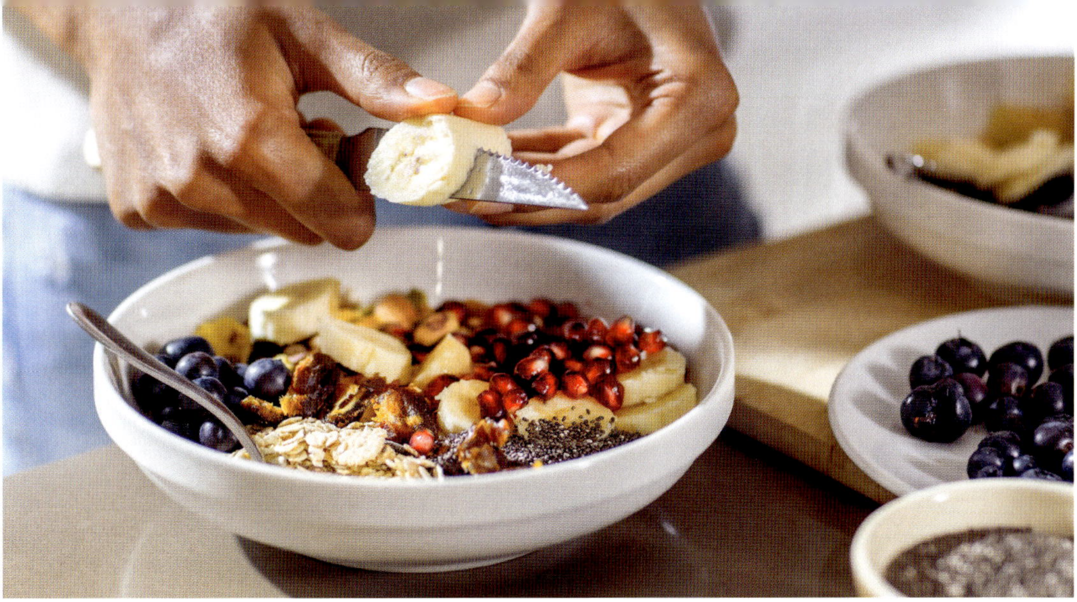

auf der Zielgeraden. Sparen Sie sich die körperlichen Grenzgänge für spätere Wettkampfabenteuer. Sie dürfen sich nur langsam an Ihre Belastungsgrenzen herantasten. Kontrollieren Sie, wenn möglich, Ihr Tempo anhand der Kilometermarkierungen, sofern solche vorhanden sind.

2.3.4 Die Wettkampfernährung

In der Ernährung sind sich die Laufanfänger und ambitionierten Läufer am nächsten. Speziell, was die Nahrungs- und Flüssigkeitsaufnahme in der Wettkampfvorbereitung betrifft, gibt es kaum Unterschiede (also sollten ambitionierte Läufer auch unsere obigen Ausführungen für die Anfänger genau studieren). Egal, was Sie am Wettkampftag noch essen, es wird keinen Einfluss mehr auf Ihre Leistung haben, was den Energiestoffwechsel betrifft. Wichtig ist, dass Sie nicht schon beim Aufwärmen vor Hunger ein flaues Gefühl im Magen haben.

Um die Verdauung nicht zu sehr zu belasten, empfiehlt sich leichte Kost. Beim Frühstück beschränkt man sich auf ein Müsli, weißes Brot und Marmelade und lässt die Salami und den fetten Käse weg. Beim Mittagstisch, falls das Rennen nachmittags oder abends stattfindet, sind Nudeln oder Kartoffeln, eventuell ein mageres Stück Fleisch eine gute Wahl. Auch hier sollten Sie fette Soßen vermeiden und nichts essen, was Sie nicht gewohnt sind.

Sollten mehr als fünf Stunden zwischen letzter Mahlzeit und dem Wettkampf liegen, kann man sich noch eine Banane oder einen Müsliriegel in die Wettkampftasche packen.

Auch auf reichliche Flüssigkeitszufuhr ist im Vorfeld eines Rennens zu achten. Vor allem in der warmen Jahreszeit muss man sich vor einer Dehydrierung im Wettkampf schützen. Am besten eignen sich Wasser, Früchtetees oder isotonische Getränke in dünner Konzentration. Greifen Sie vor einem Wettkampf nie zu ungewohnten Getränken!

RATGEBER

»Darf man bei Erkältungen laufen?«

Bei Schnupfen oder Halsschmerzen kann ein langsamer Lauf sogar den Erkältungsprozess voranbringen. Das Schwitzen tut gut, wichtig ist nur, dass die Belastung gering bleibt und man nicht zu lange läuft, empfehlenswert sind 20–45 min. Vor und nach dem Laufen unbedingt ausreichend trinken. Laufen Sie nicht bei einer fiebrigen Erkältung! Bei Symptomen wie Fieber, geschwollenen Lymphdrüsen, Gelenkschmerzen, starkem Müdigkeitsgefühl oder Muskelschmerzen sollten Sie zu Hause bleiben. Selbst nach einer überstandenen Grippe empfehlen Sportärzte gemäßigtes Training über 1–2 Wochen.

Mein Wettkampfdebüt

Sie wollen es also wirklich versuchen und haben keine Angst vor dem ersten Mal? Wenn Sie schon mindestens eine halbe Stunde problemlos im Laufschritt zurücklegen können und keinerlei gesundheitliche Probleme haben, dürfen und sollten Sie es unbedingt einmal ausprobieren. Denn die erste Wettkampfteilnahme ist für viele ein unvergessliches Erlebnis, und ich garantiere, dass es nicht beim ersten Mal bleiben wird, wenn Sie Folgendes beachten:

1. **Regionale Veranstaltung suchen**
   In Deutschland gibt es über 3000 Laufveranstaltungen pro Jahr. Halten Sie den Reiseaufwand bei Ihrem Debüt in Grenzen, und suchen Sie sich eine Veranstaltung aus, die in der Nähe stattfindet. Eine gute Übersicht über die wichtigsten Laufveranstaltungen in Deutschland findet man unter www.runnersworld.de.

2. **Anmeldung nicht vergessen**
   Bei allen offiziellen Laufveranstaltungen ist eine Anmeldung mit der Angabe persönlicher Daten nötig. Eine Startnummer, die Sie während des Laufs auf der Brust tragen, gilt schließlich als Ihre persönliche Identifikationsmarke. Zwar kann man sich bei vielen Veranstaltungen auch noch bis wenige Minuten vor dem Start anmelden, aber eben nicht überall. Die Teilnahme an einem Wettkampf kostet in der Regel eine Startgebühr, mit welcher der Veranstalter seine Unkosten deckt. Wer sich erst am Wettkampftag anmeldet, zahlt eine erhöhte Startgebühr.

3. **Realistische Ziele setzen**
   Wer seinen ersten Wettkampf bestreitet, sollte eigentlich nur ein Ziel haben: ankommen. Die Zeit ist beim ersten Wettkampfstart total unwesentlich, Hauptsache, Sie haben keine größeren Probleme. Einziges legitimes Ziel: Sie wollen nicht Letzter sein. Und wenn schon: Wer schon einmal die rote Laterne ins Ziel trug, wird es nie vergessen – für den Letzten klatschen die Zuschauer am lautesten.

4. **Gute Bedingungen suchen**
   Machen Sie es sich beim ersten Start so leicht wie möglich: Suchen Sie sich zum ersten Wettkampf nicht die kältesten und nicht die heißesten Tage aus. Informieren Sie sich außerdem beim Veranstalter über die Streckenbeschaffenheit und das Streckenprofil. Anfänger sollten unbedingt auf einer flachen Strecke ihren ersten Wettkampfversuch starten; die Strecke sollte also keine wesentlichen Anstiegs- und Gefällpassagen haben.

5. **Langsam beginnen**

Das Wichtigste: Beteiligen Sie sich nach dem Startschuss nicht an der wilden Hatz, sondern starten Sie ganz langsam. Gehen Sie die ersten Meter, nach 100 m fallen Sie in einen langsamen Trab und nehmen schließlich nach weiteren 100 m Ihr angestrebtes Tempo auf. Reihen Sie sich nicht in den vorderen Startreihen ein, sondern warten Sie auf das Startkommando lieber im hinteren Drittel des Feldes. Achten Sie darauf, dass Sie frühzeitig im Startblock stehen, und wärmen Sie sich vor dem Startschuss durch leichtes fünfminütiges Traben auf. Bei einem großen Lauf, bei dem eine rechtzeitige Startaufstellung nötig ist, können Sie dies auch im Startblock auf der Stelle tun.

6. **Nicht an die Reserven gehen**

Beim ersten Wettkampf sollten Sie nicht an Ihre körperlichen Reserven gehen. Und wenn Sie es doch nicht lassen können, dann bitte nur im Schlussspurt auf der Zielgeraden. Sparen Sie sich die körperlichen Grenzgänge für spätere Wettkampfabenteuer. Sie dürfen sich nur langsam an Ihre Belastungsgrenzen herantasten. Schließlich können Sie Ihre Leistungsfähigkeit noch nicht richtig einschätzen, und es besteht die Gefahr, dass Sie sich überfordern. Das beste Gefühl für einen Läufer ist es, nach einem Wettkampf zu spüren, es hätte noch schneller gehen können. Zu den weniger schönen Erlebnissen zählt dagegen die Erfahrung, bei einem Wettkampf zu schnell begonnen zu haben und dann »durchgereicht« zu werden. Wenn sich nach einigen Kilometern eine Gruppe gebildet hat, klinken Sie sich ein, wenn das Tempo passt, denn es erleichtert das Laufen und lenkt ab. Allerdings ist es besser, allein zu laufen, wenn das Tempo einer Gruppe zu schnell ist. Kontrollieren Sie, wenn möglich, Ihr Tempo anhand der Kilometermarkierungen, sofern solche vorhanden sind. Kleinere Läufe markieren allerdings oft nur alle 5 km.

7. **Direkte Nachsorge treiben**

Im Ziel ist ein Wettkampf noch nicht zu Ende. Die richtige Nachbereitung ist schon wieder die beste Vorbereitung auf weitere sportliche Ziele. Ziehen Sie sich unbedingt direkt nach dem Zieleinlauf trockene Kleidung an, ansonsten besteht die Gefahr einer Erkältung. Dehnen Sie die Muskulatur vorsichtig und lange aus, dies beugt Überlastungsbeschwerden bzw. Verletzungen vor. Trinken Sie möglichst bald, und essen Sie eine Kleinigkeit, Suppe oder etwas Leichtes, denn in den ersten Stunden nach einer Belastung füllen sich entleerte Energiespeicher am besten wieder auf. Wer keinen Appetit auf feste Nahrung hat, greift am besten auf kohlenhydratreiche Energiegetränke zurück.

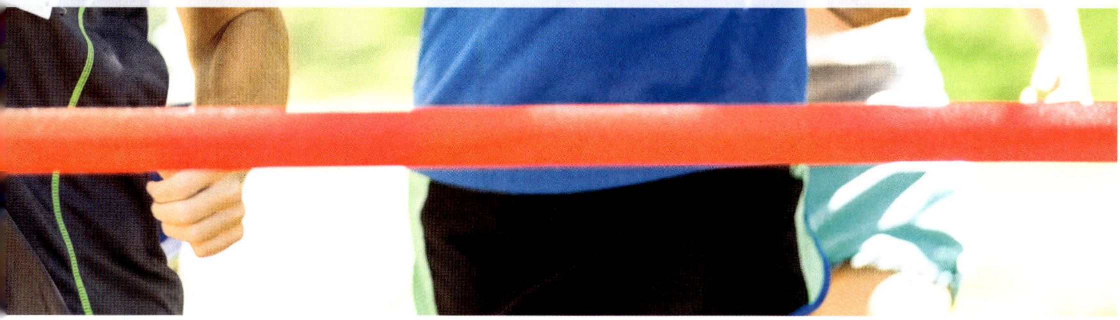

2.4. Die besten Pläne für einen 5-km-Wettkampf

2.4.1 → 5 km: Ankommen

2 x Training pro Woche

Plan 7

Woche 1	
Di.	30 min ruhiger DL
Sa.	50 min langsamer DL
Woche 2	
Mi.	10 min langsamer DL, anschl. 10 x 1 min schnell (Pause zw. Belastungen: 2 min Traben), 10 min langsamer DL
Sa.	50 min langsamer DL
Woche 3	
Mi.	5 min langsamer DL, anschl. 5 x 2 min schnell (Pause zw. Belastungen: 2 min Traben), 5 min langsamer DL
Sa.	50-60 min langsamer DL
Woche 4	
Mi.	50 min langsamer DL
So.	25 min sehr zügiger DL, mit 5-10 min Ein- und Auslaufen
Woche 5	
Mi.	40 min ruhiger DL
So.	10 min langsamer DL, anschl. 5 x 3 min schnell (Pause zw. Belastungen: 2 min Traben), 10 min langsamer DL
Woche 6	
Mi.	40 min ruhiger DL
Sa.	5 min langsamer DL, 6 x 3 min schnell (Pause zw. Belastungen: 2 min Traben), 5 min langsamer DL
Woche 7	
Mi.	10 min langsamer DL, anschl. 10 x 1 min schnell (Pause zw. Belastungen: 2 min Traben), 10 min langsamer DL
Sa.	60 min langsamer DL
Woche 8	
Di.	10 min langsamer DL, 3 x 3 min schnell (Pause zw. Belastungen: 2 min Traben), 5 min langsamer DL
Do.	15 min langsamer DL
Sa./So.	5-km-Wettkampf, (mit 10 min Einlaufen, 10 min Auslaufen)

DL = Dauerlauf

2.4.2 → 5 km in 25:00–30:00 min

3 x Training pro Woche

Plan 8

Woche 1	
Mi.	30 min ruhiger DL
Sa.	50 min langsamer DL
So.	35 min ruhiger DL
Woche 2	
Mi.	5 x 3 min schnell (Pause zw. Belastungen: 2 min Traben), mit jeweils 10 min Ein- und Auslaufen
Sa.	50 min langsamer DL
So.	35 min ruhiger DL
Woche 3	
Mi.	10 x 1 min schnell (Pause zw. Belastungen: 90 s Traben), mit jeweils 10 min Ein- und Auslaufen
Sa.	50–60 min langsamer DL
So.	40 min ruhiger DL, anschl. 5 Steigerungen
Woche 4	
Mi.	35 min ruhiger DL, anschl. 5 Steigerungen
Fr.	50 min langsamer DL
So.	25 min sehr zügiger DL, mit jeweils 10 min Ein- und Auslaufen
Woche 5	
Mi.	40 min ruhiger DL
Fr.	40 min ruhiger DL
So.	6 x 3 min schnell (Pause zw. Belastungen: 2 min Traben), mit jeweils 10 min Ein- und Auslaufen
Woche 6	
Di.	40 min ruhiger DL
Fr.	10 x 1 min schnell (Pause zw. Belastungen: 90 s Traben), mit jeweils 10 min Ein- und Auslaufen
So.	60 min langsamer DL, anschl. 5 Steigerungen
Woche 7	
Mi.	4 x 4 min schnell (Pause zw. Belastungen: 2 min Traben), mit jeweils 10 min Ein- und Auslaufen
Sa.	60 min langsamer DL
So.	35 min ruhiger DL, anschl. 5 Steigerungen
Woche 8	
Di.	3 x 3 min schnell (Pause zw. Belastungen: 2 min Traben), mit jeweils 10 min Ein- und Auslaufen
Do.	20 min langsamer DL, 3 Steigerungen
Sa./So.	5-km-Wettkampf, mit jeweils 10 min Ein- und Auslaufen

DL = Dauerlauf

So schnell
DL = Dauerlauf
Langsamer DL = Puls etwa 70–75 % der maximalen Herzfrequenz
Ruhiger DL = Puls etwa 75–80 % der maximalen Herzfrequenz
Lockerer DL = Puls etwa 80–85 % der maximalen Herzfrequenz
Zügiger DL = Puls etwa 85–88 % der maximalen Herzfrequenz
Fahrtspiel = Wechselndes Tempo über verschieden lange Teilstücke. Der Läufer bestimmt Tempo und Länge der Belastungen selbst.
Steigerungen = Lauf über eine Strecke von 80–100 m, bei dem das Tempo kontinuierlich vom Trab bis zum Sprint gesteigert wird
TL = Tempoläufe (immer mit mindestens 10 min Ein- und Auslaufen vor- und nachbereiten!)

2.4.3 → 5 km in 20:00–25:00 min

3-4 x Training pro Woche

Plan 9

Woche 1	
Di.	50 min ruhiger DL
Do.	8 x 90 s schnell (Pause zw. Belastungen: 1 min Traben), mit jeweils 10 min Ein- und Auslaufen
So.	60 min langsamer DL
Woche 2	
Di.	8 x 3 min schnell (Pause zw. Belastungen: 2 min Traben), mit jeweils 10 min Ein- und Auslaufen
Do.	40 min ruhiger DL
So.	60 min langsamer DL
Woche 3	
Mo.	40 min ruhiger DL
Di.	8 x 400 m schnell (Pause zw. Belastungen: 90 s Traben), mit jeweils 10 min Ein- und Auslaufen
Do.	40 min ruhiger DL
Sa.	60 min ruhiger DL
Woche 4	
Di.	40 min ruhiger DL
Mi.	6 x 3 min schnell (Pause zw. Belastungen: 2 min Traben), mit jeweils 10 min Ein- und Auslaufen
Fr.	40 min ruhiger DL
So.	60 min langsamer DL, anschl. 3 Steigerungen
Woche 5	
Di.	40 min ruhiger DL
Do.	8 x 500 m schnell (Pause zw. Belastungen: 90 s Traben), mit jeweils 10 min Ein- und Auslaufen
Sa.	45 min ruhiger DL
So.	60 min langsamer DL
Woche 6	
Di.	4 x 1000 m im angestrebten Renntempo (Pause zw. Belastungen: 2:30 min Traben), mit jeweils 10 min Ein- und Auslaufen
Do.	35 min ruhiger DL
Sa.	10 min langsamer DL, 30 min FS (wechselndes Tempo nach Gefühl), 10 min langsamer DL
So.	50 min langsamer DL
Woche 7	
Di.	40 min langsamer DL
Do.	10 x 200 m sehr schnell (Pause zw. Belastungen: 1 min Gehen), mit jeweils 10 min Ein- und Auslaufen
Sa.	50 min ruhiger DL
Woche 8	
Di.	5 x 3 min schnell (Pause zw. Belastungen: 2 min Traben), mit 10 min Ein- und 5 min Auslaufen
Do.	20 min ruhiger DL
Sa.	20 min langsamer DL, anschl. 5 Steigerungen
So.	5-km-Wettkampf

DL = Dauerlauf

DL = Dauerlauf
Langsamer DL = Puls etwa 70–75 % der maximalen Herzfrequenz
Ruhiger DL = Puls etwa 75–80 % der maximalen Herzfrequenz
Lockerer DL = Puls etwa 80–85 % der maximalen Herzfrequenz
Zügiger DL = Puls etwa 85–88 % der maximalen Herzfrequenz
Fahrtspiel = Wechselndes Tempo über verschieden lange Teilstücke. Der Läufer bestimmt Tempo und Länge der Belastungen selbst.
Steigerungen = Lauf über eine Strecke von 80–100 m, bei dem das Tempo kontinuierlich vom Trab bis zum Sprint gesteigert wird
TL = Tempoläufe (immer mit mindestens 10 min Ein- und Auslaufen vor- und nachbereiten!)

2.4.4 → 5 km unter 20:00 min

5 x Training pro Woche

Plan 10

Woche 1	
Mo.	8–10 km ruhiger DL
Di.	8 x 400 m in 1:24 min (Pause zw. Belastungen: 90 s Traben), mit jeweils 10 min Ein- und Auslaufen
Do.	10 km lockerer DL
Sa.	15 km langsamer DL
So.	6-8 km ruhiger DL, anschließend 3-5 Steigerungen
Woche 2	
Mo.	8 km ruhiger DL
Di.	5 x 1000 m in 3:40 min (Pause zw. Belastungen: 2 min Traben), mit jeweils 10 min Ein- und Auslaufen
Do.	15 km langsamer DL
Sa.	10 min langsamer DL, 30 min FS (wechselndes Tempo nach Gefühl), 10 min langsamer DL
So.	12 km ruhiger DL
Woche 3	
Mo.	8 km ruhiger DL
Di.	10 x 400 m in 1:24 (Pause zw. Belastungen: 90 s Traben), mit jeweils 10 min Ein- und Auslaufen
Do.	10 km lockerer DL
Sa.	6–8 km zügiger DL, mit jeweils 10 min Ein- und Auslaufen
So.	18 km langsamer DL
Woche 4	
Mo.	10 km ruhiger DL
Di.	5 x 1000 m in 3:40 min (Pause zw. Belastungen: 2 min Traben), mit jeweils 10 min Ein- und Auslaufen
Do.	12 km langsamer DL, anschl. 5 Steigerungen
Sa.	10 min langsamer DL, 40 min FS (wechselndes Tempo nach Gefühl), 10 min langsamer DL
So.	16 km langsamer DL
Woche 5	
Mo.	8 km ruhiger DL
Di.	15 x 200 m in 43 s (Pause zw. Belastungen: 90 s Gehen), mit jeweils 10 min Ein- und Auslaufen
Do.	10 km ruhiger DL
Sa.	10 min langsamer DL, 40 min FS (wechselndes Tempo nach Gefühl), 10 min langsamer DL
So.	18 km langsamer DL
Woche 6	
Mo.	8 km ruhiger DL
Di.	300 m in 1:03 min (200 m Traben), 600 m in 2:12 min (400 m Traben), 1200 m in 4:24 min (800 m Traben), 1000 m in 3:40 min (600 m Traben), 500 m in 1:45 min (200 m Traben), 200 m in 40 s, mit jeweils 10 min Ein- und Auslaufen
Do.	14 km langsamer DL
Sa.	10 min langsamer DL, 2 x 15 min sehr zügiger DL (Pause dazwischen 5 min), 10 min langsamer DL
So.	8–10 km ruhiger DL
Woche 7	
Mo.	6–8 km ruhiger DL
Di.	5 x 1000 m in 3:39 min (Pause zw. Belastungen: 2 min Traben), mit jeweils 10 min Ein- und Auslaufen
Mi.	10 km ruhiger DL
Fr.	10 min langsamer DL, 40 min FS (wechselndes Tempo nach Gefühl), 10 min langsamer DL
So.	14 km langsamer DL, anschließend 5 Steigerungen
Woche 8	
Mo.	8 km ruhiger DL
Di.	3 x 1000 m in 3:39 min (Pause zw. Belastungen: 2 min Traben), mit jeweils 10 min Ein- und Auslaufen
Do.	20 min langsamer DL, anschließend 5 Steigerungen
Sa.	10 min langsamer DL, anschließend 3 Steigerungen
So.	5-km-Wettkampf mit jeweils 10 min Ein- und Auslaufen

DL = Dauerlauf

KAPITEL 3

Dritter Schritt: 10 km – ein Wettkampf auf Bestzeit

→ **Für Läufer, die schon 60 min laufen können**

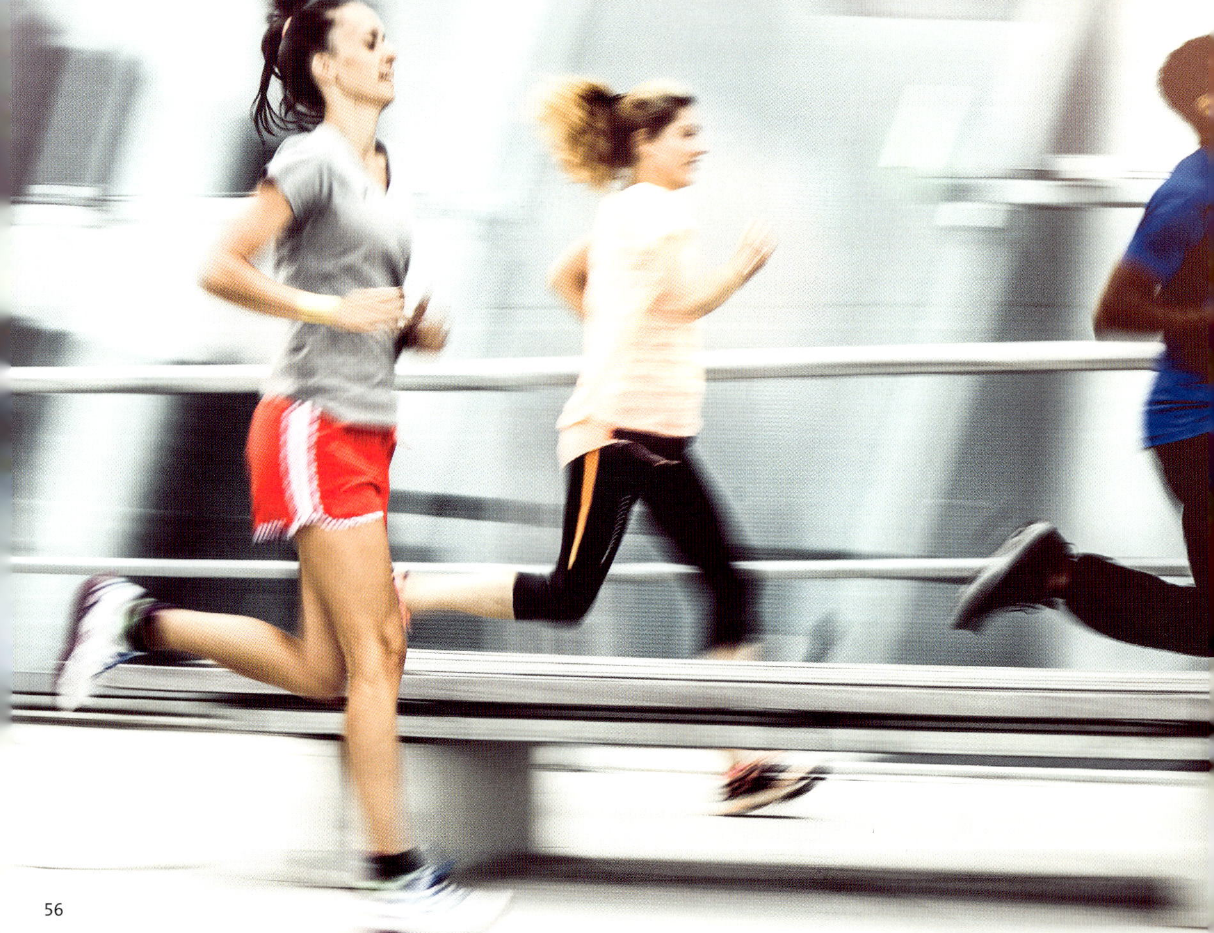

3

3.1 Welcher Läufertyp sind Sie?

Die 10 km sind die populärste Laufdistanz. Für Anfänger sind sie ein erstes realistisches Nahziel, für Marathon-Aspiranten ein hervorragender Schnelligkeitstest. Vom 5-km- zum 10-km-Läufer zu werden, ist sicherlich einfacher als vom Halbmarathon- zum Marathonläufer. Obwohl Sie Ihre Wettkampfdistanz verdoppeln, sind es doch nur fünf weitere Kilometer, die Sie zurücklegen müssen. Die Unterschiede in der Vorbereitung sind nicht allzu groß, und grundsätzlich kann man sagen, dass ein fitter 5-km-Läufer auch mehr oder weniger problemlos 10 km schafft.

Wenn Sie also schon einmal an einem 5-km-Wettkampf teilgenommen haben, finde ich, ist es Zeit, sich die Frage zu stellen: Was erwarten Sie nun eigentlich im Weiteren von Ihrem Hobby »Laufen«? Wollen Sie wirklich den Schritt zum 10-km-Wettbewerb machen? Wollen Sie wirklich versuchen, immer schneller und schneller zu werden? Oder wollen Sie einfach nur ein fitter Spaßläufer ohne Wettkampfambitionen bleiben?

Sind Sie der »Krieger«, der »Purist«, der »Kontaktfreudige« oder das »Trainingstier«? Nur wenn Sie wissen, was Sie bewegt, können Sie sich weiter motivieren.

Wenn wir Läufer uns oder andere kategorisieren sollten, unterscheiden wir gern nach Streckenlängen (vom Marathonläufer bis zum 5-km-Läufer) oder Leistungsvermögen (ambitionierter Läufer oder Freizeitjogger). Damit ist jedoch nur ein kleiner Teil unserer Läuferpersönlichkeit angesprochen – viel bedeutendere Merkmale wie Motivation, Einstellung, Wertigkeit des Laufens, warum man überhaupt Sport treibt und was man für sich erreichen möchte, bleiben im Dunkeln. Der New Yorker Sportpsychologe Dr. Robert Udewitz, selbst Marathonläufer, hat vor Jahren schon vier Grundtypen definiert, nach denen sich Läufer kategorisieren lassen. »Wenn wir besser verstehen, was uns tief im Innern zum Laufen treibt und welche Gefühle es in uns weckt, können wir noch mehr Erfüllung und Motivation finden«, ist er sich sicher.

Der folgende Test soll Ihnen helfen, Ihre Läuferpersönlichkeit abzustecken. Viele Läufer fallen im Übrigen in mehr als nur eine Kategorie, wie Sie es für sich selbst vielleicht auch feststellen werden. Deshalb dürfte es interessant und von Nutzen sein, auch die Einschätzungen und Tipps zu den übrigen Grundtypen zu lesen, um daraus neue Inspirationen und Motivation für die vielfältigen Nuancen des »Lebenslaufs« zu gewinnen.

3.1.1 Der große Persönlichkeitstest

Variieren Sie häufig Ihre Trainingsstrecken?

❑ **A.** Eigentlich nicht. Auf meinen Stammrunden kenne ich die Zwischenmarken, an denen ich meine Zeiten vergleichen kann.

❑ **B.** Ja, und inzwischen kenne ich die Umgebung besser als ein Landvermesser. Neue Routen zu entdecken, ist der eigentliche Spaß.

❑ **C.** Kommt darauf an – wenn andere mich auf eine neue Strecke einladen, laufe ich gern mit.

❑ **D.** Nein. Wenn ich auf meinen vertrauten Runden laufe, habe ich das Gefühl, dass die Zeit schneller vergeht.

Was vor einigen Wochen als kleines Zwicken begann, ist allmählich so schlimm geworden, dass Sie kaum noch laufen können. Wie verhalten Sie sich?

❑ **A.** Ich steige zur Formerhaltung auf ein alternatives Trainingsprogramm um und revidiere meine Wettkampfvorhaben entsprechend.

❑ **B.** Ich zwinge mich trotzdem, wenigstens ein paar Kilometer durchzuhumpeln und behandele die Schmerzgegend anschließend intensiv mit Eis.

❑ **C.** Ich bin trotzdem bei den nächsten Wettkämpfen dabei – als freiwilliger Helfer. Dadurch bleibe ich mit meinen Lauffreunden in Kontakt.

❑ **D.** Ich melde mich endlich zum Yogakurs an, was ich schon lange vorhatte.

Wie halten Sie es mit speziellen Ernährungsplänen?

❑ **A.** Essen liefert Brennstoff für Training und Wettkampf. Wie sagt man so schön: Wenn der Ofen heiß genug ist, verbrennt er alles.

❑ **B.** Ich halte keine spezielle Diät ein, nur weil ich laufe. Allenfalls vermeide ich bestimmte Nahrungsmittel, die mir beim Laufen erfahrungsgemäß Probleme bereiten.

❑ **C.** Ich weiß schon, dass ich womöglich besser laufen könnte, wenn ich mehr auf die Ernährung achten würde, aber ich möchte mir durch den Sport nicht diktieren lassen, was ich esse.

❑ **D.** Ich achte sehr auf die Ernährung, weil ich sie als wichtigen Teil meines Fitnessprogramms allgemein betrachte. Das heißt aber nicht, dass ich mich nicht ab und an mit einer Nascherei belohnen würde.

Worauf kommt es Ihnen bei einem Wettkampf an?

❑ **A.** Schnelle Strecke, leistungsfördernde Konkurrenz, gutes Wetter. Ich möchte vor allem mein Zeitziel erreichen. Wenn es dann auch noch zu einer vorderen Platzierung reicht, umso besser.

❑ **B.** Gute Organisation. Ich möchte mich ganz auf meinen eigenen Lauf konzentrieren können und mir über einen fairen Wettkampfablauf, korrekte Streckenangaben usw. keine Sorgen machen müssen..

❑ **C.** Viele Mitstreiter, die in etwa mein Tempo laufen, und gute Versorgung nach dem Zieleinlauf, sodass richtige Partystimmung aufkommt.

❑ **D.** Ich nehme selten an Wettkämpfen teil. Falls doch, freue ich mich, wenn es ein nettes T-Shirt gibt und die Einnahmen der Veranstaltung einem guten Zweck dienen.

Sie haben heute partout keinen Bock auf Laufen. Wie verhalten Sie sich?

❑ **A.** Ich blättere in meinem Trainingstagebuch und suche nach einer Erklärung für die Lustlosigkeit. Wenn demnächst ein Wettkampf ansteht, würde ich wohl ein paar Tage kürzer treten, bis ich wieder richtig »heiß« bin.

❑ **B.** Ich laufe trotzdem los – meist fühle ich mich schon bald besser, wenn ich erst einmal in Gang gekommen bin.

❑ **C.** Ich rufe meine Lauffreunde an – vielleicht kann ich mich aufraffen, wenn ich nicht allein laufen muss.

❑ **D.** Ich lasse das Laufen für ein paar Tage sein und wähle stattdessen ein alternatives Training.

Laut Wettervorhersage ist in ein paar Tagen mit extremen Bedingungen (Gewitterstürmen, Dauerregen, Hitzewelle o. Ä.) zu rechnen. Was unternehmen Sie bis dahin?

❏ **A.** Solange die Bedingungen es zulassen, schiebe ich noch ein Tempotraining auf der Bahn sowie einen langen Dauerlauf ein und sehe mich zugleich nach Möglichkeiten um, mein geplantes Training an den Folgetagen auf dem Laufband weiterführen zu können.

❏ **B.** Ich stelle mir schon jetzt vor, wie ich mir anerkennend auf die Schultern klopfe, selbst bei solchen Bedingungen meine Runden gedreht zu haben.

❏ **C.** Ich schaue auf der Internetseite unseres Vereins nach, ob der allwöchentliche gemeinsame Trainingslauf trotzdem stattfindet.

❏ **D.** Wenn ich wegen extremer Witterung ein paar Tage nicht laufen kann, ist das nicht weiter schlimm.

Ein langer Dauerlauf ist ...

❏ **A.** ... ein ganz wichtiges Mittel zur Leistungsentwicklung. Ich mag ihn nicht immer, weiß aber, dass er für eine gute Form unverzichtbar ist.

❏ **B.** ... ein wöchentliches Ritual, auf das ich mich freue.

❏ **C.** ... der gesellige Höhepunkt meiner Woche. Wenn ich allerdings weiß, dass ich allein laufen muss, würde ich mich lieber davor drücken.

❏ **D.** ... ein hervorragendes Mittel, um Kalorien zu verbrennen.

Wie denken Sie über das Stemmen von Gewichten?

❏ **A.** Es ist nicht unbedingt wesentlich, hilft mir aber, meine Spurtfähigkeit zu verbessern. Generell finde ich aber, dass es mir mehr nützt, wenn ich die entsprechende Zeit mit Laufen verbringe.

❏ **B.** Es macht mir keinen Spaß, aber ich weiß, dass es der Verletzungsvorbeugung dient. Ich gehe also auch an die Kraftgeräte, damit ich weiterlaufen kann.

❏ **C.** Nach einem Lauf die Bierpullen zu stemmen, das ist wichtig!

❏ **D.** Ich trainiere gern an den Kraftmaschinen. Nach dem Workout im Studio fühle ich mich kräftiger – und meine Sachen passen mir besser.

Was halten Sie vom Laufen im Dunkeln, zum Beispiel an Winterabenden?

❏ **A.** Ich bin immer etwas verunsichert, muss langsamer als üblich laufen, und es fällt mir schwerer, eine vernünftige Tempolaufeinheit hinzulegen.

❏ **B.** Es macht zwar nicht immer richtig Spaß, aber bisweilen genieße ich es sogar. Ein ruhiges Läufchen in einer beschaulichen Mondscheinnacht ohne störenden Autoverkehr gibt mir das Gefühl, die Welt für mich allein zu haben, etwas Besonderes zu erleben.

❏ **C.** Allein in der Dunkelheit zu laufen, finde ich gespenstig. In Begleitung anderer Läufer macht es mir jedoch nichts aus.

❏ **D.** Wozu haben wir denn Studios mit Laufbändern?

Nach der Arbeit laufen Sie üblicherweise. Ihr neuer Chef lädt die Mitarbeiter aber noch auf einen Drink um die Ecke ein. Gehen Sie mit?

❏ **A.** Wenn ich ohnehin einen Ruhetag geplant habe, bin ich vielleicht dabei. Auf keinen Fall jedoch, wenn eine wichtige Trainingseinheit ansteht.

❏ **B.** Nein. Mein Training ist mir wichtiger als private Kontakte und Smalltalk mit Arbeitskollegen.

❏ **C.** Nein. Ich bin mit meiner Lauftruppe verabredet, und danach sitzen wir ohnehin noch bei Pizza und Bier zusammen.

❏ **D** Ja. Ich stelle meinen Plan um und hole das ausgefallene Training am nächsten Tag nach.

Wie wichtig sind Ihnen die gesundheitlichen Vorzüge des Laufens?

❏ **A.** Diese Seite ist für mich weniger von Belang. Ich würde wahrscheinlich auch dann hart trainieren, wenn es meiner Gesundheit abträglich wäre.

❏ **B.** Ich bin froh, dass Laufen auf lange Sicht die Gesundheit fördert. Das Wichtigste für mich ist aber, dass ich mich hier und heute dabei wohlfühle.

❏ **C.** Sie waren einer der Hauptgründe, dass ich mit dem Laufen begonnen habe. Inzwischen stehen andere Dinge im Vordergrund, zum Beispiel die Kameradschaft und sozialen Kontakte unter Läufern.

❑ **D.** Für mich haben Sie einen hohen Stellenwert. Mir gefällt, dass ich mich dank Laufen sehr wohlfühle und gut aussehe. Außerdem hilft es mir, mein Gewicht zu halten.

Sie benötigen für die 5 km eine Minute mehr als im Vorjahr. Wie reagieren Sie?

❑ **A.** Ich studiere meine Trainingstagebücher, um eine Erklärung für den Leistungsabbau zu finden.

❑ **B.** Es ist mir nicht so wichtig. Hauptsache, ich fühle mich ähnlich gut beim Laufen wie im Vorjahr.

❑ **C.** Es ist wohl an der Zeit, wieder beim Vereinstraining auf der Bahn mitzumachen. Wenn ich allein trainiere, strenge ich mich zu wenig an.

❑ **D.** Ich laufe eigentlich nicht auf vermessenen Strecken und weiß gar nicht, wie lange ich für 5 m brauche.

An welches Erlebnis beim Laufen erinnern Sie sich besonders gern?

❑ **A.** Wie ich meine 10-km-Bestzeit endlich unter die Marke gedrückt habe, die ich schon immer knacken wollte.

❑ **B.** Eigentlich sticht kein einzelnes Ereignis heraus, aber ich erinnere mich an eine ganze Reihe von Läufen, bei denen es mir einfach großartig ging.

❑ **C.** Die tolle Kameradschaft in unserer Laufgruppe, als wir gemeinsam die langen Läufe in der Marathonvorbereitung geschafft haben.

❑ **D.** An das erste Mal, dass ich beim Laufen 30 min ohne Pausen geschafft habe.

Grüßen Sie andere Läufer, die Ihnen beim Training begegnen?

❑ **A.** Nicht bei einem wichtigen Trainingslauf. Ansonsten schon, zumindest wenn es den Anschein hat, dass es sich um »richtige« Läufer handelt.

❑ **B.** Meistens nicht. Ich bin beim Laufen immer ganz in meine eigene Welt versunken.

❑ **C.** Natürlich. Je mehr Läufer mir freundlich begegnen, desto schöner finde ich es.

❑ **D.** Nicht wirklich. Oft bin ich einfach zu kaputt, um den Arm zu heben.

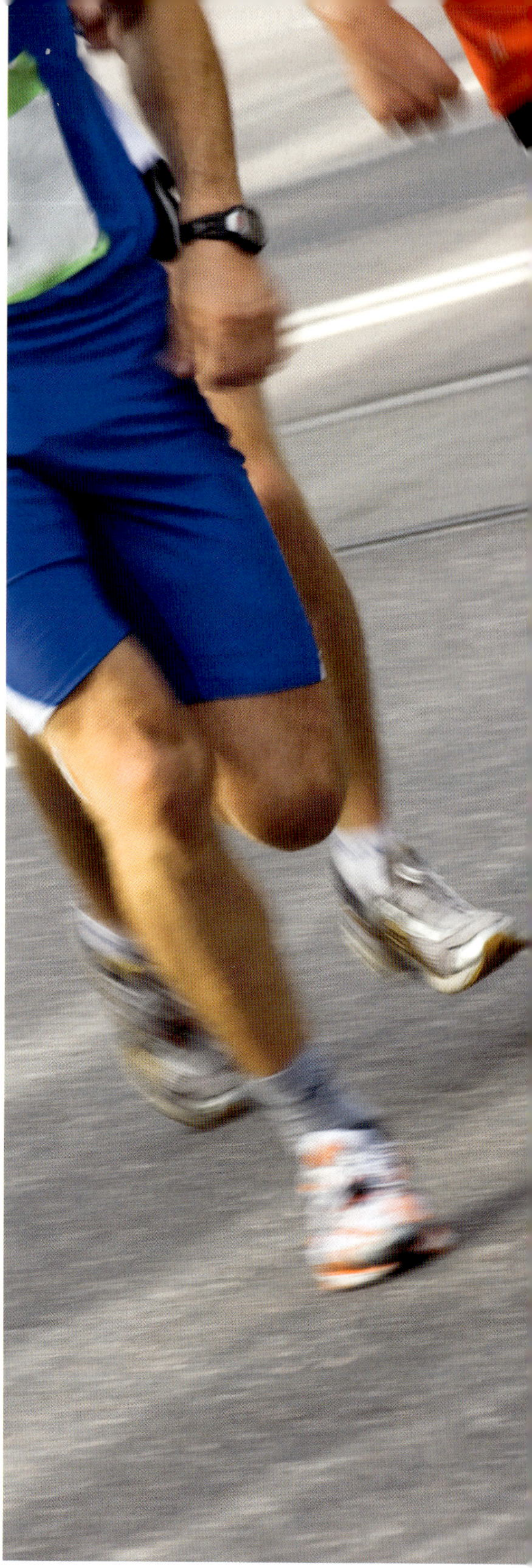

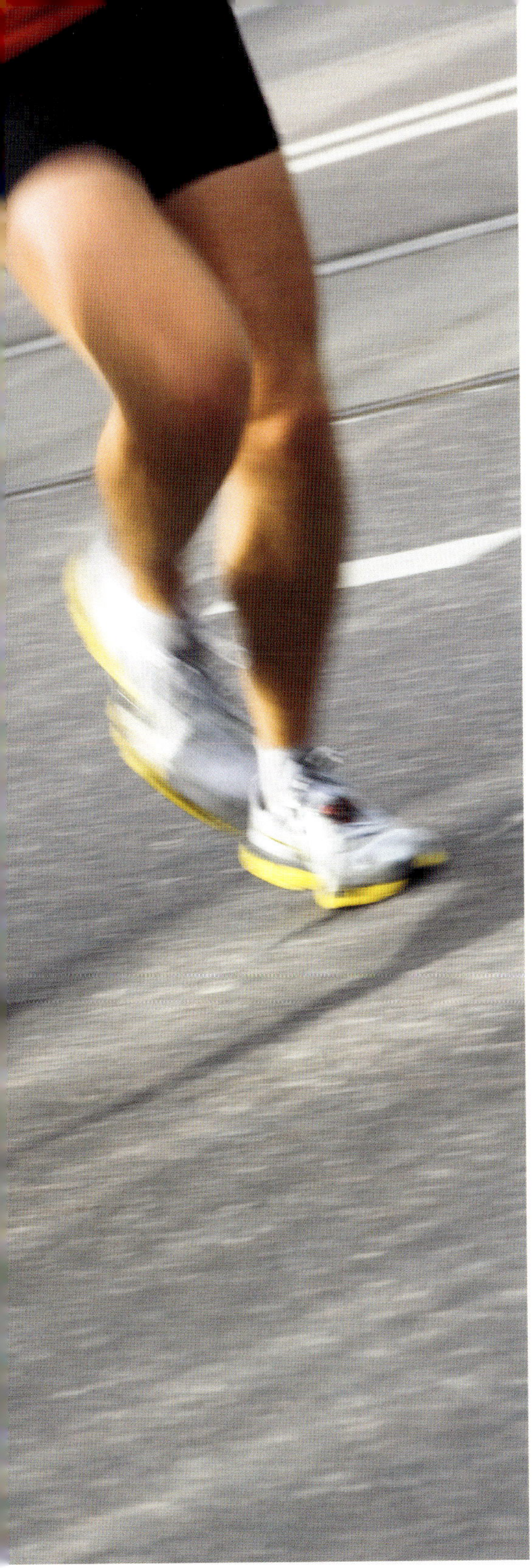

RATGEBER

»Ich bin recht schnell, und über 100 m hänge ich jeden im Lauftreff ab, aber mir fehlt für die 10-km-Distanz die Ausdauer. Was muss ich im Training beachten, wenn auch ich einmal Erfolg auf dieser Strecke haben will?«

Die Antwort ist ganz einfach. Sie müssen sich in Ihrem Training nur auf eines konzentrieren: lange, langsame Dauerläufe. Bauen Sie die Streckenlängen Ihrer Dauerläufe aus, sodass Sie schließlich mindestens einmal pro Woche auch 15–20 km am Stück laufen. Und tun Sie alles dafür, dass Sie lernen, auch mit müden Beinen noch einige Zeit problemlos weiterzulaufen. Zum Beispiel mit folgendem Trainingsprogramm: Laufen Sie sich 10 min langsam ein, laufen Sie anschließend 4 x 400 m »volle Pulle« und anschließend weitere 5–7 km im zügigen Dauerlauftempo. Das ist eine echte Herausforderung, aber enorm wirkungsvoll.

3.1.2 Das Ergebnis: Krieger oder Purist?

Dies ist die Auswertung des vorangegangenen Tests. Jetzt wissen Sie, wer Sie sind und worauf Typen wie Sie in Zukunft unbedingt achten müssen.

Überwiegend A

Der Krieger

Ihre Motivation ziehen Sie in erster Linie aus dem Wettkampf. Wie weit und wie schnell Sie laufen, hängt zumeist davon ab, auf welches Rennen Sie sich gerade vorbereiten. Laufen ist für Sie gleichbedeutend mit Training. Sicher würden Sie auch laufen, wenn es für Sie aus irgendeinem Grund keine Wettkämpfe mehr gäbe, dann jedoch bei Weitem nicht mehr mit dieser Intensität. »Die Persönlichkeit des Kriegers definiert sich stark über Leistungsziele«, sagt Sportpsychologe Robert Udewitz. »Läufer dieses Typs sind in der Regel gut informiert über wissenschaftliche Aspekte der Leistungsphysiologie und finden Erfüllung darin, ihre körperlichen Grenzen auszutesten.«

Motivationshilfe:

Denken Sie an den nächsten wirklich wichtigen Wettkampf und eine konkrete Anforderung dabei, für die

Sie sich mit dem heutigen Training besser wappnen möchten. Oder trainieren Sie für eine Wettkampfstrecke, die Sie eher selten laufen. Eine abweichende Belastungsform hilft oft, wieder mehr Pep ins Training zu bringen.

Von anderen lernen:
Schauen Sie sich von den »Kontaktfreudigen« ab, wie viel Spaß es machen kann, mit anderen zu laufen, ohne gleich aus jedem Treffen ein Wettrennen zu machen. Sie werden bei Ihrem Zielwettkampf besser und »bissiger« sein, wenn Sie Ihren Kampfinstinkt zu den übrigen Zeiten im Zaum halten.

Mit noch mehr Freude laufen:
Setzen Sie sich jedes Jahr zumindest ein neues Wettkampfziel. Sprechen Sie Topläufer aus Ihrem Umfeld an, entlocken Sie ihnen »Trainingsgeheimnisse« und wenden Sie diese Erkenntnisse auf Ihr eigenes Trainingsprogramm an.

Probleme vermeiden:
Vergessen Sie nicht, dass hart trainieren und klug trainieren zwei verschiedene Schuhe sind. Nicht selten macht man schneller Fortschritte, wenn man dem Körper etwas zusätzliche Ruhe gönnt, um vorausgegangene Trainingsbelastungen besser zu verarbeiten.

Mit Verletzungen umgehen:
Setzen Sie sich nicht eine Leistungsmarke, sondern die Genesung als nächstes Ziel, und arbeiten Sie darauf mit ebensolcher Disziplin hin, wie Sie sie üblicherweise auf Ihr Training verwenden. Freunden Sie sich mit alternativen Trainingsformen an.

Gegen Monotonie:
Bauen Sie ein neues Element ins Training ein, zum Beispiel längere, dafür aber langsamere Läufe, oder Bergaufsprints. Man kopiert immer wieder gern ein Training, das in der Vergangenheit zum Erfolg geführt hat, doch benötigt der Körper ab und zu neue Reize, wenn man sich weiter verbessern möchte.

Ein Leben lang laufen:
Machen Sie Tabula rasa, wenn Sie in eine neue Altersklasse aufsteigen, und streben Sie persönliche Bestzeiten allein für diese neue Klasse an.

Überwiegend B

Der Purist

Ihre Hauptmotivation für das Laufen finden Sie im Laufen selbst: Sie genießen es, dass Sie sich während des Laufens ebenso wie danach richtig gut fühlen. An Wettkämpfen nehmen Sie teil oder auch nicht. Laufen gehört zu Ihrem Alltag; ansonsten würde Ihnen etwas fehlen. Wie lang oder schnell Sie laufen, richtet sich eher danach, wie Ihnen gerade zumute ist, wie Ihnen die Umgebung und das Wetter gefällt, oder was Sie als gut für sich empfinden. Sie würden sich wünschen, möglichst Ihr ganzes Leben lang jeden Tag etwas laufen zu können. »Puristen gelingt es am besten, beim Laufen den Leistungsgedanken auszublenden, ganz unbeschwert und unverbissen dahinzugleiten«, stellt Udewitz fest. »Ihr Laufrhythmus, Ihr Tempo, passt sich zumeist automatisch dem aktuellen Gemütszustand, der inneren Verfassung, an. Zugleich sind sie in der Trainingsgestaltung äußerst flexibel und bekommen gut mit, was um sie herum vorgeht.«

Motivationshilfe:
Motivation zu finden, ist für Sie sicher kein Problem; falls doch, versuchen Sie es damit: Stellen Sie sich vor, wie Sie den schönsten Abschnitt Ihrer Laufrunde locker und freudvoll genießen. Denken Sie auch daran, wie viel besser Sie sich nach Ihrem Trainingslauf in den restlichen Stunden des Tages fühlen.

Von anderen lernen:
Lassen Sie sich von den »Trainingstieren« in ergänzende, alternative Übungsformen einführen. Sie werden das besonders dann zu schätzen wissen, wenn reines Lauftraining aus irgendeinem Grund nicht möglich ist oder Sie beim Laufen selbst von den Vorzügen einer besseren athletischen Gesamtverfassung profitieren.

Mit noch mehr Freude laufen:
Gönnen Sie sich ab und zu Ruhetage. Wer nur auf seinen Kopf hört (»Ich will laufen!«) und Körpersignale ignoriert (»Eine Pause würde mir guttun.«), bringt sich

leicht um das Vergnügen, um das es im Grunde geht. Regelmäßiges Yoga oder andere Meditationsübungen eignen sich, die Komponente der Verinnerlichung, die Ihnen am Laufen so gefällt, in den Vordergrund zu stellen, um gestärkt an Körper und Geist ein Leben lang mit Freude weiterzulaufen..

Probleme vermeiden:
Verlieben Sie sich nicht so sehr in das Laufen, dass Ihnen für die übrigen Seiten des Lebens nicht mehr genügend Lust und Energie bleibt. Ihr Trainingslauf soll ein besonderer Teil des Tagesablaufs sein, darf aber nicht zur Obsession werden.

Mit Verletzungen umgehen:
Machen Sie sich klar, dass die Zeit wieder kommen wird, da Sie schmerzfrei und locker auf Ihre Lieblingsstrecke zurückkehren und Sie das Laufen als schönstes Hobby einfach genießen.

Gegen Monotonie:
Manch einer läuft auch die eigentlich als ganz locker gedachten Trainingseinheiten zu intensiv, weil er oder sie meint, ein bestimmter Anstrengungsgrad muss spürbar sein, damit das Training etwas bringt. Wer jedoch auch etwas leistungssportlich denkt, muss die Intensität seiner Läufe über ein breites Spektrum variieren, statt in eine Dauerlaufroutine zu verfallen, die für Erholungsläufe zu belastend, für den Aufbau von Leistungsreserven hingegen zu lasch ist.

Ein Leben lang laufen:
Lassen Sie das Laufen nicht zu einer zwanghaften Notwendigkeit werden. Gestatten Sie Ihrem Körper, insbesondere den unteren Extremitäten, ab und zu einmal völlige Erholung. Hören Sie auf Schmerzsignale des Körpers und geben Sie ihm Ruhe, um möglichen chronischen Verletzungen, die Ihnen das Laufen auf Dauer vergällen könnten, vorzubeugen. Weichen Sie auf alternative Trainingsformen aus, die den allgemeinen Fitnesszustand ebenso fördern und das nächste Lauferlebnis umso schöner machen.

Überwiegend C

Der Kontaktfreudige

Sie sind gern bei Laufveranstaltungen, weniger jedoch wegen leistungssportlicher Ambitionen, sondern weil Sie gern unter Leuten sind. Wahrscheinlich sind Sie auch in einem Verein oder einer Laufgruppe, und wenn Sie bei einem Wettkampf nicht selbst laufen, helfen Sie auch gern bei der Organisation. »Für diesen Läufertyp sind eher externe Komponenten des Laufsports wichtig«, so Udewitz, »insbesondere Freundschaften mit Gleichgesinnten. Der externe Fokus bringt oft mit sich, dass bestimmten physiologischen oder meditativen Themen wenig Bedeutung beigemessen wird. Das sozial empfängliche, kontaktfreudige Wesen dieser Läufer hat jedoch einen riesigen Vorteil: Sie finden höchste Genugtuung darin, die Liebe zu Ihrem Hobby stets mit anderen teilen zu können – eine ganz wichtige Komponente von Glück.«

Motivationshilfe:
Organisieren Sie eine Gruppenreise zu einem Staffellauf oder zu einer anderen Veranstaltung, bei der die Teamwertung im Vordergrund steht.

Von anderen lernen:
Von den »Kriegern« könnten Sie sich abschauen, dass man aus dem Laufen auch hohe Genugtuung ziehen kann, wenn es nach außen hin so wirkt, als würde man sich quälen. Es ist ohne Weiteres möglich, sich im Training oder Wettkampf bis an das körperliche Leistungslimit zu pushen und trotzdem großen Spaß zu haben.

Mit noch mehr Freude laufen:
Trainieren Sie mit ganz unterschiedlichen Typen von Menschen aus verschiedensten Bereichen Ihres Alltags (Arbeitskollegen, Nachbarn, zufälligen Bekanntschaften). Nehmen Sie bei längeren Dienst- oder Urlaubsreisen Kontakt zu Laufgruppen am Zielort auf.

Probleme vermeiden:
Suchen Sie sich möglichst zahlreiche Laufpartner. Wenn der eine oder die andere aufgrund Abwesenheit oder Verletzung einmal ausfällt, brauchen Sie trotzdem

nicht auf Begleitung verzichten. Müssen Sie dennoch an einem bestimmten Tag allein laufen, planen Sie dafür Ihren kürzesten Lauf ein.

Mit Verletzungen umgehen:
Suchen Sie sich eine Betätigung im Umfeld des Laufens, indem Sie zum Beispiel einem Verein beim Organisieren von Wettkämpfen helfen oder aber Läuferfreunden, die einen langen Lauf absolvieren möchten, unterwegs Getränke reichen, damit Sie weiter Teil der Gemeinschaft bleiben.

Gegen Monotonie:
Suchen Sie sich eine Gruppe mit Läufern, die ein wenig schneller als Sie sind, und lassen Sie sich 1–2 x die Woche von ihnen »ziehen« – einmal bei einem längeren Dauerlauf, das andere Mal beim Intervall- oder Tempotraining.

Ein Leben lang laufen:
Machen Sie laufbezogene Aktivitäten zu einem festen Bestandteil Ihres gesellschaftlichen Lebens, damit Sie ein dichtes Netzwerk von Läufern um sich bilden und Kontakte herstellen, die möglichst in beiden Richtungen aufrechterhalten bleiben. Verwenden Sie aber nicht so viel Zeit auf die Pflege der Webseite Ihres Vereins, dass Sie am Ende selbst nicht mehr zum Laufen kommen.

Überwiegend D

Das Trainingstier

Sie laufen in erster Linie wegen der quantifizierbaren physischen Vorteile des Ausdauertrainings, z. B. Gewichtsabnahme und Schutz vor Zivilisationskrankheiten. Laufen bedeutet für Sie eher Bewegungstraining, denn unverzichtbarer Teil des täglichen Lebens. Wenn sich im Alltag Hürden aufbauen, könnten Sie das Lauftraining ebenso gut weglassen. Wahrscheinlich betreiben Sie parallel dazu noch weitere Sportarten und bei reinen Wettkämpfen wird man sie eher selten sehen. »Dieser Persönlichkeitstyp verschmilzt zumeist mit einer der übrigen Kategorien, je stärker sich die Vorzüge des Laufens wie effiziente Gewichtskontrolle oder hohes Fitnessniveau manifestieren«, erläutert Udewitz.

Motivationshilfe:
Erinnern Sie sich daran, wie Sie vergangene Trainingseinheiten geschafft haben. Versprechen Sie sich eine kleine Belohnung für das Erreichen Ihres Trainingsziels. Setzen Sie sich eher kurzfristige Ziele, die erreichbar sind, sich jedoch nicht »im Vorbeigehen« schaffen lassen.

Von anderen lernen:
Lernen Sie von den »Puristen«, das Laufen um des Laufens willen zu lieben. Ihre Fitnessziele werden Sie einfacher erreichen, wenn Sie mit Spaß laufen.

Mit noch mehr Freude laufen:
Führen Sie ein Trainingstagebuch, um besser nachvollziehen zu können, welche Fortschritte Sie gemacht haben. Suchen Sie sich einen Trainingspartner, mit dem Sie sich austauschen und über Ihre Erfolge sprechen können, der Sie jedoch zugleich auf Kurs hält, wenn es um Ihre Motivation einmal nicht zum Besten bestellt sein sollte. Darüber hinaus könnten Sie sich, zugleich auch als Motivationshilfe, einer Spendenaktion oder Charity verschreiben, um sinnerfüllt für eine gute Sache zu laufen.

Probleme vermeiden:
Planen Sie Ihre Trainingsläufe terminlich so, dass möglichst nichts dazwischenkommen kann.

Mit Verletzungen umgehen:
Sie haben es einfacher als die anderen Läufertypen. Nutzen Sie die Zeit, die Sie üblicherweise laufen, für eine Ihrer alternativen Trainingsformen.

Gegen Monotonie:
Aus langweiliger Routine ausbrechen und zugleich gute Leistungsfortschritte erzielen können Sie, indem Sie wöchentlich einen Lauf absolvieren, der mindestens 25 % länger als der zweitlängste Lauf derselben Woche ist, sowie einen Lauf, bei dem Sie pro Kilometer mindesten 20 s schneller als an den übrigen Tagen laufen.

Ein Leben lang laufen:
Integrieren Sie das Lauftraining dauerhaft in Ihr aktives, geschäftiges Leben, statt Laufen nur als eine Trainingsform anzusehen, die Sie wählen, wenn gerade einmal schönes Wetter ist oder wenn Sie sich entsprechend motiviert fühlen. Sich sinnvolle Ziele für das Lauftraining zu setzen, wird Ihnen dabei sicher helfen.

RATGEBER

»Was ist effektiver: Eine Stunde in einem lockeren Tempo zu laufen oder nur 40 min, dafür jedoch schneller?«

Tatsächlich gibt es eine Formel, dies zu berechnen. Für die praktische Anwendung ist es erforderlich, die Differenz zwischen Maximalpuls und Ruhepuls festzustellen, die sogenannte Auslenkungsbreite. Ausgehend von der im Verlauf von verschiedenen Trainingsformen gemessenen Herzschlagfrequenz, wird daraufhin ein Auslenkungsfaktor berechnet, aus dem sich – multipliziert mit der tatsächlichen Belastungsdauer – der relative Belastungswert des jeweiligen Trainingslaufs ergibt.
Beispiel: Ihr Ruhepuls liegt bei 50 und Ihr maximal erreichter Belastungspuls bei 200 Schlägen in der Minute. Die Auslenkungsbreite beträgt demzufolge 200 minus 50 gleich 150 Schläge. Sollte Ihre Pulsfrequenz nun bei einem bestimmten Trainingstempo im Durchschnitt 125 Schläge pro Minute erreichen (das heißt 75 Schläge über dem Ruhepuls), so käme man speziell für diese Trainingseinheit auf einen Auslenkungsfaktor von 0,5 (nämlich 75 geteilt durch 150). Bei 60 min Training wäre der Belastungswert somit 30.

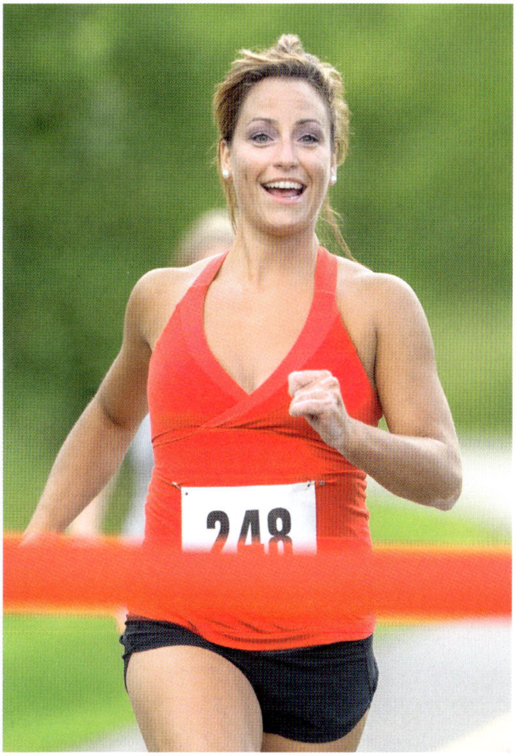

3.2 Ziele setzen

Die Zielgerade des 10-km-Laufs zieht sich lang und länger, aber Sie haben die Kraft der drei Herzen, spurten um Ihr Leben und geben noch einmal alles. Unter dem Jubel der Zuschauer überqueren Sie nach 50:01 min die Ziellinie. Das Publikum rast, aber was machen Sie? Sie fallen hinter der Ziellinie fassungslos auf die Knie und regen sich auf: »50:01 min – knapper geht's nicht mehr«, schon x-mal zuvor sind Sie an der 50-min-Barriere knapp gescheitert. Das ist noch lange kein Grund zu verzweifeln. Damit es Ihr gesamtes Läuferleben nicht so weitergeht, werden Ihnen die folgenden Tipps ein wenig auf die Sprünge helfen.

Die 10-km-Distanz ist die populärste Wettkampfstrecke, nicht zu kurz und nicht zu lang, für Anfänger ebenso realistisch wie für Fortgeschrittene und für die Ambitionierten immer ein guter Test, auch im Aufbauprogramm für den Marathon. Ein Laufeinsteiger, der es schafft, die 10 km durchzulaufen, gilt als echter Läufer. Eine Bestzeit über diese Distanz ist wie der Titel auf einer Visitenkarte: Sie haben eine Bestzeit über 10 km? Dann laufen Sie wahrscheinlich recht regelmäßig und nehmen ab und zu sogar an Wettkämpfen teil. Sie laufen die 10 km unter 50 min? Glückwunsch, man sieht Ihnen an, dass Sie zu den fittesten 10 % unserer Bevölkerung gehören. Sie laufen die 10 km unter 40 min? Hochachtung: Sie tragen den Adelstitel eines »ambitionierten Läufers«.

Wer läuft, stellt bald Leistungsfortschritte fest, und nicht wenige möchten sich über kurz oder lang einmal austesten, sprich: so schnell wie es geht von A nach B laufen. Wer schon so weit ist, peilt die entsprechenden Barrieren an: 50 min, 45 min, 40 min. Um diese Ziele zu erreichen, benötigen Sie ein wenig Planung und eine Prise spezielleres Training dazu.

3.2.1 Langfristig planen

Der erste Schritt zum Sturm auf die Leistungsbarriere ist eine langfristige Trainingsplanung, die auch kurz– und mittelfristige Ziele beinhaltet und zum Schluss erst das große Ziel definiert, den Sprung unter die Barriere.

Unbedingte Voraussetzung für all die Stürme auf die diversen Leistungsziele und -barrieren ist: Sie müssen realistisch sein. Natürlich schafft es ein 55-min-Läufer nicht, drei Wochen später 45 min über 10 km zu laufen (und wenn er es schafft, hat er bei der 55-min-Leistung vergessen, die 500 m Höhendifferenz zu berücksichtigen, die diese limitierten). Realistische Ziele berücksichtigen nicht nur Ihr körperliches Leistungsvermögen, sondern auch Ihre berufliche Beanspruchung, Ihr privates Umfeld (Familie usw.) und Ihren Ehrgeiz, oder nennen wir es die Priorität, die Sie dem Sport bzw. dem sportlichen Leistungsziel einräumen. Haben Sie viel Stress in Familie und Beruf und außer dem Laufsport noch diverse andere Hobbys, dann sollten Sie mehr Zeit einplanen als jemand, der wochenlang sein gesamtes Privatleben nur diesem Ziel unterordnet. Länger als über ein Jahr sollte aber selbst das langfristigste Ziel beim gestresstesten Läufer nicht eingeplant sein, sonst geht irgendwann die Konzentration flöten. Spätestens, wenn die ungemütliche Jahreszeit beginnt. Doch die liegt ja glücklicherweise hinter uns. Ausreden gelten also nicht.

3.2.2 Variabel bleiben

Laufen ist wichtig, aber nicht lebenswichtig. Auch wenn manch einer der Leser dies nur ungern hört: Knacken Sie die 60, 50, 40 min über 10 km nicht, geht die Welt auch nicht unter. Deshalb sollten Sie nicht an diesem einen Leistungsziel hängenbleiben, sondern variabel sein. Schrammen Sie seit Jahren an der 50-min-Barriere vorbei, warum geben Sie sich dann nicht zunächst mit 51 min als Ziel zufrieden? Noch besser: Definieren Sie doch einfach drei Ziele:

1. Eines, von dem Sie wissen, dass es absolut realistisch ist: Leistungsziel 1.
2. Eines, das eine echte Herausforderung darstellt: Leistungsziel 2.
3. Das ultimative »Traumziel«: Leistungsziel 3.

Praktisch sieht das dann so aus: Nehmen wir zum Beispiel Lauffreund Peter K. Bei seinem Anruf klang er ziemlich verzweifelt. Er schaffe gerade noch 52 min über 10 km, meinte er, aber seine Bestzeit aus den vergangenen Jahren stünde bei 50:15 min. Sein Lebenstraum sei es, noch einmal unter dieser Marke zu bleiben, und er bat um Hilfe bei der Trainingsplanung. Sein erstes und einfachstes Leistungsziel haben wir dann auf 51:30 min fixiert (Leistungsziel 1). Eine Herausforderung wären 50:59 min (Leistungsziel 2), und einen Traum würde er sich mit 49:59 min erfüllen (Leistungsziel 3). Solchermaßen definierte Ziele hakt er dann hoffentlich nacheinander ab.

Wenn es optimal läuft, geht es ihm folgendermaßen: Im ersten Saisonrennen über die 10-km-Distanz verfehlt er noch jedes der drei Ziele. Im zweiten Saisonrennen fällt dann schon das erste Ziel, vorausgesetzt, wir haben das Training vernünftig aufgebaut, und weitere 6–8 Wochen später steht er bei einer neuen Bestzeit. Schampus für alle!

Ob er sein Traumziel erreicht, entscheidet sich in weiteren 2–4 Wochen. Falls es bis in den Oktober damit nicht geklappt hat, legt er eine Ruhepause ein, eine sogenannte Regenerationsphase. Nun wartet er auf das kommende Frühjahr, um dann die Traumbarriere zu brechen.

3.2.3 Wettkämpfe: Wo und wann?

Haben auch Sie Ihre Ziele kurz-, mittel- und langfristig klar? Dann kommen wir zur konkreten Wettkampfplanung: Planen Sie die Teilnahme an vier 10-km-Wettkämpfen für Frühjahr und Sommer ein. Dazu kommen noch sogenannte Aufbauwettkämpfe über eine kürzere Distanz (5 km) im Vorfeld respektive zwischen den

»10ern«, die Sie zum Traumziel geleiten sollen. Eigentlich müßig zu erwähnen, doch planen Sie den Saisonhöhepunkt, also den Wettkampf, an dem Sie den Gipfel der Traumzeit stürmen wollen, nicht bei einer Veranstaltung, die sich durch eine stark profilierte Strecke mit ständigem Auf und Ab auszeichnet. Auch nicht an einen Termin im Hochsommer, wo Sie ziemlich sicher warme Temperaturen erleben. Suchen Sie für diesen 10-km-Wettkampf eine Strecke aus, die bekanntermaßen schnell ist (möglichst eine Strecke mit Asphaltbelag) und wo zu einer Zeit gestartet wird, bei der Sie mit angenehmen Außenbedingungen rechnen dürfen.

Trainieren nicht vergessen

Jetzt steht der (Wettkampf-)Plan. Bleibt nur noch, ihn mit ein wenig Training zu füllen. Ehrlich gesagt ist dies der schwierigste Part an der ganzen Planung, denn ein sinnvolles Training setzt sich – wie schon zuvor des Öfteren gesagt – aus verschiedenen Trainingsreizen zusammen.
Ebenso wie Sie drei Leistungsziele definiert haben, gibt es auch drei Trainingsphasen auf dem Weg zum Traumziel:

Trainingsphase 1
(Wochen 1–6)

In dieser ersten Trainingsphase legen Sie die Grundlagen. Trainingsinhalt sind überwiegend lockere Dauerläufe, einige von über 70 min Länge, und ab und zu steht eine Tempobelastung an (Tempoläufe): Über kurze Abschnitte (400–2000 m) wird ein Tempo gelaufen, das etwa dem entspricht, das Sie später im 10-km-Wettkampf am Stück laufen wollen. Die Wochenkilometerzahl ist relativ hoch bzw. die höchste in der gesamten Vorbereitungszeit.

Trainingsphase 2
(Wochen 7–12)

Um nun Ihre spezielle 10-km-Leistungsfähigkeit bzw. »Wettkampfleistungsfähigkeit« herauszukitzeln, ist es notwendig, den gewohnten Trainingsrhythmus zu unterbrechen und neue, ungewohnte Anforderungen an den Organismus zu stellen. Anders ausgedrückt: Neue Anforderungen stellen auch neue Anpassungsbedingungen für den Organismus dar und zwingen ihn zu einer intensiveren Auseinandersetzung mit diesem Reiz. Im Training bedeutet das eine stärkere Ermüdung als normalerweise gewohnt, auf die dann auch eine ausgeprägtere Leistungssteigerung folgt. Das heißt aber nicht, dass Sie in Phase 2 nur noch »am Anschlag« laufen (Tempoläufe!), sondern vermehrt intensive Belastungseinheiten in das Training eingebaut werden. Das Hauptziel in dieser Trainingsphase ist die spezielle Wettkampfvorbereitung. Wiederholen Sie eine Tempoeinheit aus den ersten Trainingswochen, damit Sie sehen, wie sich Ihr Tempo bei gefühlsmäßig gleicher Intensität verändert hat. Bei einem sinnvollen Trainingsaufbau müsste dieses Programm etwas schneller absolviert werden können und Beweis für eine Leistungssteigerung sein.

Trainingsphase 3
(Wochen 13–16)

Mit dem Einstieg in das echte Wettkampfgeschehen bekommt das Training einen anderen Stellenwert. Es muss in der letzten Phase vor einem Wettkampf und zwischen den Wettkämpfen sehr kontrolliert sein und stressfrei ablaufen. In Trainingsphase 3 sollten Sie vor allem Ihre Kilometerumfänge zurückschrauben. Schließlich wollen Sie kurz vor einem Wettkampf keine unnötige Ermüdung schaffen.

Und dann die letzte Woche vor dem Sturm aufs Traumziel. Eigentlich ist sie die alles entscheidende. Das Training rückt in den Hintergrund. Je nachdem, an welchem Tag der Wettkampf stattfindet, sollten Sie an den vier Tagen davor kein ermüdendes Training mehr bestreiten. Für Einsteiger ins Trainings- und Wettkampfgeschehen bedeutet das: kein Belastungstraining, kein langer Dauerlauf, außerdem stark reduzierter Umfang bis zwei Tage vor dem Wettkampf. Die letzten beiden Tage sind trainingsfrei.

Wer mehr Erfahrung mit Wettkämpfen hat, kennt wahrscheinlich schon seinen besten Vorbereitungsrhythmus.

Eine gute Wettkampfform hält in der Regel nur 4–5 Wochen an. Danach beginnt der allgemeine Substanzverlust und das antrainierte Leistungsniveau beginnt zu sinken. Daher ist nichts wichtiger, als die Wettkampfhöhepunkte in diese vier Wochen zu packen.

3.3 Das richtige Trainingstempo

Je nach Leistungsstand – z. B. bezogen auf das aktuelle Leistungsvermögen über 10 km – unterscheiden sich die Laufgeschwindigkeiten im Training. Die Leistungsbandbreite in dieser Übersicht reicht vom Anfänger (70 min/10 km) bis zum ambitionierten Läufer (35 min/10 km). Angegeben ist jeweils ein Lauftempo in Minuten pro Kilometer beim langsamen Dauerlauf (laDL), das mit 70 % der maximalen Herzfrequenz (HFmax) gelaufen wird, beim lockeren Dauerlauf (loDL), 75–80 % der HFmax und zügigen Tempodauerlauf (TDL), 85–88 % der HFmax.

3.4 Das richtige Maß

Anruferin Petra L. aus Dortmund wunderte sich: »Ich werde und werde nicht schneller«, klagte sie. Immerhin kann sie 10 km in gut 57 min laufen und hat auch schon einen Halbmarathon in knapp 2:30 h geschafft, »aber seit geraumer Zeit geht nichts mehr voran.« In Ihrem Telefonat beschrieb sie mir eine beispielhafte Trainingswoche. Erstaunt hörte ich zu: Mo: 15 km Intervall, Di: 8 km langsamer Dauerlauf, Mi: 9 km langsamer Dauerlauf, Do: 10 km Fahrtspiel, Fr: 8 km Intervall, Sa: Ruhetag, So: 18–25 km langsamer Dauerlauf. Das waren sage und schreibe sechs Laufeinheiten mit insgesamt über 70 km pro Woche, an drei von sechs Tagen standen Tempobelastungen auf ihrem Programm. Kein Wunder, dass da nichts mehr ging! Was zu viel ist, ist zu viel. Ich sagte ihr: »Liebe Petra L., weniger ist mehr, und das trifft gewiss nicht nur für Sie zu!«

Körperliche Aktivität ist zwar nach allen bisher bekannten Fakten eindeutig gesundheitsfördernd. Hierbei gilt in der Regel der Leitspruch: »Je mehr, desto besser«, aber wenn das individuell verträgliche Belastungsmaß überschritten wird, kommt es nicht zum Leistungsfort-

Bestzeit 10 km		**Tempo in min/km**	
70 min	laDL 7:40–7:55	loDL 7:25–7:40	TDL 7:10–7:25
65 min	laDL 7:15–7:30	loDL 7:05–7:15	TDL 6:45–7:00
60 min	laDL 7:10–7:30	loDL 6:40–7:00	TDL 6:15–6:35
55 min	laDL 6:35–6:50	loDL 6:10–6:25	TDL 5:45–6:00
50 min	laDL 6:10–6:25	loDL 5:45–6:00	TDL 5:15–5:30
45 min	laDL 5:55–6:10	loDL 5:25–5:45	TDL 4:55–5:10
42:30 min	laDL 5:35–5:55	loDL 5:10–5:25	TDL 4:40–4:55
40 min	laDL 5:30	loDL 4:50–5:00	TDL 4:20–4:35
37:30 min	laDL 5:15–5:30	loDL 4:35–4:50	TDL 4:00–4:15
35 min	laDL 5:00–5:20	loDL 4:15–4:30	TDL 3:40–3:50

schritt, sondern es tritt die gegenteilige Entwicklung ein. Da der Trainingsumfang von Frau L. dem einer Läuferin entsprach, die 45 min auf 10 km laufen kann und nicht 57 min, war bei Frau L. ganz einfach das verträgliche Maß überschritten, also waren Fortschritte auch nicht zu erwarten. Die meisten Läufer glauben, je mehr Kilometer sie laufen, desto »besser« werden sie. Doch das ist nicht ganz richtig. Es gibt ein optimales Maß an Trainingsumfang beziehungsweise eine optimale Mischung. Alles, was darüber hinausgeht, bringt nichts.

Nun ist nichts schwieriger, als für einen bestimmten Leistungsbereich entsprechende Laufumfänge festzulegen, etwa derart: Wer ein Leistungsvermögen von 57 min hat, sollte nicht mehr als insgesamt 2 h pro Woche laufen. Ich versuche es dennoch. Was man bei der dazugehörigen Tabelle jedoch berücksichtigen muss, sind die individuell unterschiedlichen Belastungsverträglichkeiten und vor allem auch das unterschiedliche Talent. Wir kennen zwar den einen oder anderen, der »quasi ohne Training« einen Marathon durchstand. Aber das sind Ausnahmen.

Beim Lauftraining die richtige Dosis zu finden, ist nicht ganz einfach. Es gibt zwar Läufer, die zu wenig laufen, aber viel mehr Läufer, die deutlich zu viel laufen. Der Körper bekommt bei diesen Läufern nicht die Möglichkeit, die durch das Laufen entleerten Energiespeicher wieder aufzufüllen. Plakativ ausgedrückt: Frau L. läuft permanent ohne Benzin im Tank. Dazu gilt es zu wissen: Nach einer Belastung sinkt aufgrund der Erschöpfung zunächst die Leistungsfähigkeit, da der Energietank für die Laufbewegung geplündert wurde. Je belastender (schneller, länger) das Lauftraining, desto leerer der Tank. In einer anschließenden Regenerationsphase wird der Tank durch Ruhe und eine entsprechende Ernährung aber wieder hergestellt (Fette, Proteine und Kohlenhydrate sind das Körperbenzin). Das Phänomen: Bei ausreichender Erholung steigert der Körper das Leistungsvermögen der belasteten Körperstrukturen sogar, um weitere Belastungen besser auffangen zu können. In der Fachsprache nennt man dieses Phänomen »Superkompensation«.

Die Regenerationsphase der Energiespeicher beträgt bei einer Läuferin des Leistungsvermögens von Frau L. etwa 48 Stunden. Das bedeutet, dass Frau L. eigentlich nur etwa jeden zweiten Tag laufen sollte, um so die Superkompensation zu erwirken. Auf keinen Fall sinnvoll sind für Läufer dieser Leistungsstufe z. B. zwei intensive Laufbelastungen an aufeinanderfolgenden Tagen.

Ein gut durchdachtes Training setzt also zu dem Zeitpunkt den nächsten Trainingsreiz, wo der »Tank« übervoll ist. Vom höheren Niveau ausgehend, erfolgen die gleichen Vorgänge, mit dem Erfolg, dass eine erneute Superkompensation auf noch höherem Niveau stattfindet. So wird durch richtig dosiertes Training das Leistungsniveau kontinuierlich angehoben. Der Knackpunkt dabei ist also, die Wechsel zwischen Belastung und Erholung sowie den Belastungsarten so zu gestalten, dass langfristig eine Leistungssteigerung eintritt.

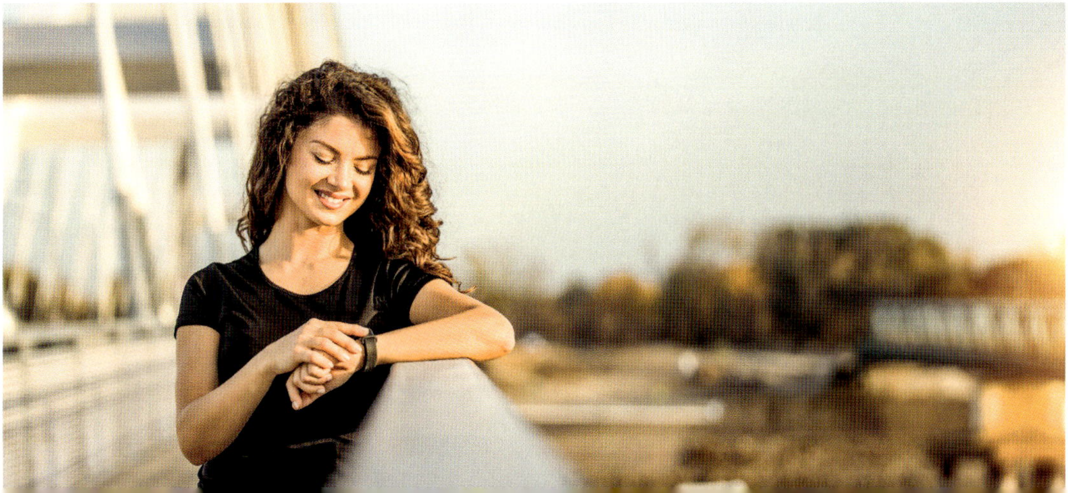

Das ideale Trainingsmaß

Sie wollen Ihre Leistungsfähigkeit steigern, nicht zu viel und nicht zu wenig tun? Meine Tabelle dient Ihnen als Richtlinie, wie viele Stunden Sie pro Woche laufen sollten, um schneller zu werden. Doch Vorsicht: Die Zeit verteilt sich natürlich auf mehrere Laufeinheiten, siehe dazu die letzte Spalte. Ist Ihr Ziel z. B. eine Marathonteilnahme, sollten Sie eventuell für einen überschaubaren Zeitraum (12 Wochen) mehr als das angegebene Maß trainieren.

Leistungsvermögen 10 km	Zeitumfang/Woche	Anzahl der Laufeinheiten
70 min	60 min–90 min	2–3
65 min	90 min–2:00 h	3
60 min	2:00 h–2:40 h	3
55 min	2:20 h–2:50 h	3–4
50 min	2:50 h–3:50 h	4
45 min	3:20 h–4:10 h	4–5
40 min	4:00 h–5:00 h	5
37:30 min	4:00 h–5:30 h	5–6
35 min	5:00 h–6:30	6

3.5 Übertraining: Wenn das Maß voll ist

Folgende Symptome zeigen, dass das Maß überschritten ist:

1. Wenn Ihr Trainingsprogramm dazu führt, dass Sie sich müde fühlen und launisch sind, legen Sie einen (zusätzlichen) Ruhetag in Ihr Wochenprogramm ein.
2. Um auf Nummer sicher zu gehen, bauen Sie mindestens eine Erholungswoche pro Monat ein. In einer solchen Woche sollten Sie lediglich 30–40 % des normalen Wochenumfangs trainieren.
3. Achten Sie darauf, dass Sie Ihr Trainingsprogramm nicht zu einem Zeitpunkt intensivieren beziehungsweise erhöhen, wenn Sie unter Stress stehen.
4. Wenn Sie morgens aufwachen, die Muskelschmerzen und der Ruhepuls (gemessen nach dem Erwachen) höher ist als normal, lassen Sie das Training ausfallen, und laufen Sie an den folgenden Tagen nur leicht.
5. Vermeiden Sie einen typischen Fehler, den immer noch zu viele Läufer machen: Zwingen Sie sich auf keinen Fall zu härterem Training, wenn Sie gerade ein Training (oder einen Wettkampf) hinter sich haben, mit dem Sie nicht zufrieden waren. Wenn Sie sich im Training müde und schlapp fühlen und Ihre Wettkampfergebnisse schlechter werden, vermeiden Sie es tunlichst, den Kilometerumfang und die Intensität des Trainings zu steigern. Ruhen Sie sich ein paar Tage aus, und steigen Sie körperlich und geistig ausgeruht wieder ins Training ein.

3.6 Training nach Zeitbudget

Ein effektives Herangehen an jede Art von Lauftraining lässt sich im Grunde auf zwei Dinge reduzieren: Man muss sich die nötige Zeit nehmen, um regelmäßig zu trainieren, und man muss diese Zeit klug zu nutzen wissen. Beim ersten Teil dieser Forderung geht es in erster Linie darum, Prioritäten zu setzen. Wenn Ihnen das Laufen wirklich wichtig ist (was es angesichts seiner vielen positiven Wirkungen schließlich sein sollte), werden Sie auch ausreichend Zeit dafür finden.

Doch ist dies eben nur die eine Hälfte des Weges zum (Läufer-)Glück – und eigentlich eher das leichtere Stück. Beschwerlicher gestaltet sich indes Teil zwei mit der entscheidenden Frage: Wie nutze ich die 20, 30 oder 60 Minuten, die mir zur Verfügung stehen, am besten, wenn ich nicht nach einem längerfristigen Trainingsplan trainiere?

Hier die Antwort: Halten Sie sich je nach Ihrem Zeitbudget an einen der acht im Folgenden beschriebenen Trainingsvorschläge. In allen Fällen handelt es sich um sehr intensive Trainingsbelastungen, die in erster Linie darauf zugeschnitten sind, die Zeit so effizient wie möglich einzusetzen. 1–2 x pro Woche reichen völlig aus, um Ihrem Training den richtigen »Kick« zu geben. An den übrigen Tagen wird einfach nur locker gelaufen oder, zur Abwechslung, eine alternative Trainingsform gewählt, sofern Zeit, Lust und Tagesbefinden es zulassen.

Das 10-min-Workout

Vorzüge: Einfach und schnell.

Ausführung: Zwei Möglichkeiten stehen zur Wahl, wobei die zweite einen Tick anspruchsvoller ist.

Methode 1: Sie laufen deutlich schneller als im gewohnten Trainingstempo (aber nicht sprinten!), bis Sie 10 Doppelschritte absolviert haben. Dann fallen Sie für die nächsten 10 Doppelschritte in ein lockeres Tempo zurück, um anschließend 20 Doppelschritte schnell zu laufen, gefolgt von diesmal 20 lockeren Doppelschritten. Eine Stoppuhr erübrigt sich mithin bei diesem Training; stattdessen kommt es darauf an, stets mitzuzählen, wie oft zum Beispiel der rechte Fuß aufsetzt. Diese Intervallausdehnung in 10er-Schritten setzen Sie bis 60 schnell/60 locker fort, um dann im gleichen Rhythmus wieder bis 10/10 zu verkürzen. Insgesamt dürften Sie damit etwa 10 min gelaufen sein. Dabei unbedingt beachten: Das Tempo der Belastungs- bzw. Erholungsabschnitte immer Ihrer aktuellen Form anpassen! Bei gutem Fitnesslevel können auch die Trababschnitte relativ flott sein.

Methode 2: Die Belastungskurve dieses Trainings steigt zur Mitte hin an und fällt danach wieder. Beginnen Sie mit 1 min im lockeren Tempo, um dann alle 1–2 min (je nach Belieben) das Tempo so zu steigern, dass Sie in den Minuten 5 und 6 (also 2 min lang) mindestens Ihr 5-km-Wettkampftempo erreichen. Verlangsamen Sie das Tempo danach im 1- oder 2-min-Takt (d. h. im gleichen Rhythmus wie zuvor), bis die 10 min vorüber sind.

Was Sie unbedingt beachten sollten: Diese Belastung ist kurz, aber hart. Wenn Ihnen noch ein paar Minütchen Zeit bleiben, sollten Sie anschließend etwas gehen, um die Muskeln zu lockern. Für fortgeschrittene Läufer eignen sich beide 10-min-Optionen übrigens sehr gut als Aufwärmübung für ein längeres Tempoprogramm.

Das 20-min-Workout

Vorzüge: Kompakte Herz-Kreislauf-Belastung bei minimalem Zeitaufwand. Ausgezeichnete Vorbereitung auf Bergläufe, da besonders die Oberschenkelmuskulatur (Quadrizeps) gekräftigt wird.

Bevorzugte Ausführung: Das Prinzip ist eine Wechselfolge von je 1 min steilem Berganlaufen und 1 min Erholung bei insgesamt 10 Wiederholungen. Dazu sollten Sie sich jeweils noch einige Minuten für Aufwärmen und Nachbereitung gönnen. Am besten lässt sich dieses Training auf einem Laufband durchführen, das eine akkurate Steigungseinstellung von 12–15 % erlaubt, was einem ziemlich steilen Anstieg entspricht. Allerdings verlangt diese Übung etwas Erfahrung und Experimentierfreude, um herauszufinden, bei welcher maximal möglichen Steigung Sie die gesamte Serie von 10 Wiederholungen durchstehen können. Während der Erholungspausen brauchen Sie einfach nur vom Laufband zu springen und in dessen Nähe locker zu traben oder zu gehen. Wer das Workout lieber im Freien durchführt, muss zunächst einen geeignet steilen und langen Anstieg finden, um eine volle Minute schnell bergan laufen zu können. In der Erholungspause trabt man dann einfach zum Ausgangspunkt zurück. Etwas geringer wird die Gesamtbelastung bei der Variante, die Intervalle auf jeweils 30 s zu verkürzen und dafür 20 Wiederholungen zu absolvieren. Diese Alternative würde sich jedoch anbieten, falls das Trainingsgelände nur kürzere Anstiege bietet.

Was Sie unbedingt beachten sollten: Wenn es Ihnen gelingt, die optimale Kombination von Tempo und Steigungswinkel zu finden, wird es ein äußerst effizientes und hochintensives Training. Schon kurze Zeit nach der Anstrengung fühlt man sich jedoch erstaunlich frisch, was auch damit zusammenhängt, dass die Beine und Füße beim Berganlaufen kaum Stoßbelastungen ausgesetzt sind. Sollte Ihnen das Training in dieser Form zu viel abverlangen, verkürzen Sie die Intensivintervalle um 10 s, und verlängern Sie die Erholung entsprechend.

Das 30-min-Workout

Vorzüge: Leistungssteigerung auf allen Wettkampfdistanzen durch Anheben der Laktatschwelle (Tempobereich, bei dem eine deutliche Zunahme der Milchsäurebildung einsetzt). Verbesserte Fähigkeit, bei hohem Tempo locker zu bleiben.

Bevorzugte Ausführung: Das Laufen im Bereich der Laktatschwelle, auch Schwellentraining genannt, ist eine Form von Tempoausdauertraining, die ich bereits seit vielen Jahren mit großem Erfolg anwende. Auf eine fünfminütige Erwärmungsphase folgt dabei ein schneller 20-min-Lauf in einem Tempo, das nur etwa 6 s je Kilometer langsamer sein soll als Ihr aktuelles 10-km-Wettkampftempo. Ich bezeichne einen solchen Lauf gern als »angenehm hart«, liegt er doch in der Mitte zwischen normalem Trainingstempo und dem Tempo harter Intervall-Läufe. 5 min lockeres Auslaufen runden die halbe Stunde ab.

Was Sie unbedingt beachten sollten: Der Sinn eines Tempodauerlaufs liegt nicht darin, sich voll zu verausgaben. Zum Schluss sollten Sie sich zwar müde fühlen, jedoch das Gefühl haben, auch noch weiterlaufen zu können. Da es hier in erster Linie darum geht, ein möglichst gleichmäßiges Tempo zu halten, sollte ein sehr ebenes Geläuf wie zum Beispiel eine 400-m-Bahn gewählt werden. Bei ungünstigem Wetter wie Hitze oder Wind ist das Zieltempo entsprechend niedriger anzusetzen.

Das 40-min-Workout

Vorzüge: Bessere Laufökonomie (durch effizientere Sauerstoffverwertung), höhere Schrittfrequenz und Tempoverträglichkeit.

Bevorzugte Ausführung: Beginnen Sie mit acht Minuten lockerem Warmlaufen auf einer Bahn oder einem genau vermessenen Straßen- oder Wegabschnitt. Hier laufen Sie zweimal 200 m in einem Tempo, das etwa Ihrem bestmöglichen Durchschnittstempo über vier Stadionrunden (1600 m) bzw. im 1500-m-Lauf entspricht. Die zweiten 200 m sollen genau 2 min nach dem Start der ersten 200 m beginnen. Nach weiteren 2 min (wieder vom Beginn des vorangehenden schnellen Intervalls gerechnet) folgen 400 m im selben Tempo wie zuvor die 200-m-Abschnitte. Traben Sie anschließend weiter, bis 8 min seit dem Beginn der Tempoläufe (bzw. 4 min seit dem Start der 400 m) vergangen sind.

Damit ist eine komplette Serie absolviert. Hängen Sie zwei weitere Serien an, und laufen Sie sich danach noch 8–10 min aus.

Was Sie unbedingt beachten sollten: Um das Workout sicher durchzustehen, ist es wichtig, sich von Anfang bis Ende diszipliniert an seine Vorgabezeiten zu halten. Diese sind übrigens auf 5- bis 10-km-Läufer zugeschnitten. Wer sich dagegen eher auf den Mittelstrecken heimisch fühlt, darf seinen 1500-m-Schnitt um etwa 3 s auf 400 m unterbieten.

Das 50-min-Workout

Vorzüge: Eine klassische Kombination von Tempoausdauer und Laufökonomie für alle, die ihre Zeiten auf Strecken bis zu 10 km verbessern möchten. Schult die Konzentration und die Fähigkeit, ein gleichmäßig hohes Tempo zu halten.

Bevorzugte Ausführung: Wärmen Sie sich 10 min im lockeren Trab auf und laufen Sie danach 5 x 4 min schnell mit jeweils 3 min Trabpause. Mit »schnell« meine ich ein Tempo, das Sie maximal 10–15 min durchhalten könnten, was bedeutet, dass Sie am Ende der 4-min-Belastung das Gefühl haben müssen, noch einige Minuten in diesem Tempo weiterlaufen zu können. Beenden Sie das Training mit 5 min Auslaufen.

Was Sie unbedingt beachten sollten: Allgemein sind bei jeder Form von Intervalltraining zwei Regeln zu beherzigen:

- Die Erholungsphasen sollten jeweils so lang wie (oder etwas kürzer als) die Belastungsphasen sein.
- Die Gesamtstrecke der harten Teilabschnitte sollte 10 % des wöchentlichen Kilometerumfangs nicht übersteigen.

Das 60-min-Workout

Vorzüge: Dieses Wechselintervalltraining wirkt zugleich auf bessere Laufökonomie, Schrittfrequenz und mentale Konzentration. Durch den Übergang von flotten langen Abschnitten zu noch schnelleren kurzen Tempospitzen verbessern Sie zudem Ihre Wettkampfendgestaltung.

Bevorzugte Ausführung: Nach 10-minütigem Einlaufen folgen drei Abschnitte von jeweils 6 min im Schwellentempo (also etwa 6 s je Kilometer langsamer als das aktuelle 10-km-Wettkampftempo) mit jeweils nur 1 min Trabpause nach den beiden ersten Tempointervallen und 3 min Trab nach den dritten sechs Minuten. Anschließend laufen Sie auf einer vermessenen Strecke 3 x 1000 m schnell (siehe 50-min-Workout). Auf die ersten 1000 m folgen 2 min und auf die zweiten 1000 Meter 4 min Trab zur Erholung.

Abgerundet wird die Einheit dann mit entweder 4 x 200 m oder aber 2 x 400 m im Bereich Ihres Tempovermögens über 1500 m. Die schnellen 200-m-Abschnitte werden alle 2 min beziehungsweise die schnellen 400-m-Läufe alle 4 min gestartet, jeweils mit Trabpausen zwischendurch. Ganz zum Schluss bleiben noch 5 min zum Auslaufen.

Was Sie unbedingt wissen sollten: Dieses Workout ist ein perfektes Allroundtraining für jeden, der sich nicht auf eine ganz bestimmte Wettkampfdistanz konzentrieren oder sich in verschiedenen Bereichen zugleich verbessern möchte. Es eignet sich auch als einzige harte Einheit am Anfang einer Woche, an deren Ende ein Wettkampf stehen soll.

Das 90-min-Workout

Vorzüge: Verbessert die Laufökonomie und erhöht die Laktatschwelle. Sie lernen, auch bei höherem Trainingstempo locker zu bleiben. Ich bezeichne dieses Training gern als »gekürzten« Ausdauerlauf, da es in 90 min alles an aerobem Nutzen und Kalorienverbrennung bietet wie ein gewöhnlicher 2-h-Lauf (und darüber hinaus auch den wichtigen Schwellentrainingseffekt).

Bevorzugte Ausführung: Beginnen Sie mit 10 min Aufwärmen, und laufen Sie anschließend 20 min lang im Bereich Ihres Schwellentempos sowie 60 min in Ihrem üblichen Dauerlauftrainingstempo. Die 20 »schnellen«

Minuten können Sie ebenso gut in 2 x 9 min mit 2 min Trabpause oder 3 x 6 min mit jeweils 1 min Erholungstrab aufteilen. Eine andere Variante, die Ihr Durchstehvermögen im Wettkampf noch mehr fördert, sieht die 20 min im Schwellentempo erst im Anschluss an die 70 lockeren min vor.

Was Sie unbedingt beachten sollten: Obwohl dieses Training eher auf die Vorbereitung eines Halbmarathons oder Marathonlaufes zugeschnitten ist, bietet es auch für 5- und 10-km-Läufer eine willkommene Abwechslung zu den üblichen Schnelligkeitsausdauereinheiten im Schwellen- beziehungsweise Steady-State-Tempo.

Das 120-min-Workout

Vorzüge: Gewöhnt den Körper an effizientes Verwerten der Energiespeicher, hebt die Laktatschwelle, verbessert die Laufökonomie und bereitet auf lange Läufe in relativ hohem Tempo vor. Speziell geeignet für das Marathontraining.

Bevorzugte Ausführung: Wie beim 90-min-Workout beginnen Sie mit 10 min Aufwärmtraining, gefolgt von 20 min Schwellentempo und 60 min im mittleren Dauerlauftempo. Daran anschließend werden jedoch weitere 20 min im Schwellentempo gelaufen, bevor 10 lockere min die Trainingseinheit ausklingen lassen. Der erste Tempoteil ließe sich wieder in 2 x 9 min mit 2 min Trabpause aufsplitten, während der schnelle Schlussabschnitt auch als 3 x 6 min mit jeweils einer Trabminute gestaltet werden könnte. Die Belastungsintensität dieses Workouts lässt sich durch Verkürzung beziehungsweise Verlängerung der schnellen Abschnitte je nach Tagesform variieren, wobei jedoch die Gesamtzeit im Schwellentempo 50 min nicht übersteigen darf.

Was Sie unbedingt beachten sollten: Dieser Trainingsreiz soll nur gelegentlich an Stelle des traditionellen langen Laufs in der Woche gesetzt werden, und zwar nicht öfter als 1 x in drei Wochen und ebenso wenig in den 14 Tagen vor oder nach einem Marathonlauf.

RATGEBER

»Wir wissen, dass wir für die 10-km-Distanz Tempohärte brauchen, und wissen auch, dass wir uns diese am einfachsten bei Tempoläufen holen. Bleibt nur ein Problem: 90 % unserer Vereinsmitglieder hassen das sture Tempobolzen. Wie kann man dieses schmackhafter machen?«

Es stimmt, ohne Tempotraining fällt eine Leistungsverbesserung über die 10 km schwer. Am leichtesten geht es natürlich in einer Gruppe, aber da bei Ihnen die gesamte Gruppe etwas lahmt, schlagen wir Ihnen folgende Tempospielereien vor:

1. Sie suchen eine flache Gerade von zirka 400 m Länge, auf der sich schnell laufen lässt (fester Boden). Alle Mitglieder der Laufgruppe starten gemeinsam zu vier (Trainingsphase 1) bis acht (Trainingsphase 2) Tempoläufen auf der Geraden, die Schwächsten drehen nach 200 m wieder um, die Schnellsten erst nach 400 m. Ist es am Anfang für die langsameren Mitläufer eine Herausforderung, einigermaßen mit den Schnellen mitzuhalten, so ist es auf dem Rückweg für die Schnellen eine Herausforderung, die Langsamen wieder einzuholen.

2. Suchen Sie eine Laufbahn auf. Bilden Sie (Tempo-)Laufpaare. Der schnellste mit dem schwächsten Läufer, der zweitschnellste mit dem zweitschwächsten usw. Alle schwächeren Paarmitglieder starten gemeinsam zum ersten Tempolauf über 400 m (= eine Runde) und klatschen nach dem Durchlauf die schnelleren Laufpartner ab, die nun ihrerseits 400 m laufen. Jeder kommt 6–12 x dran. Die Häufigkeit richtet sich nach dem Trainingsaufbau. Steht die Laufgruppe erst am Anfang (Trainingsphase 1), reichen sechs Wiederholungen, in der härtesten Phase (Trainingsphase 2) können es bis zu 12 sein.

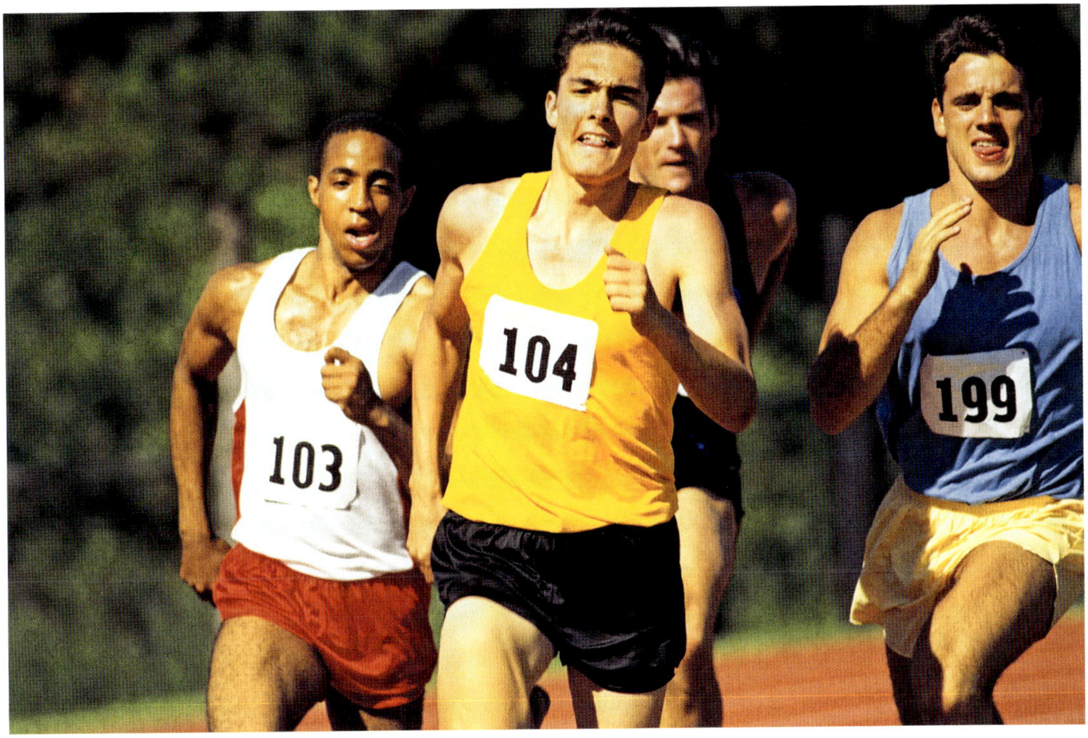

3.7 Spurten kann man lernen

Der Mythos: Die Spurtfähigkeit ist ein angeborenes Talent. Der eine hat es, der andere hat es nicht.
Die Wahrheit: Mit geeigneten Trainingsmethoden und dem nötigen Ehrgeiz können auch Sie den anderen am Schluss eines 10-km-Rennens die Hacken zeigen. Denn das Spurten am Ende eines Wettkampfs lässt sich trainieren.

Keineswegs soll bestritten werden, dass einige Läufer einen höheren Anteil an schnellkontrahierenden Muskelfasern haben als andere, und schon daher für schnelle Antritte prädestiniert sind. Entscheidend für einen erfolgreichen Endspurt ist jedoch nicht allein die Tempofähigkeit. In erster Linie kommt es darauf an, in einem Zustand fortgeschrittener Ermüdung noch einmal alle Kraftreserven zu mobilisieren. Wer es gelernt hat und mental darauf vorbereitet ist, einen langen, kräftigen Spurt zu ziehen, kann in der entscheidenden Phase eines Rennens durchaus Konkurrenten schlagen, die eigentlich über den besseren Endspurt verfügen.

Auf die Endgestaltung eines Wettkampfes kann man sich sehr gezielt mit einem speziellen Spurttraining vorbereiten. Es ist davon auszugehen, dass ein Spurttraining jedem dazu verhelfen kann, die Sprintfähigkeit maximal zu entwickeln und im Wettkampf umzusetzen. Das folgende Trainingsprogramm soll dabei helfen:

- Zum Aufwärmen 10 min joggen.
- Laufen Sie 400 m in einem Tempo, das etwa 3 s schneller ist als Ihr 5000-m-Wettkampftempo. Anschließend 400 m locker laufen. (Diese Trabpausen sollten rund 60–90 s pro km langsamer sein als das Wettkampftempo.)

- Laufen Sie anschließend 300 m im 1500-Meter-Wettkampftempo, gefolgt von 300 m Trabpause.
- Danach 200 m in einem Tempo laufen, das eine Sekunde schneller ist als das 1500-m-Renntempo, gefolgt von 200 m Erholungstrab.
- Zum Abschluss der Serie sprinten Sie 100 m nahe am Maximaltempo mit anschließenden 100 m Trab.

Führen Sie insgesamt drei Serien nach dieser Beschreibung durch.

Wenn Ihr wöchentlicher Trainingsumfang 30 km nicht wesentlich übersteigt, sollten Sie es bei drei Serien belassen. Liegt der Wochenumfang bei 50 km, dürfen nach 4–5 min Trabpause zwei weitere Serien angehängt werden, insgesamt also fünf. Wer pro Woche 70 km oder mehr läuft, kann nach weiteren 2 min Erholungstrab noch eine abschließende sechste Serie absolvieren.

1 x wöchentlich durchgeführt, sollte das Spurttraining bereits nach Ablauf eines Monats eine deutliche Verbesserung der Spurtfähigkeit erkennen lassen. Die überraschend schnelle Wirksamkeit des Spurttrainings liegt im absteigenden (400 m, 300 m, 200 m, 100 m) Prinzip begründet, aufgrund dessen die Trainingsgeschwindigkeit simultan zum Ermüdungszuwachs gesteigert wird. Trotz und gerade bei zunehmender Erschöpfung muss man sich zwingen, schneller zu laufen. Da damit die tatsächliche Endkampfsituation am besten simuliert wird, lassen sich deutlich spürbare Erfolge erzielen.

Besonders gut ist das Spurttraining in die Vorbereitung auf einen 5-km-Lauf integrierbar. Fünf Wiederholungen pro Trainingseinheit bedeuten gleichzeitig, dass man 5 km in einem schnelleren Tempo als dem Renntempo zurücklegt. Damit bleibt die Spezifik des 5000-m-Trainings gewahrt. Die durch das Spurttraining erworbene Tempohärte dürfte auch für längere Strecken von Vorteil sein. So wird zum Beispiel das 10-km-Renntempo insgesamt leichter fallen, und gelegentliche Tempoverschärfungen werden besser verkraftet.

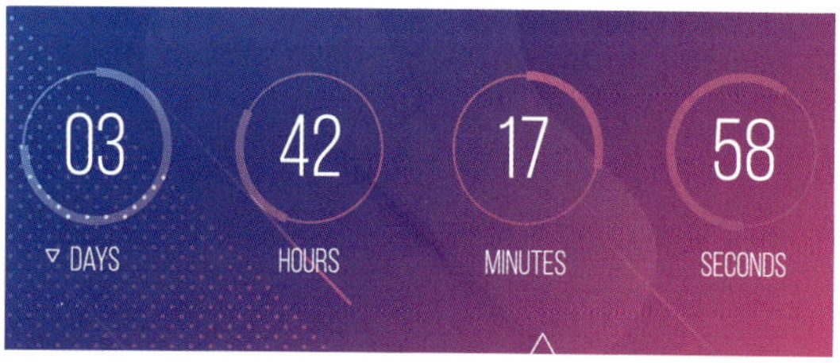

Eine erfolgreiche Endspurtgestaltung setzt natürlich neben physischem Vermögen auch gewisse psychische Qualitäten voraus. Selbstvertrauen, Lockerheit und Konzentrationsvermögen sind wichtige Komponenten. All das lässt sich schulen, indem man den rasanten Endspurt bei einem wichtigen Wettkampf immer wieder im Geiste durchspielt. Stellen Sie sich vor, wie Sie schnell, jedoch kontrolliert atmend, mit rhythmischem, kräftigem Abdruck den Gegnern davonziehen. Denken Sie daran, wie Sie gerade diese Temposteigerung konsequent trainiert haben, wie Ihr Körper automatisch auf den Befehl Ihres Gehirns reagiert. Wer sich aufgrund seiner Trainingserfahrungen der eigenen Stärke bewusst ist und die Zweifel im Kopf beseitigt hat, wird sich im entscheidenden Moment durchsetzen.

Muskelfasern: Sind Sie Sprinter oder Langstreckler?

Alle menschlichen Muskeln bestehen aus zwei verschiedenen Typen von Muskelfasern. Diese lassen sich unter anderem durch Farbe und Kontraktionsgeschwindigkeit unterscheiden: Rote Muskelfasern kontrahieren langsamer als weiße. Viele Studien haben nachgewiesen, dass die Muskulatur erfolgreicher Athleten innerhalb einer Sportart ähnlich strukturiert ist. Sprinter, Springer oder Gewichtheber haben einen hohen Anteil an weißen Muskelfasern, während Langstreckenläufer dagegen einen hohen Anteil an roten Fasern haben. Die Zusammensetzung der Muskelfasern

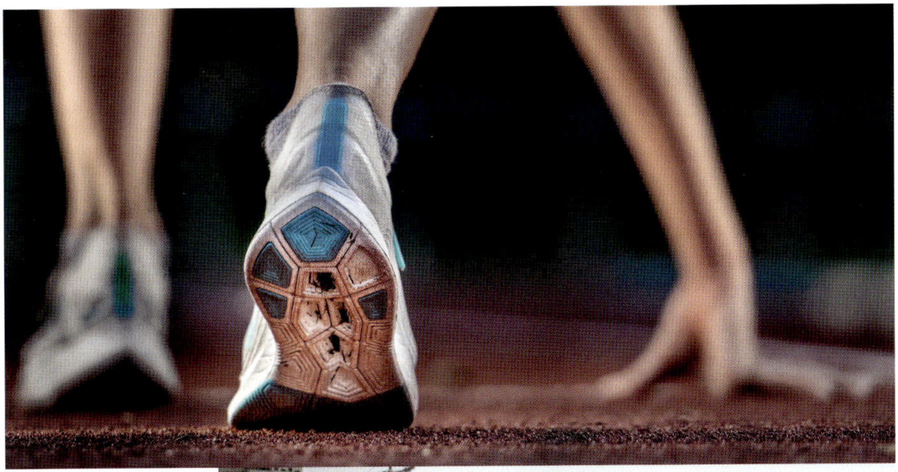

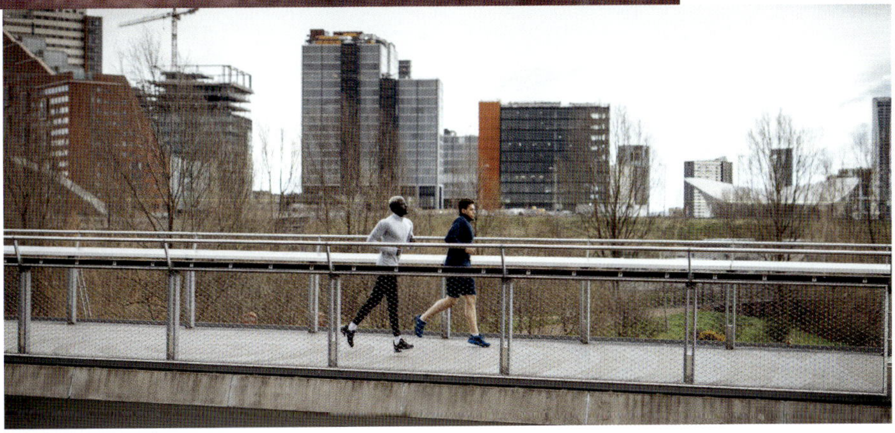

scheint angeboren, nur ihre Größe und Leistungskraft können durch Belastungen verändert werden.

Wer also als Langstreckler geboren wird, aber das Spurten lernen will, muss sich eher auf die richtige psychologische Einstellung zur Renneinteilung und den Kampf gegen die Schmerzsignale des Körpers konzentrieren, anstatt physische Prozesse zu verändern. Beim Endspurt kommt es auch darauf an, in einem Zustand großer Ermüdung Kraftreserven zu mobilisieren, und das möglichst überraschend und schnell. Das kann man mit einem Spurttraining erreichen.

RATGEBER

»Ich kann den Marathon in 3:44 h laufen, packe über 10 km aber nicht die 50 min. Da stimmt doch die Relation nicht, oder?«

Sie sind ein echter Ausdauertyp, und Ihnen fehlt es an Schnelligkeit. Die gute Nachricht: Das ist kein Problem und lässt sich ändern. Die schlechte Nachricht: Aber nur durch »schnelle« Tempoläufe.

Diese müssen 1–2 x pro Woche auf Ihrem Programm stehen. Empfehlenswert ist es, hierzu eine Laufbahn aufzusuchen. Dies hat den Vorteil, dass Sie auf der Bahn Ihr Tempo exakt bestimmen bzw. überprüfen können. Klassische Programme sind für Läufer Ihrer Leistungsklasse etwa 8–10 400-m-Wiederholungen, die in einem Tempo gelaufen werden, das schneller ist als das angestrebte 10-km-Wettkampftempo. Oder 4–7 1000-m-Wiederholungen exakt im 10-km-Wettkampftempo.

3.8 Muskelkater vermeiden

Wer kennt ihn nicht, den Muskelkater am Morgen nach einem anstrengenden Wettkampf? Ob der guten Wettkampfleistung ist die Stimmung zwar noch bestens, doch schon beim Aufstehen aus dem Bett zwickt es an allen Ecken und Enden. Dass man ziemlich schlapp ist und etwas steife Knochen hat, damit hat man ja noch gerechnet. Doch diese Muskelschmerzen in den Oberschenkeln ... Selbst beim Gehen ist jeder Schritt eine Qual, und je weiter der Tag voranschreitet, desto schlimmer wird es. Wenn Sie dann schließlich im Büro die Treppen nur noch rückwärts hinunterkommen, sehen sich zu guter Letzt auch die Kollegen schadenfroh in ihrer Überzeugung bestätigt, dass Sport Mord ist.

Um Ihre Gesundheit müssen Sie sich indes keine Sorgen machen, denn nach 2–4 Tagen sind die Muskeln in aller Regel wieder schmerzfrei. Allerdings gibt es Wege und Möglichkeiten, die tagelange Pein von vornherein zu vermeiden. Wenden wir uns daher zunächst der Ursache des Problems zu.

Die in der Fachsprache als »verzögert eintretender Muskelschmerz« und umgangssprachlich gemeinhin als »Muskelkater« bezeichneten Beschwerden resultieren beim Läufer zum einen daraus, dass mit erweitertem Umfang oder höherer Geschwindigkeit als gewöhnlich trainiert wird. Ein zweiter Grund kann in Belastungsformen mit sogenannten »exzentrischen Muskelkontraktionen« liegen, bei denen die Muskeln gedehnt werden, wenn sie eigentlich im Begriff sind, sich zusammenzuziehen. Dies trifft zum Beispiel beim Bergablaufen auf die vordere Oberschenkelmuskulatur (Quadrizeps) zu und ist die Ursache für den nach Läufen mit längeren Bergabpassagen besonders ausgeprägten Muskelkater im Bereich über den Knien.

Genau hier findet sich aber auch der Schlüssel zur Prävention: Durch sorgfältig kontrollierte, exzentrische Belastungsübungen lassen sich Muskeln sozusagen gegen Muskelkater »impfen«, sodass sich dieser nach harten Intervallen oder einem Marathonlauf überhaupt nicht oder zumindest nur in abgeschwächter Form einstellt. Das Geheimnis besteht darin, die exzentrische Belastung so gering zu dosieren, dass zwar ein Schutzeffekt erreicht, jedoch noch kein eigentlicher Muskelkater verursacht wird.

Zu diesem Zweck empfiehlt es sich, einen nicht zu steilen und mindestens 100 m langen Anstieg in die Trainingsstrecke einzubeziehen. In der ersten »Impfwoche« sollten Sie an einem Ihrer Trainingstage etwa 5 min richtig schnelles Bergablaufen an dieser Stelle einbauen. Das heißt, wenn Sie für einmal bergab zirka 20 s benötigen, sollten Sie 15 Wiederholungen durchführen. In der folgenden Woche erhöhen Sie auf 10 und in der dritten schließlich auf 15 min. Mit diesem Drei-Wochen-Programm dürften Sie den schlimmsten Muskelschmerzen im Schienbein-, Oberschenkel- und Gesäßbereich für etwa 6–9 Wochen ausreichend vorgebeugt haben.

Um den Schutz über neun Wochen hinaus zu verlängern, reicht es, 1–2 x je Woche Hügelläufe in das Trainingsprogramm einzubeziehen und dabei eben nicht nur bergan, sondern gelegentlich auch bergab zu sprinten. Ein Hügeltraining ist ohnehin für jeden Läufer empfehlenswert, da es Verletzungen vorbeugt und die Effektivität des Krafteinsatzes erhöht. Es gibt sogar deutliche Hinweise, dass Hügelläufe mit ihrer Betonung exzentrischer Muskelkontraktionen dem bisweilen spürbaren Formverlust bei längeren Trainingspausen oder Phasen mit nur geringer Belastung vorbeugen.

Wenn Sie einige einfache Verhaltensgrundsätze beherzigen, dürfte Muskelkater in Zukunft kein Problem mehr für Sie sein. Die Kontinuität des Trainings und vor allem die Freude am beschwerdefreien Laufen steigt, und letzten Endes profitieren auch Ihre Wettkampfergebnisse davon.

Sechs Tipps zur Vermeidung von Muskelkater

1. Haben Sie erst kürzlich mit dem Laufen begonnen (oder zum Beispiel nach mehrmonatiger Pause), sollten Sie von Hügelläufen noch Abstand nehmen. Bauen Sie zunächst ausreichend Beinmuskelkraft auf möglichst flachem Gelände auf.

2. Erhöhen Sie den Trainingsumfang nie sprunghaft, sondern Woche für Woche nur um etwa 5–10 %. Auch die Geschwindigkeit von Tempoläufen sollte nur allmählich gesteigert werden. Wenn Sie zum Beispiel 400-m-Intervalle üblicherweise in 90 s laufen, wäre ein Sprung auf 85 s zu abrupt.

3. Richten Sie sich bei der Gestaltung von Tempoläufen vielmehr nach Ihrem derzeitigen Leistungsvermögen. Alle Intervalle bis zu 1200 m Länge sollten im aktuellen 5-km-Wettkampftempo, längere Wiederholungen im 10-km-Tempo gelaufen werden.

4. Kräftigen Sie die Beinmuskulatur durch regelmäßig durchgeführte plyometrische Übungen und/oder Widerstandsübungen.

5. Um Verspannungen und Steifheit vorzubeugen, sollten zum Ende jeder Trainingseinheit 5–10 min für Stretchingübungen reserviert werden.

6. Falls sich trotz aller Bemühungen Muskelkater einstellt, ist er »aggressiv« zu bekämpfen: konsequente Eisanwendung an den schmerzenden Partien, Beine – so oft wie möglich – hochlegen, entzündungshemmende Medikamente nach Anwendungsvorschrift einnehmen. Am besten ist jedoch Trainingsruhe. Versuchen Sie nicht, über die Schmerzen hinwegzulaufen, solange diese noch ausgeprägt sind.

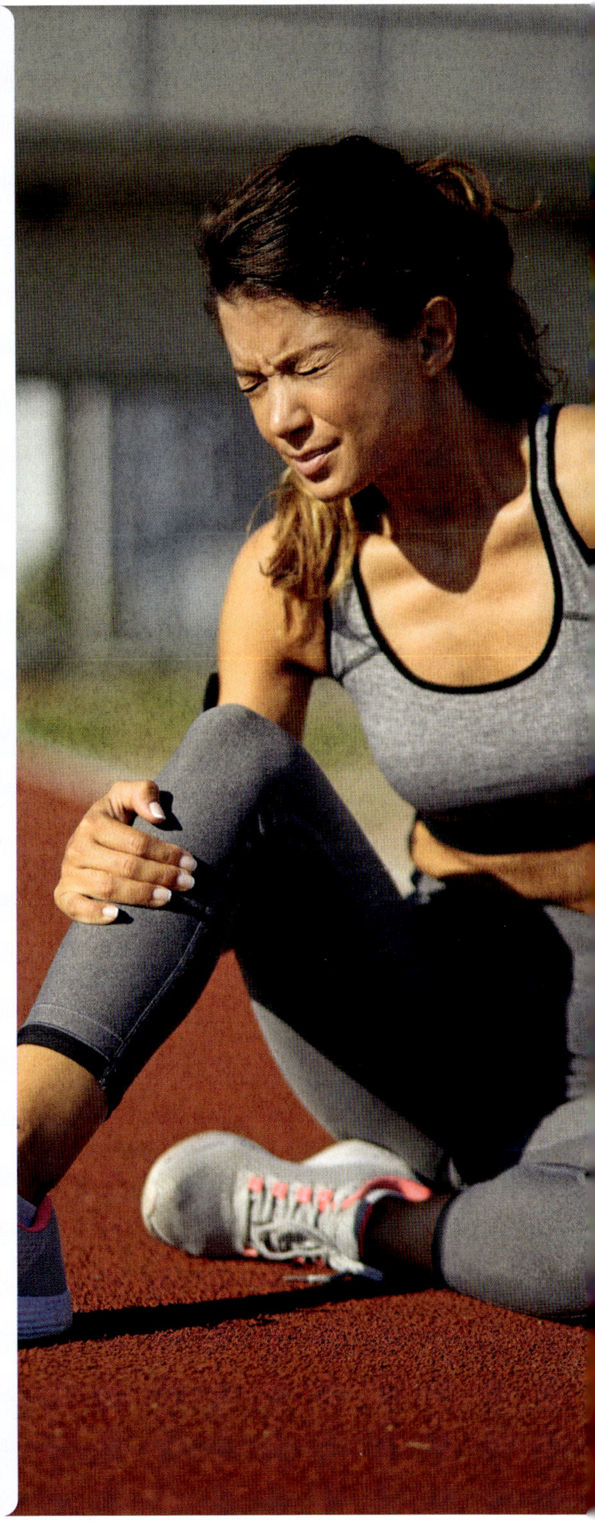

3.9 Dem Kopf auf die Sprünge helfen

Viele ambitionierte Läuferinnen und Läufer unterschätzen, dass die Voraussetzung für eine Leistungssteigerung nicht nur körperliche Fitness ist. Sie ist zwar die Grundvoraussetzung, nützt aber wenig, wenn nicht auch der Kopf fit ist. Die richtige Harmonie zwischen Körper und Psyche ist der entscheidende Faktor zwischen mäßigem und richtigem Erfolg. Wenn es, wie beispielsweise bei einem Wettkampf, darum geht, alles aus sich herauszuholen, sollten Körper und Geist eng zusammenarbeiten. Es sind zwar die Beine, welche den Läufer über die Strecke tragen, aber gesteuert werden sie vom Kopf: Die richtige Einteilung der Kräfte und Reserven, cool bleiben in den verschiedensten Wettkampfsituationen; wenn beispielsweise andere das Tempo verschärfen, oder wenn Zuschauerspaliere wie ein Aufputschmittel wirken, wenn es bergab oder bergauf geht und andere schneller werden.

Das Gehirn empfängt und verarbeitet die Signale des Körpers und entwickelt Strategien, wie Sie in den folgenden Sekunden weiter vorzugehen (-laufen) haben. Wenn Sie also beim Laufen müde werden, entscheidet nicht die Muskulatur der Beine, sondern das Gehirn, ob Sie langsamer werden, stehen bleiben oder im unveränderten Tempo weiterlaufen. Und wenn Sie beim Wettkampf auf der Zielgeraden gegen den »inneren Schweinehund« kämpfen, ist das niemand anderes als Ihr Gehirn. Das Gehirn entscheidet schließlich, ob Sie noch um den Sieg spurten oder nur über die Ziellinie stolpern wollen.

Was lernen wir daraus? Den Kopf nicht in den Sand stecken, sondern ihn ebenso trainieren wie den Körper.

Das große Problem: Trainingspläne für den Körper gibt es viele, doch wer zeigt Ihnen, wie Sie Ihren Kopf trainieren?

Dazu müssen Sie keine Sitzungen beim Psychiater buchen oder Psychologie studieren. Ich zeige Ihnen sechs Tricks, mit denen Sie Ihrem Kopf auf die Sprünge helfen, sodass Sie dieser auf dem Weg zur neuen Bestzeit nicht im Stich lässt:

Visualisieren

Theorie: Ein wichtiges Training oder ein wichtiger Wettkampf stehen bevor. Sie haben Bedenken, ob Sie den Ansprüchen, z. B. der Streckenlänge, dem Streckenprofil, oder den äußeren Bedingungen, gewachsen sind.

Machen Sie sich deutlich, wovor Sie »Angst« haben. Stellen Sie sich jede einzelne Herausforderung genau vor, visualisieren Sie die Situation. Beispiel: Haben Sie Bedenken wegen der Streckenlänge? Gehen Sie im Kopf die Strecke Schritt für Schritt, Kilometer für Kilometer ab. Überlegen Sie, wie Sie im konkreten Fall mit einer misslichen Situation umgehen wollen. Versuchen Sie, die Fragen, die die Visualisierung aufwirft, zu beantworten: Warum sollte ich die Strecke nicht bewältigen? Schließlich habe ich lange und gut trainiert. Was mache ich, wenn ich doch nicht durchhalte? Ich lege mir eine Notstrategie zurecht. So programmieren Sie Ihr Gehirn, in bestimmten Situationen nach vorgefertigten Mustern zu reagieren. Sie sind auf schwierige Situationen vorbereitet und müssen nicht ad hoc Entscheidungen treffen, sondern brauchen diese nur abzurufen.

Praxis: Legen Sie sich einige Stunden vor einem wichtigen Wettkampf entspannt hin. Schließen Sie die Augen, und gehen Sie die bevorstehende Herausforderung durch: Stellen Sie sich vor, wie Sie am Start stehen, loslaufen. Spüren Sie Ihre Beine? Spüren Sie die Kraft, die in Ihnen steckt? Ihre Muskulatur ist verkrampft? Sie nehmen ein Getränk zu sich, stretchen ein wenig und laufen weiter. Jetzt rollt es wieder.

Eine Visualisierung kann 5 min dauern oder auch eine halbe Stunde. Je länger sie dauert, desto facettenreicher ist sie und desto besser sind Sie auf alle Unwägbarkeiten vorbereitet. Doch aufgepasst: Die Konzentration zur Visualisierung lässt nach 30 min rapide nach (und Sie sind schnell sanft entschlummert).

Entspannen

Theorie: Je entspannter Sie sind, desto höher ist Ihre geistige und körperliche Leistungsfähigkeit. Wie aber lassen sich Körper und Geist am besten entspannen? Probieren Sie es einmal mit tiefem Durchatmen. Ruhige, tiefe Atemzüge beruhigen den Körper und steigern die allgemeine Leistungsfähigkeit. Dabei wird ein Maximum an Sauerstoff über die Lungen in das Blut gepumpt, Gehirn- und Körperzellen werden mit Energie versorgt. Bei dieser Atmung spielt das Zwerchfell eine entscheidende Rolle, deshalb spricht man von der Zwerchfellatmung. Bei tiefen Atemzügen bewegt sich das Zwerchfell langsam nach unten, der Bauch wird »rausgestreckt«, das volle Lungenvolumen ist nutzbar.

Praxis: Legen Sie sich flach auf den Rücken, und platzieren Sie ein Buch auf dem Bauch. Wenn Sie richtig atmen, hebt bzw. senkt sich das Buch beim Ein- bzw. Ausatmen. Machen Sie sich den Atemvorgang bewusst und wiederholen Sie diese Atemübung täglich. Die Zwerchfellatmung ist übrigens nicht nur die beste Atmung, um zu entspannen, sondern auch die empfehlenswerteste Atmung beim Laufen.

Verdrängen

Theorie: Zeit für ein kleines Experiment: Stellen Sie sich eine große gelbe Narzisse vor. Versuchen Sie, die Narzisse durch fünf rote Rosen zu ersetzen. Voilà! Fünf rote Rosen stehen vor Ihrem geistigen Auge. Was das mit dem Laufen zu tun hat? Wenn Sie nur ständig darauf hoffen, dass Müdigkeit und Beanspruchung (Schmerzen?) bei einer harten Laufbelastung von selbst weggehen, werden Sie damit kein Glück haben. Wohl aber mit einer Strategie des Verdrängens, mit der Sie sich selbst überlisten.

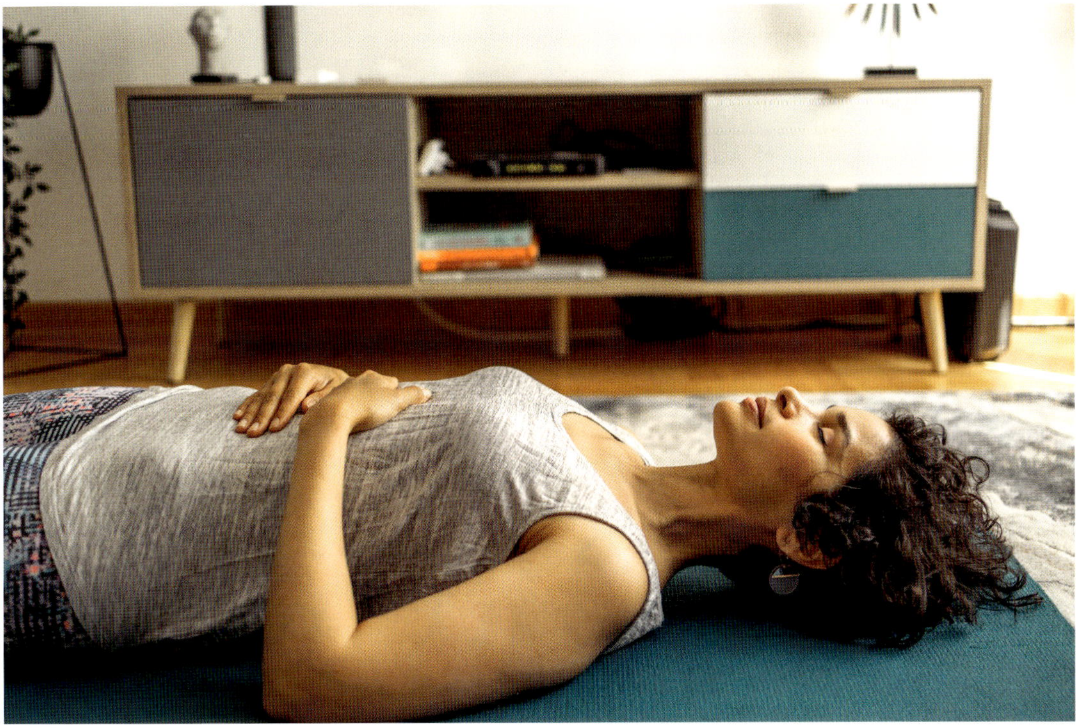

Praxis: Bei einer harten Laufbelastung (Fahrtspiel, Intervalltraining, Wettkampf) stellen Sie sich auf den letzten und härtesten Laufkilometern vor, dass Sie geradewegs auf dem Weg zum Sieg beim New-York-Marathon seien. Die Reporter brüllen Ihren Namen in die Mikrofone der Fernsehsender. Sie haben schon einen Vorsprung auf Ihre ausnahmslos weltbekannten Verfolger herausgelaufen und fühlen sich noch immer locker und leicht. In wenigen Minuten werden Sie den Zielstrich im Central Park vor einer tobenden Menge überqueren und …

Sie finden das albern? Schade, dann ertragen Sie ruhig weiter leidvoll Ihre Schmerzen, während Ihr Kollege gerade (Trainings-)Weltmeister wurde.

Auslöschen

Theorie: Fast jeder Läufer hat seine festgelegten Laufrouten, die er tagaus, tagein mit Füßen tritt. Der eine variiert zwischen drei verschiedenen Strecken, der andere läuft täglich dieselbe Strecke. Und alle Laufstrecken dieser Welt haben eines gemeinsam: Sie werden von »ihren« Läufern in Streckenabschnitte aufgeteilt. »Gleich bin ich am See, dann kommt die große Wiese, dahinter der dunkle Wald …« Ist ja auch weiter kein Problem, aber kennen Sie auch einen von jenen frustrierten Läufern, die auf ihrer Runde jedes Mal an der Scheune (dem Leuchtturm, der Flugschneise) einen Einbruch erleben? Sie kennen sogar selbst solche Punkte auf Ihrer Trainingsstrecke, an denen Ihnen regelmäßig die Luft ausgeht? Noch schlimmer: Beim Frankfurt-Marathon bekommen Sie jedes Mal ab km 35 Probleme. Immer nach dem 10-km-Lauf in Griesheim werden Sie krank. Wir glauben Ihnen das gern, aber es liegt an Ihnen, dies zu ändern. Sie müssen lediglich die negativen Speicher im Gehirn löschen. Das Gehirn hat eine enorme Speicherkapazität und vergisst wenig. Der Speicherplatz »negative Lauferfahrungen« lässt sich also problemlos immer wieder abrufen, vor allem, wenn er an ganz bestimmte Vorstellungen gekoppelt ist. Diese Assoziationen sind z. B. »Scheune«, »Frankfurt-Marathon« oder »10 km Griesheim«, um bei den Beispielen zu bleiben. Sicherlich ist es Ihnen irgendwann passiert, dass Sie in einer Woche mehrmals am selben Punkt Ihrer Laufstrecke müde waren. Es stimmt, dass Sie irgendwann beim Frankfurt-Marathon bei km 35 eingebrochen sind. Es ist eine Tatsache, dass Sie nach dem Griesheimer 10-km-Lauf krank geworden sind. Das hat sich in Ihrem Gehirn festgesetzt. Aber weil es einmal passiert ist, muss dies doch nicht immer der Fall sein. Außer Sie warten darauf. Und das gilt es zu verhindern.

Praxis: Rufen Sie sich Ihre negativen Lauferfahrungen noch einmal ins Gedächtnis. Versuchen Sie bewusst, die Gründe für diese Negativerlebnisse zu finden. Ziehen Sie daraus Konsequenzen. Beispiel: Warum fühlen Sie sich immer an der Scheune schlecht? Weil es davor einen Berg hochgeht. Konsequenz: Beim nächsten Trainingslauf nehmen Sie am Berg einen Gang raus. Warum sind Sie beim Frankfurt-Marathon eingebrochen? Weil Sie nichts gegessen und getrunken haben oder zu schnell begonnen haben. Konsequenz: Beim nächsten Frankfurt-Marathon trinken Sie alle 5 km und beginnen etwas langsamer. Warum sind Sie nach dem 10-km-Lauf in Griesheim krank geworden? Weil Sie nach dem Lauf keine trockene Kleidung angezogen haben. Konsequenz: Beim nächsten Mal sofort nach dem Zieleinlauf umziehen, bevor Sie herumstehen und Erfahrungen austauschen.

Überlisten

Theorie: Einige Läufer tendieren dazu, sich körperlich zu überfordern. Folge: Sie kollabieren. Andere Läufer überfordern sich geistig. Folge: Sie müssen ein Training oder einen Wettkampf vorzeitig abbrechen. Überforderung bedeutet in diesem Zusammenhang beispielsweise: 10 km sind 10 km. Einmal unterwegs, beginnt man die Kilometer zu zählen: »Noch 9 km, noch 8, noch 7… Ich mag nicht mehr.« »10 km bin ich doch noch nie am Stück gerannt«, sagt sich der Läufer an der Startlinie seines ersten 10-km-Laufs und denkt an seinen längsten Trainingslauf von 8 km. Die Lösung: Laufen Sie eben 5 x 2 km. Überlisten Sie sich. Wer sich mit einer Trainings- oder Wettkampfstrecke über-

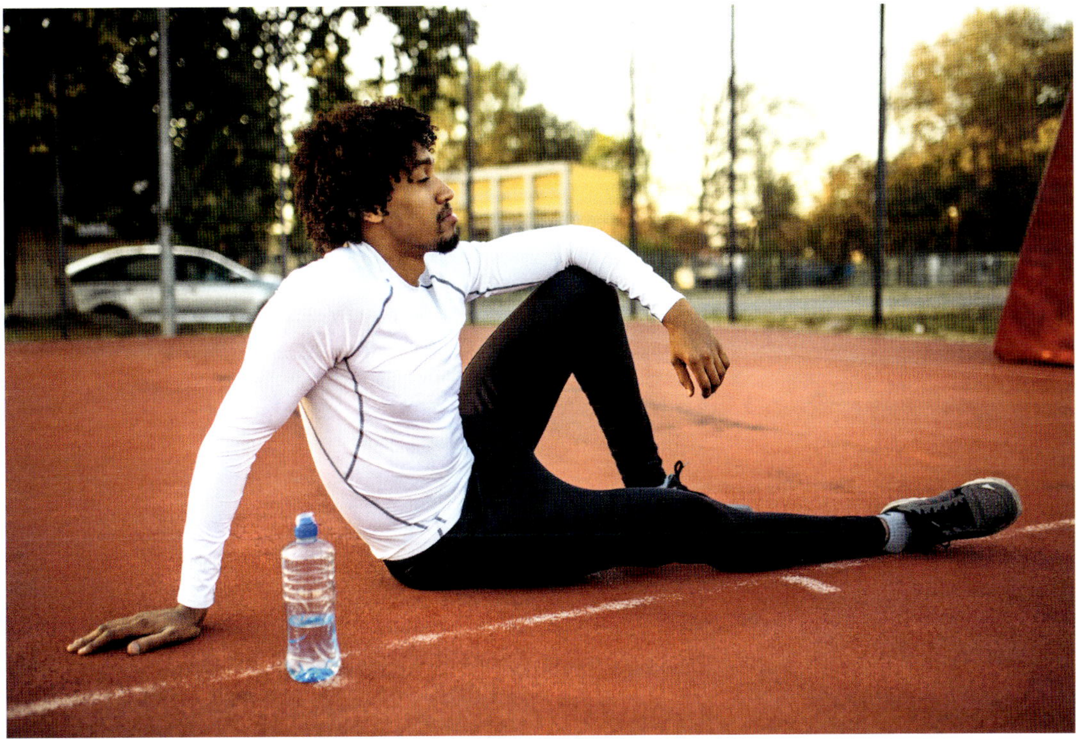

fordert fühlt, teilt sie am besten in einzelne Abschnitte auf und denkt sich in überschaubaren Dimensionen durch die Strecke. Wem das nicht gelingt, der bemüht sich zusätzlich um ein assoziatives Spiel mit den Abschnitten. Manch einer durchläuft sein Leben, ein anderer baut ein Haus vom Keller- bis zum Dachgeschoss.

Praxis: Nehmen Sie sich vor einem Lauf ein wenig Zeit, setzen Sie sich in Ruhe hin, und teilen Sie die Distanz in einzelne Streckenabschnitte auf. Zum Beispiel den 10-km-Lauf in 10 einzelne Kilometer, den 20-km-Lauf in vier 5-km-Abschnitte, den Marathon in vier 10-km-Teilstrecken. Assoziieren Sie mit den einzelnen Abschnitten eine Geschichte, die sich langsam aufbaut, ein Bild, welches immer neue Facetten gewinnt.

Eine der besten Ultralangstreckenläuferin der Geschichte, Ann Trason, antwortete nach ihrem wiederholten Sieg beim populären 100-Meilen-Rennen »Western States« einst auf die Frage eines Reporters nach ihrer mentalen Taktik. »Als ich zum ersten Mal an einem 100-Meilen-Rennen teilnahm, gab ich, noch bei besten Kräften, frühzeitig auf. Die Distanz hatte meinen Kopf, nicht meinen Körper, total überfordert. Ständig versuchte ich, mir 100 Meilen vorzustellen.

Das war zu viel. Heute teile ich mir eine solche Distanz meist in meinen Lebensweg auf. Auf den ersten Meilen bin ich ein kleines Kind, welches versucht, laufen zu lernen. Auf dem zweiten Streckenabschnitt durchlebe ich die Jugend, renne locker und frei. Kommt eine Krise, ist dies die »Midlife-Crisis«. Aber die macht mir nichts aus, denn das Leben geht danach noch weiter. Und wenn ich mich bei Meile 90 so richtig müde fühle, sage ich mir: So ist das eben, wenn man 90 Jahre alt wird, aber immerhin bin ich bis in dieses Alter (bis auf diesen Streckenabschnitt) schon gekommen.«

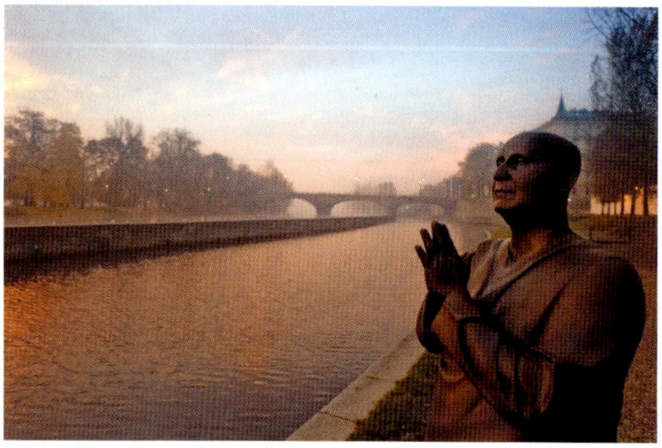

Ihr Interesse nur Ihrem eigenen Körper, baut sich das Vertrauen auf die eigene Kraft und Leistungsfähigkeit auf. Das ist (in etwa) auch die Philosophie von Sri Chinmoy, dem indischen Guru, der seine Philosophie des inneren Friedens auf die Meditation, aber auch die extreme körperliche Beanspruchung übertrug. In Sri Chinmoys Geist werden weltweit diverse Läufe organisiert. Die Idee dahinter: Versuche, bei extremen Belastungen an dein Inneres zu gelangen, deine Gedanken so klar und ruhig wie möglich zu fassen und deine ganze mentale Kraft zu sammeln, um deinen Körper zu Höchstleistungen zu treiben.

Reisen

Theorie: Sind Sie bereit für ein bisschen Zen? Schließen Sie die Sicherheitsgurte, jetzt geht's ab ins Innere Ihres Bewusstseins. Das Ziel der Reise: die Trennung Ihres Bewusstseins von äußeren Einflüssen.

Wer sein Bewusstsein von Außeneinflüssen abtrennen kann, findet auch im größten Trubel noch innere Ruhe. Und in der Ruhe liegt bekanntlich die Kraft. Losgelöst von der Hektik, dem Trubel und Geschiebe um Sie herum, stehen Sie dann irgendwann einmal in der Startmenge eines Stadtmarathons. Ihre rundum positiven Gedanken kreisen nur um Sie selbst und die Strecke, das Ziel, welches Sie nicht aus den Augen verlieren möchten. Weit weg von der Umgebung gilt

Praxis: Versuchen Sie jetzt, sich (das Buch bitte erst nach dem Lesen dieses Abschnitts beiseitelegen) von allen äußeren Einflüssen (Geräuschen, Gerüchen etc.) zu befreien. Konzentrieren Sie sich auschließlich auf Ihre Atmung und Ihren Herzschlag. Vergessen Sie, was um Sie herum passiert. Verweilen Sie in Ihrem Körper für einige Minuten, bevor Sie wieder Ihrem normalen Tagewerk nachgehen. Haben Sie die »Reise ins Innere« nach mehreren Tagen im »Ruhezustand« (Büro, zu Hause usw.) im Griff, dann versuchen Sie dasselbe auch einmal beim Lauftraining. Wenn es klappt, sollte es Ihnen auch im nächsten Wettkampf gelingen, zu sich selbst zu finden.

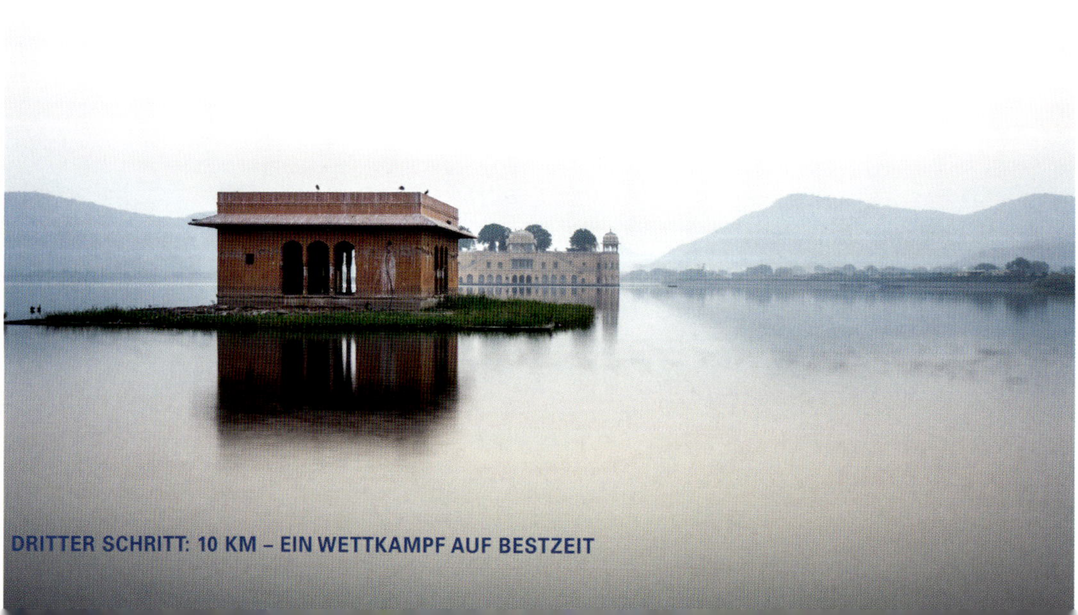

Nervosität besiegen

Wer vor dem Start zu einem Wettkampf nervös ist, befindet sich in guter Gesellschaft. Laut einer RUNNER'S WORLD-Umfrage geht dies etwa 87 % aller Veranstaltungsteilnehmer so. So besiegen Sie die Startnervosität.

1. **Nervosität akzeptieren**
Es sind nur noch wenige Stunden bis zum Start, und die Zahl der Schmetterlinge in Ihrem Bauch steigt. Was können Sie dagegen tun? Nichts. Lassen Sie die Nervosität zu, aber halten Sie das Gefühl unter Kontrolle. Denken Sie positiv, vermeiden Sie negative Gedanken. Senken Sie den eigenen Erwartungsdruck, und denken Sie daran: Laufveranstaltungen gibt es wie Sand am Meer. Wenn Sie Ihr persönliches Leistungsziel verfehlen, gibt es genügend Möglichkeiten, ihm noch einmal anderswo hinterherzulaufen. Deshalb:

2. **Doppelt melden**
Haben Sie sich vor dem Start des ersten Wettkampfs schon für einen zweiten (einige Wochen später) gemeldet, können Sie völlig unbelastet an den Start gehen.

3. **Gut vorbereiten**
Eine perfekte Organisation des Renntages erspart manch bange Minuten vor dem Start. Suchen Sie rechtzeitig die Toilette auf. Wer sich in den letzten Minuten in die Schlange vor den Häuschen einreiht, kommt in Zeitdruck. Legen Sie Ihre Rennbekleidung bereit, sodass Sie innerhalb von Minuten startklar sind. Beginnen Sie rechtzeitig mit dem Einlaufen, und befestigen Sie Ihre Startnummern schon am Vorabend am Trikot.

4. **Gemeinsam macht stark**
Teilen Sie die letzten Stunden und Minuten mit jemandem, der mit Ihnen »einig im Geiste« ist. Indem Sie über den Wettkampf und die Nervosität reden, werden Sie schon einen großen Teil derselben los. Albern Sie ein wenig herum, denn Lachen befreit und bringt Sie in die richtige Stimmung. Die körperliche Herausforderung soll Spaß machen, das Ganze ist schließlich Ihr Hobby.

5. **Langsam starten**
Reihen Sie sich am Start lieber zu weit hinten als zu weit vorne ein. So vermeiden Sie nervöses Geschiebe und Gedrängel und vor allem nach dem Startschuss einen Sprint aus dem Startgewimmel über die ersten Meter. Ein überzogenes Anfangstempo kostet viel Kraft, Kraft, die Ihnen vielleicht auf dem zweiten Teil der Strecke fehlt.

6. **Mentale Tricks anwenden**
Nehmen Sie sich einige Minuten Zeit, um in Ruhe noch einmal geistig durchzugehen, was im Wettkampf auf Sie zukommt. Lesen Sie sich Tage vor dem Rennen diesen Artikel noch einmal gut durch. Wenden Sie – je nach Bedarf – die Tricks in den Stunden vor dem Rennen an.

3.10 Die besten Pläne für einen 10-km-Wettkampf

3.10.1 → 10 km: Ankommen (Zielzeit etwa 60:00 min)

3 x Training pro Woche

Plan 11

Woche 1	
Di.	10 min langsamer DL, 5 x 1000 m in 6:00 min (Pause zw. Belastungen: 400 m Traben), 10 min langsamer DL
Fr.	50 min langsamer DL
So.	40 min ruhiger DL
Woche 2	
Mi.	10 min langsamer DL, 20 min zügiger DL, 10 min langsamer DL
Fr.	60 min langsamer DL
So.	40 min ruhiger DL, 3 Steigerungen
Woche 3	
Di.	10 min langsamer DL, 6 x 1000 m in 6:00 min (Pause zw. Belastungen: 400 m Traben), 10 min langsamer DL
Fr.	60 min langsamer DL
So.	40 min ruhiger DL
Woche 4	
Di.	10 min langsamer DL, 7 x 1000 m in 6:00 min (Pause zw. Belastungen: 400 m Traben), 10 min langsamer DL
Fr.	60 min langsamer DL
So.	45 min ruhiger DL
Woche 5	
Mi.	50 min ruhiger DL, 3 Steigerungen
Sa.	70 min langsamer DL
So.	30 min ruhiger DL
Woche 6	
Di.	10 min langsamer DL, 8 x 1000 m in 6:00 min (Pause zw. Belastungen: 400 m Traben), 10 min langsamer DL
Fr.	60 min langsamer DL
So.	40 min ruhiger DL
Woche 7	
Mi.	10 min langsamer DL, 30 min zügiger DL, 10 min langsamer DL
Sa.	60 min langsamer DL
So.	30 min ruhiger DL, anschließend 3 Steigerungen
Woche 8	
Mi.	30 min ruhiger DL, anschl. 3 Steigerungen
Fr.	40 min langsamer DL
So.	5- oder 10-km-Wettkampf oder 10-km-Testlauf
Woche 9	
Mi.	40 min ruhiger DL
Fr.	40 min ruhiger DL
So.	10 min langsamer DL, 5 x 1000 m in 5:50 min (Pause zw. Belastungen: 400 m Traben), 10 min langsamer DL
Woche 10	
Di.	40 min ruhiger DL
Fr.	10 min langsamer DL, 3 x 2000 m in 12:00 min (Pause zw. Belastungen: 400 m Traben), 10 min langsamer DL
So.	60 min langsamer DL, anschließend 3 Steigerungen
Woche 11	
Mi.	10 min langsamer DL, 10 x 400 m in 2:10 min (Pause zw. Belastungen: 200 m Traben), 10 min langsamer DL
Sa.	50 min langsamer DL
Woche 12	
Di.	10 min langsamer DL, 5 x 1000 m in 6:00 min (Pause zw. Belastungen: 400 m Traben), 5 min langsamer DL
Fr.	15 min langsamer DL, 3 Steigerungen
So.	10-km-Wettkampf

DL = Dauerlauf

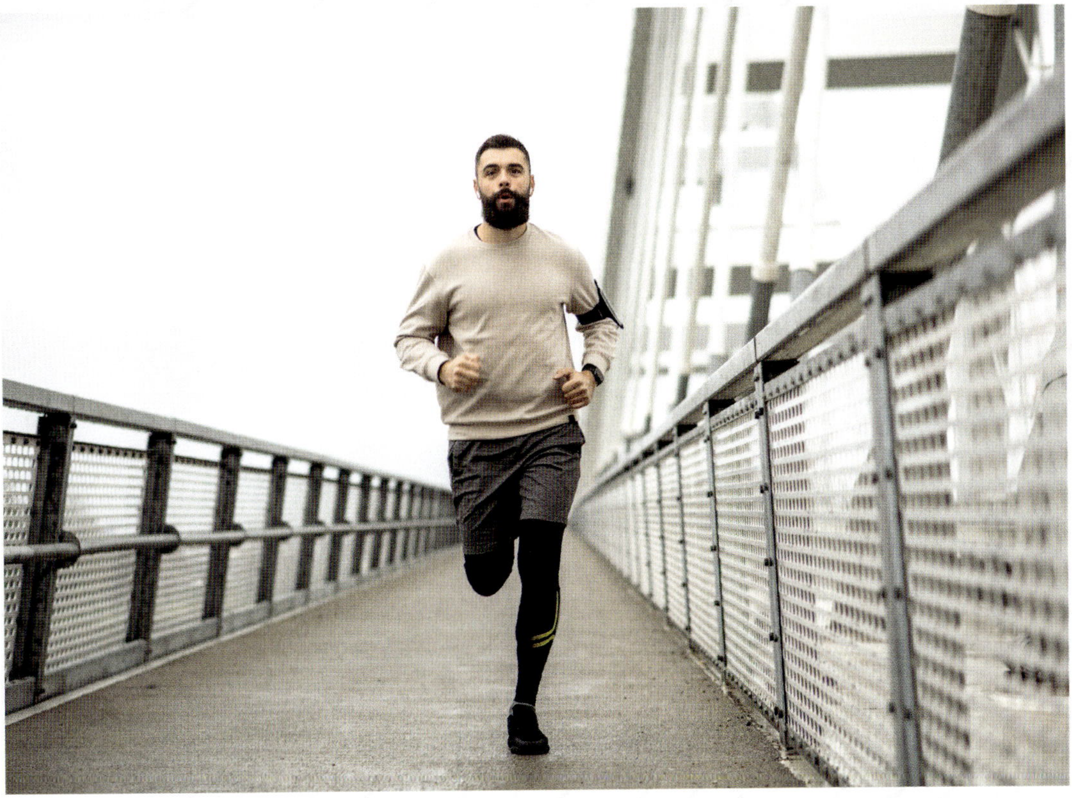

Das richtige Tempo

Erläuterungen zu den Begriffen und Abkürzungen der Trainingspläne:

DL = Dauerlauf

TP = Trabpause (Pause zwischen Belastungen)

Langsamer DL = Puls etwa 70-75 % der maximalen Herzfrequenz

Ruhiger DL = Puls etwa 75-80 % der maximalen Herzfrequenz

Lockerer DL = Puls etwa 80-85 % der maximalen Herzfrequenz

Zügiger DL = Puls etwa 85-88 % der maximalen Herzfrequenz

Fahrtspiel = wechselndes Tempo über verschieden lange Teilstücke. Der Läufer bestimmt Tempo und Länge der Belastungen selbst.

Renntempo = Tempo, das Sie bei einem Wettkampf unter Normalbedingungen laufen können

Steigerungen = Lauf über eine Strecke von 80-100 m, bei dem das Tempo kontinuierlich vom Trab bis zum Sprint gesteigert wird.

TL = Tempoläufe (immer mit 10 min Ein- und Auslaufen vor- und nachbereiten!)

Plan 12

3.10.2 → 10 km in 50:00-55:00 min

3–4 x Training pro Woche

Woche 1	
Mi.	10 min langsamer DL, 6 x 1000 m in 5:00 min (Pause zwischen Belastungen: 400 m Traben), 10 min langsamer DL
Fr.	80 min langsamer DL
So.	50 min ruhiger DL
Woche 2	
Mo.	40 min ruhiger DL
Mi.	10 min langsamer DL, 4 x 1600 m in 8:14 min (Pause zwischen Belastungen: 400 m Traben), 10 min langsamer DL
Fr.	50 min ruhiger DL
So.	80 min langsamer DL
Woche 3	
Mi.	10 min langsamer DL, 7 x 1000 m in 5:00 min (Pause zwischen Belastungen: 400 m Traben), 10 min langsamer DL
Sa.	70 min langsamer DL
So.	50 min ruhiger DL
Woche 4	
Mo.	40 min lockerer DL
Mi.	10 min langsamer DL, 8 x 1000 m in 5:00 min (Pause zwischen Belastungen: 400 m Traben), 10 min langsamer DL
Fr.	50 min ruhiger DL
So.	80 min langsamer DL
Woche 5	
Mi.	40 min ruhiger DL
Sa.	70 min langsamer DL
So.	50 min ruhiger DL
Woche 6	
Mi.	10 min langsamer DL, 3 x 2000 m in 10:00 min (Pause zwischen Belastungen: 400 m Traben), 10 min langsamer DL
Sa.	80 min langsamer DL
So	35 min ruhiger DL
Woche 7	
Mo.	40 min lockerer DL
Mi.	10 min langsamer DL, 10 x 400 m in 1:50 min (Pause zwischen Belastungen: 200 m Traben), 10 min langsamer DL
Fr.	70 min langsamer DL
So.	40 min ruhiger DL, anschließend 5 Steigerungen
Woche 8	
Mi.	50 min ruhiger DL
Fr.	35 min langsamer DL, anschl. 5 Steigerungen
So.	5- oder 10-km-Wettkampf oder 10-km-Testlauf
Woche 9	
Mi.	50 min ruhiger DL
Fr.	50 min ruhiger DL
So.	10 min langsamer DL, 5 x 1600 m in 8:14 min (Pause zwischen Belastungen: 400 m Traben), 10 min langsamer DL
Woche 10	
Di.	ruhiger DL
Do.	40 min ruhiger DL
Fr.	10 min langsamer DL, 8 x 1000 m in 4:50 min (Pause zwischen Belastungen: 400 m Traben), 10 min langsamer DL
So.	80 min langsamer DL, anschließend 5 Steigerungen
Woche 11	
Mi.	10 min langsamer DL, 4 x 2000 m in 10:00 min (Pause zwischen Belastungen: 400 m Traben), 10 min langsamer DL
Sa.	40 min langsamer DL
So.	40 min ruhiger DL, anschließend 5 Steigerungen
Woche 12	
Di.	10 min langsamer DL, 6 x 1000 m in 5:00 min (Pause zwischen Belastungen: 400 m Traben), 10 min langsamer DL
Do.	20 min langsamer DL
So.	10-km-Wettkampf

DL = Dauerlauf

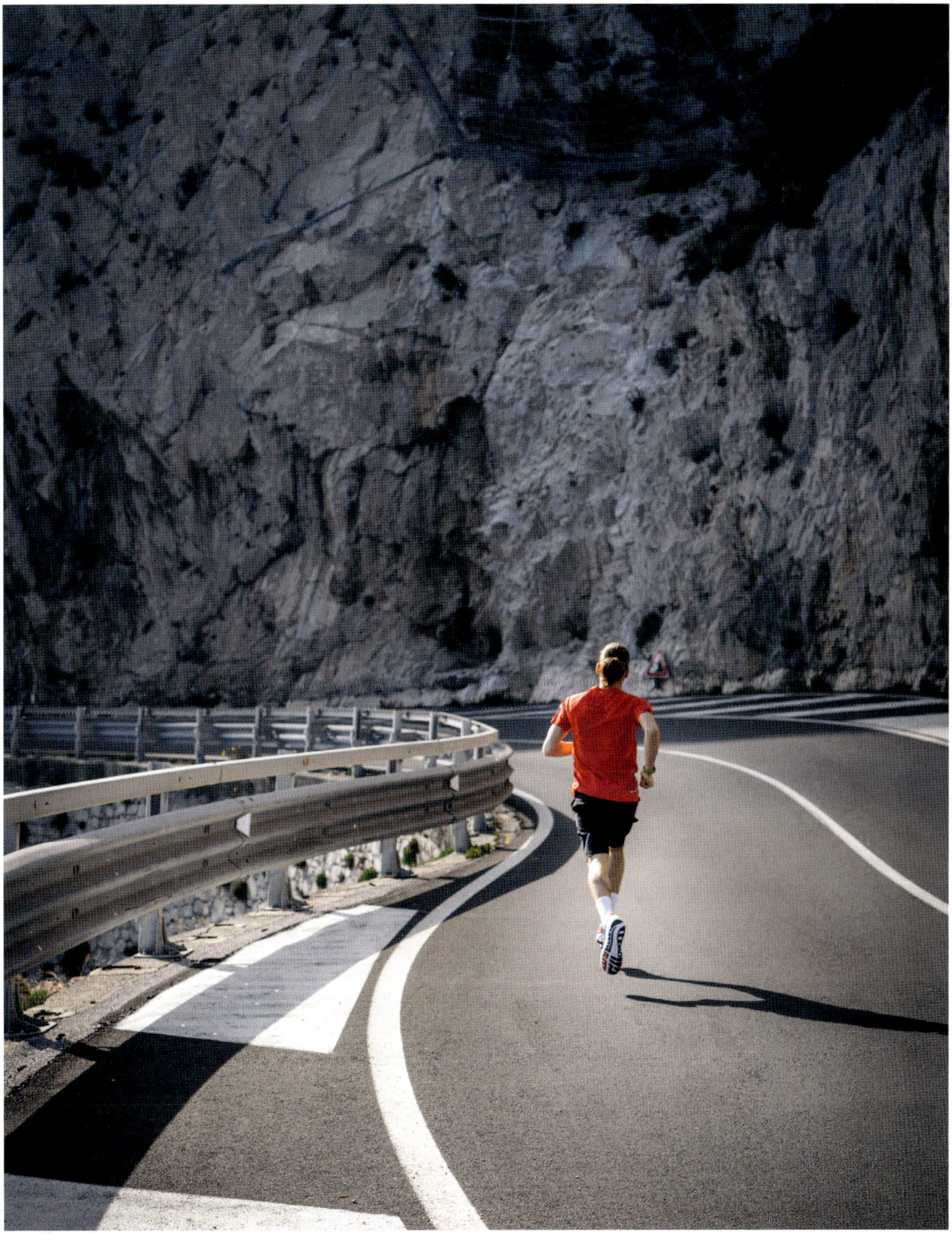

3.11.3 → 10 km in 40:00-45:00 min

4–5 x Training pro Woche

Woche 1	
Di.	15 min langsamer DL, anschl. 3 Steigerungen, 6 x 1000 m in 4:05-4:10 min (Pause zwischen den Belastungen: 400 m Traben), 15 min langsamer DL
Do.	60 min ruhiger DL, 3 Steigerungen
Sa.	15 min langsamer DL, 30 min zügiger DL, 15 min langsamer DL
So.	80 min langsamer DL
Woche 2	
Di.	15 min langsamer DL, 800 m in 3:15 min, 1600 m in 6:30 min, 800 m in 3:15 min, 1600 m in 6:30 min, 800 m in 3:15 min (Pause zwischen den Belastungen: 400 m), 15 min langsamer DL
Do.	60 min ruhiger DL
Sa.	15 min langsamer DL, 3 x 10 min zügiger DL (Pause zwischen den Belastungen: 3 min Traben), 15 min langsamer DL
So.	90 min langsamer DL
Woche 3	
Mo.	40 min ruhiger DL
Di.	15 min langsamer DL, anschl. 3 Steigerungen, 7 x 1000 m in 4:05-4:10 min (Pause zwischen den Belastungen: 600 m Traben), 15 min langsamer DL
Do.	80 min langsamer DL
Sa.	15 min langsamer DL, 30 min zügiger DL, 15 min langsamer DL
So.	50 min ruhiger DL
Woche 4	
Mo.	40 min ruhiger DL
Di.	15 min langsamer DL, anschl. 3 Steigerungen, 1000 m in 4:05 min (Pause: 400 m Traben), 2000 m in 8:15 min (Pause: 600 m Traben), 1000 m in 4:05 min (Pause: 400 m), 2000 m in 8:15 min (Pause: 600 m Traben), 1000 m in 4:00 min, 15 min langsamer DL
Do.	90 min langsamer DL
Sa.	10 min langsamer DL, 3 x 12 min zügiger DL (Pause zwischen den Belastungen: 4 min Traben), 10 min langsamer DL
So.	40 min ruhiger DL
Woche 5	
Di.	50 min ruhiger DL
Do.	60 min ruhiger DL, 3 Steigerungen
Sa.	50 min lockerer DL
So.	100 min langsamer DL
Woche 6	
Di.	15 min langsamer DL, anschl. 3 Steigerungen, 8 x 1000 m in 4:05 min (Pause zwischen den Belastungen: 400 m Traben), 15 min langsamer DL
Do.	50 min ruhiger DL
Sa.	15 min langsamer DL, 30 min zügiger DL, 15 min langsamer DL
So.	80 min langsamer DL

DL = Dauerlauf

Woche 7	
Mo.	40 min ruhiger DL
Di.	15 min langsamer DL, anschl. 3 Steigerungen, 8 x 400 m in 1:30 min (Pause zwischen den Belastungen: 200 m Traben), 15 min langsamer DL
Do.	80 min langsamer DL
Sa.	15 min langsamer DL, 30 min zügiger DL, 15 min langsamer DL
So.	40 min ruhiger DL
Woche 8	
Mo.	40 min ruhiger DL
Di.	10 min langsamer DL, 5 x 1000 m in 4:00 min (Pause zwischen den Belastungen: 400 m Traben), 10 min langsamer DL
Do.	35 min ruhiger DL, anschl. 5 Steigerungen
Sa./So.	10-km-Wettkampf oder Testlauf
Woche 9	
Di.	60 min ruhiger DL
Mi.	60 min ruhiger DL
Fr.	15 min langsamer DL, anschl. 3 Steigerungen, 8 x 1000 m in 4:00 min (Pause zwischen den Belastungen: 400 m Traben), 15 min langsamer
Sa.	40 min ruhiger DL
So.	90 min langsamer DL

Woche 10	
Di.	15 min langsamer DL, anschl. 3 Steigerungen, 10 x 400 m in 1:30 min (Pause zwischen den Belastungen: 200 m Traben), 15 min langsamer DL
Mi.	40 min ruhiger DL
Do.	40 min ruhiger DL
Sa.	10 min langsamer DL, 2 x 4 km in 17:30 min (Pause zwischen den Belastungen: 5 min), 10 min langsamer DL
So.	90 min langsamer DL
Woche 11	
Di.	15 min langsamer DL, 4 x 2000 m in 8:00 (Pause zwischen den Belastungen: 400 m Traben), 10 min langsamer DL
Do.	60 min ruhiger DL
Sa.	15 min langsamer DL, 800 m in 3:10 min, 1600 m in 6:20 min, 800 m in 3:10 min, 1600 m in 6:20 min, 800 m in 3:10 min (Pause zwischen den Belastungen: 400 m), 15 min langsamer DL
So.	50 min ruhiger DL
Woche 12	
Di.	10 min langsamer DL, 5 x 1000 m in 4:00 min (Pause zwischen den Belastungen: 400 m Traben), 10 min langsamer DL
Do.	35 min ruhiger DL, anschließend 3 Steigerungen
Sa.	10 min langsamer DL, 3 Steigerungen
So.	10-km-Wettkampf

3.10.4 → 10 km in 35:00–40:00 min

5–6 x Training pro Woche

Woche 1	
Mo.	12 km ruhiger DL
Di.	3 km langsamer DL, 8 x 1000 m in 3:35 min (Pause zwischen den Belastungen: 400 m Traben), 3 km langsamer DL
Do.	15 km ruhiger DL, 3 Steigerungen
Sa.	3 km langsamer DL, 8 km zügiger DL, 3 km langsamer DL
So.	20 km langsamer DL
Woche 2	
Mo.	14 km ruhiger DL
Di.	3 km langsamer DL, 1000 m in 3:35 min (Pause: 400 m Traben), 2000 m in 7:10 min (Pause: 400 m Traben), 1000 m in 3:35 min (Pause: 400 m Traben), 2000 m in 7:10 min (Pause: 400 m Traben), 1000 m in 3:30 min, 3 km langsamer DL
Do.	16 km ruhiger DL
Sa.	3 km langsamer DL, 3 x 3 km in 11:15 min (Pause zwischen den Belastungen: 4 min Traben), 3 km langsamer DL
So.	20 km langsamer DL
Woche 3	
Mo.	12 km ruhiger DL
Di.	3 km langsamer DL, anschl. 3 Steigerungen, 10 x 1000 m in 3:35 min (Pause zwischen den Belastungen: 400 m Traben), 3 km langsamer DL
Do.	22 km langsamer DL
Sa.	3 km langsamer DL, 8 km zügiger DL, 3 km langsamer DL
So.	14 km ruhiger DL
Woche 4	
Mo.	12 km ruhiger DL
Di.	3 km langsamer DL, anschl. 3 Steigerungen, 4 x 2000 m in 7:10 min (Pause: 400 m Traben), 3 km langsamer DL
Mi.	12 km ruhiger DL
Do.	20 km langsamer DL
Sa.	3 km langsamer DL, 3 x 3 km in 11:15 min (Pause zwischen den Belastungen: 4 min Traben), 3 km langsamer DL
So.	14 km ruhiger DL
Woche 5	
Di.	14 km ruhiger DL
Mi.	10 km lockerer DL
Do.	14 km ruhiger DL, 5–10 Steigerungen
Sa.	12 km lockerer DL
So.	22 km langsamer DL
Woche 6	
Mo.	10 km ruhiger DL
Di.	3 km langsamer DL, anschl. 3 Steigerungen, 8 x 400 m in 1:18 min (Pause zwischen den Belastungen: 200 m Traben), 3 km langsamer DL
Mi.	14 km ruhiger DL
Do.	15 km lockerer DL
Sa.	3 km langsamer DL, 10 km zügiger DL, 3 km langsamer DL
So.	20 km langsamer DL

DL = Dauerlauf

Woche 7	
Mo.	12 km ruhiger DL
Di.	3 km langsamer DL, anschl. 3 Steigerungen, 8 x 1000 m in 3:30 min (Pause zwischen den Belastungen: 400 m Traben), 3 km langsamer DL
Mi.	10 km ruhiger DL
Do.	20 km langsamer DL
Sa.	3 km langsamer DL, 10 x 2 min bergauf (Pause zwischen den Belastungen: dieselbe Strecke bergab zurücktraben), 3 km langsamer DL
So.	15 km ruhiger DL

Woche 8	
Mo.	12 km ruhiger DL
Di.	2 km langsamer DL, 5 x 1000 m in 3:30 min (Pause zwischen den Belastungen: 400 m Traben), 2 km langsamer DL
Do.	10 km ruhiger DL
Fr.	10 km langsamer DL, anschl. 5 Steigerungen
Sa./So.	10km-Wettkampf oder 10-km-Testlauf

Woche 9	
Mo.	12 km langsamer DL
Di.	15 km langsamer DL
Mi.	15 km ruhiger DL
Fr.	3 km langsamer DL, anschl. 3 Steigerungen, 4 x 2000 m in 7:00 min (Pause zwischen den Belastungen: 400 m Traben), 3 km langsamer DL
Sa.	12 km ruhiger DL
So.	20 km langsamer DL

Woche 10	
Mo.	10 km lockerer DL
Di.	3 km langsamer DL, anschl. 3 Steigerungen, 10 x 400 m in 1:18 min (Pause zwischen den Belastungen: 200 m Traben), 3 km langsamer DL
Mi.	10 km ruhiger DL
Do.	15 km ruhiger DL
Sa.	3 km langsamer DL, 2 x 4 km in 15:10 min (Pause zwischen den Belastungen: 5 min), 3 km langsamer DL
So.	20 km langsamer DL

Woche 11	
Mo.	10 km ruhiger DL
Di.	3 km langsamer DL, 1000 m in 3:30 min (Pause: 400 m Traben), 2000 m in 7:00 min (Pause: 400 m Traben), 1000 m in 3:30 min (Pause: 400 m Traben), 2000 m in 7:00 min (Pause: 400 m Traben), 1000 m in 3:30 min, 3 km langsamer DL
Do.	15 km ruhiger DL
Sa.	3 km langsamer DL, anschl. 3 Steigerungen, 8 x 400 m in 1:16 min (Pause zwischen den Belastungen: 200 m Traben), 3 km langsamer DL
So.	12 km ruhiger DL

Woche 12	
Di.	2 km langsamer DL, 5 x 1000 m in 3:30 min (Pause zwischen den Belastungen: 400 m Traben), 2 km langsamer DL
Do.	35 min ruhiger DL, anschließend 3 Steigerungen
Sa.	20 min langsamer DL, 3 Steigerungen
So.	10-km-Wettkampf

KAPITEL 4

Vierter Schritt: Ein Halbmarathon

→ **Nur für Läufer mit Wettkampferfahrung**

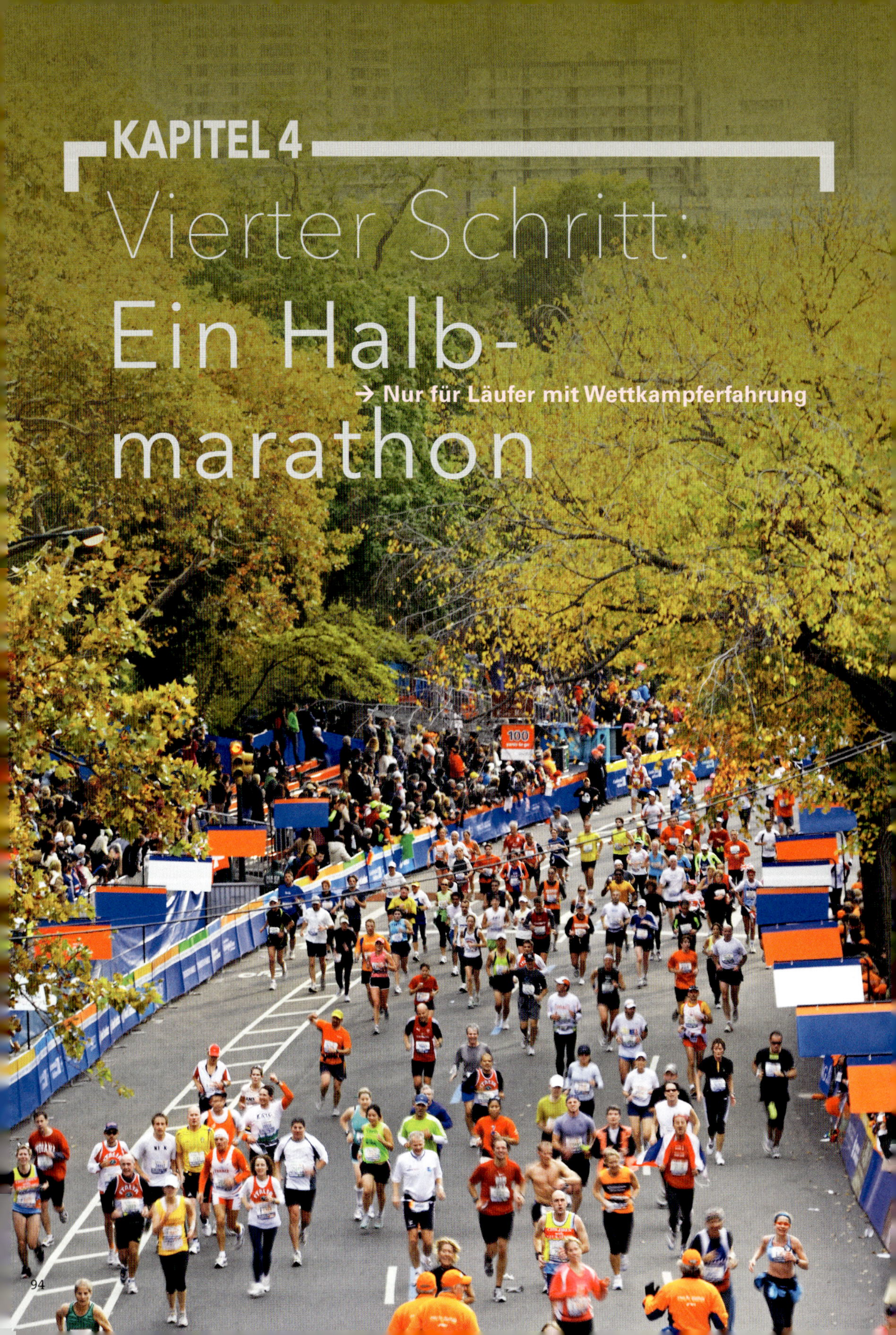

4

Der Schritt von 10 km auf Halbmarathon ist entscheidend, denn Sie werden beim Halbmarathon sehr viel länger als eine Stunde unter Dampf stehen. Die meisten Läufer brauchen zwischen 90 und 140 min, was eine magische Grenze für den Stoffwechsel ist.

Der Halbmarathon wird im Übrigen seit Jahren immer beliebter. Vielleicht, weil er den Marathon im Namen trägt, ohne so lange zu dauern. Mythos ist Mythos, auch zur Hälfte sozusagen. Am besten, Sie nehmen sich zur speziellen Vorbereitung mindestens 10 Wochen Zeit, besser sind sogar 12 Wochen.

Das richtige Tempo für einen Halbmarathonwettkampf ist relativ leicht zu definieren. Es bringt Sie gerade soeben noch nicht außer Atem (zugegeben: eine umständliche Beschreibung ...). Damit ist der Halbmarathon auch die kürzeste Wettkampfdistanz, bei der Sie (gerade noch) nicht in Atemnot geraten. Fachleute nennen diesen Belastungsbereich den »aerob/anaeroben Schwellenbereich«. Im Insiderjargon ausgedrückt: Bei einem Halbmarathon kommen Ihre Muskeln noch nicht in eine Sauerstoffschuld und häufen auch kein Laktat an. Das hat doch etwas Beruhigendes!

4.1 Mehr als ein halber Marathon

Der Halbmarathon ist eine echte Herausforderung und hat seine eigenen Reize, denn, anders als beim Marathon, kommt es bei einem Halbmarathon nicht nur auf die Ausdauerfähigkeit an, es gilt auch, die Tempohärte zu schulen. Im Grunde sollte ein Halbmarathon immer auf dem Fahrplan zu einem Marathon stehen, nicht nur bei Marathonanfängern. Denn ein Halbmarathon ist die ideale Distanz zur Vorbereitung auf einen Marathon.

Ziele haben

»Einfach so« sollte man einen Halbmarathon nicht mitlaufen. Man muss an der Startlinie schon wissen, was man will und vor allem, was man kann. Sie sollten also für den Halbmarathon ein Zeitziel definieren, und das Wichtigste dabei ist, dass dieses Zeitziel realistisch ist. Hat man einmal ein realistisches Leistungsziel definiert, kann und muss man im zweiten Schritt festlegen, welches Tempo diesem Zeitziel entspricht. Erstens, um in der Vorbereitung dieses zu trainieren und zweitens, um am Wettkampftag auf dieses Tempo anlaufen zu können.

Am leichtesten lässt sich der aktuelle Leistungsstand anhand des Leistungsvermögens über kürzere Laufdistanzen analysieren. Ein Wettkampfergebnis über 5 km oder 10 km lässt sinnvolle Rückschlüsse über die mögliche Halbmarathonleistungsfähigkeit zu. Liegen aktuelle Wettkampfergebnisse nicht vor,

so kann ein harter »Testlauf« über die vorgenannten Distanzen auch eine Richtschnur sein. Also: Nehmen Sie vor Beginn der Halbmarathonvorbereitung an einem 5- oder 10-km-Wettkampf teil bzw. machen Sie einen scharfen Testlauf über die Distanzen und nutzen Sie die erzielten Zeiten zur Berechnung Ihres Halbmarathonziels.
So wird anschließend gerechnet:
5-km-Zeit x 4,667 = realistische Halbmarathonzeit
10-km-Zeit x 2,223 = realistische Halbmarathonzeit

Beispiel: Sie haben eine 10-km-Zeit von 50:00 min erzielt. Dann multiplizieren Sie dieses Ergebnis mit Faktor 2,223 und erhalten Ihre realistische Halbmarathon-Zielzeit. In diesem Fall sind dies 1:42 h. Diese Endzeit wiederum entspricht einem Tempo von 4:50 min pro km. Beim Halbmarathon können Sie schließlich problemlos an den einzelnen Kilometerpunkten (sind im gut organisierten Wettkampf gekennzeichnet) überprüfen, ob Sie im »richigen« Tempo unterwegs sind.

Abwechslung im Training

Wenn Sie noch nie einen Halbmarathon absolviert haben, reicht es aus, in einem gleichbleibenden Tempo mindestens 3 x pro Woche insgesamt über zwei Stunden unterwegs zu sein. Allerdings sind meine Trainingspläne auch für diese Zielgruppe etwas spezifischer gestaltet.

Jeden Tag im selben Tempo die gleiche Runde zu laufen, ist natürlich besser, als gar nicht zu trainieren, aber kaum effektiv. Der Halbmarathon bedarf zumindest bei den engagierten und vor allem den ambitionierten Läuferinnen und Läufern einer sehr abwechslungsreichen Vorbereitung.

In eine sinnvolle Halbmarathonvorbereitung gehören deshalb unbedingt folgende drei Trainingselemente:

1. Training zur Verbesserung der »aeroben Kapazitäten« (aerob = die Muskulatur wird mit ausreichend Sauerstoff versorgt); das sind sogenannte langsame, ruhige und lockere Dauerläufe.
2. Training zur Verbesserung der »speziellen Ausdauer«.
3. Training zur Verbesserung der Laktatverträglichkeit (Laktat: Milchsäure, die sich bei muskulärer Belastung unter Sauerstoffschuld in der Muskulatur ablagert). Eine gelungene Kombination dieser drei Elemente erlaubt Ihnen, über einen längeren Zeitraum schnell zu laufen.

Kein unnötiger Zeitaufwand

Laufen an sich ist kein besonders zeitaufwendiger Sport, doch die Vorbereitung auf einen Halbmarathon beansprucht in einem Zeitraum von 10 Wochen fast ebenso viel Zeit wie eine Marathonvorbereitung. Deshalb heißt es in meinen Trainingsplänen: Weg mit überflüssigen Laufkilometern, um keine Zeit zu vergeuden. Jeder Laufkilometer, der nur dem Zeitvertreib, aber nicht einer sinnvollen Vorbereitung dient, ist ein »toter« Laufkilometer bzw. sogar einer, der Sie eher ermüdet als weiterbringt. Ruhetage gehören deshalb zum Pflichtprogramm in unsere Vorbereitung. Bei den Anfängern besteht die Woche sogar aus mehr Ruhe- als Lauftagen, bei den engagierten Läufern folgt fast auf jeden Lauftag ein regenerativer Tag, und selbst bei den Profis ist ein lauffreier Tag pro Woche Pflicht. Ein Ruhetag bedeutet, dass an diesem Tag wirklich nichts läuft, auch nichts anderes. An diesem Tag sollte keinerlei sportliche Betätigung geplant sein, auch nicht als Alternative zu dem Laufen, sei es auf dem Fahrrad oder im Wasser, es sei denn, es wird ausdrücklich im Plan darauf hingewiesen.

Training ist Training

... und kein Wettkampf. Und Trainingsplan ist Trainingsplan und kein Toilettenpapier. Gehören Sie auch zu denen, die ganz stolz sind, wenn sie immer einige Sekunden schneller als vorgenommen unterwegs sind? Ballen Sie freudig die Faust, wenn Sie jedes Mal fast doppelt so lang gerannt sind, als es der Trainingsplan vorsah? Dann gehören Sie zu den sogenannten Trainingsweltmeistern. Diese verpulvern ihre Kräfte allerdings schon, bevor es überhaupt an die Startlinie des entscheidenden Wettkampfs geht und haben am Tag X meistens nichts mehr drauf.

Wenn Sie sich schon die Mühe machen und meinen Trainingsplan studieren und Sie schließlich auch noch danach trainieren, dann sollten Sie sich auch wirklich an den Plan halten. Und da gilt: Je näher Sie sich am Plan orientieren, desto größer sind die Erfolgsaussichten. Das gilt sowohl für die Über- als auch die Unterschreitung der Tempo- und Kilometervorgaben.

Die Schwelle anheben

Der Halbmarathon ist eine Distanz, die direkt an der sogenannten aerob/anaeroben Schwelle gelaufen wird. Zum Vergleich: Im 10-km-Wettkampf läuft man leicht über, im Marathon wiederum unter dieser Schwelle. Diese Schwelle bezeichnet den Belastungsbereich, in dem die Sauerstoffaufnahme und der Sauerstoffverbrauch in den Körperzellen gerade noch ausgeglichen sind. Überschreiten Sie diese Belastungsschwelle, dann trainieren Sie im sogenannten anaeroben Bereich. Beim anaeroben Training wird die Muskulatur nicht mehr ausreichend mit Sauerstoff versorgt, Ihr Körper spaltet Glukose, wandelt sie in Milchsäure um und beschafft so die zum Laufen benötigte Energie. Die Milchsäure wird schließlich in der Muskulatur abgelagert. Je höher das Tempo ist, bei dem Ihre Muskulatur noch ausreichend mit Sauerstoff versorgt werden kann, desto leistungsfähiger sind Sie.

Die individuelle aerob/anaerobe Schwelle ist der wichtigste Gradmesser für den Halbmarathonerfolg. Messen lässt sich diese Schwelle nur im Rahmen einer leistungsdiagnostischen Untersuchung, aber für alle, die nie eine solche Untersuchung machen lassen, ist es wichtig, Folgendes zu wissen: Je höher die aerob/anaerobe Schwelle liegt, desto schneller lässt sich der Halbmarathon laufen.

Es gibt diverse Trainingsformen, um die Schwelle zu verbessern, was wir in meinen Trainingsplänen berücksichtigen. Die Wichtigsten dieser Trainingsformen sind sogenannte Tempodauerläufe. Dabei laufen Sie über zunehmend längere Abschnitte nahezu im angestrebten Halbmarathonrenntempo. Das schult die Toleranz des Körpers bei diesem Tempo im Hinblick auf Ermüdung und Erschöpfung der Energiespeicher. Nicht zu verachten ist auch der psychologische Effekt, denn man gewöhnt sich dabei an die Wettkampfgeschwindigkeit und verliert die Angst vor dem Zieltempo.

RATGEBER

»Ich würde gern wissen, wie gut mein Halbmarathonergebnis im Verhältnis zu Wettkampfresultaten auf anderen Distanzen ist. Wie kann ich das ermitteln?«

Ihre Wettkampfsaison liegt hinter Ihnen, und nun wollen Sie wissen, wie gut Ihre Wettkampfergebnisse tatsächlich waren und welches das beste Ergebnis war? Rechnen Sie Ihre Wettkampfergebnisse in Sekunden um, und teilen Sie die unten angegebenen Zeiten durch Ihre eigenen, so erhalten Sie einen Wert, der Ihre Leistungen in ein prozentuales Verhältnis zu 100 % setzt*. So können Sie schließlich auch Ihre eigenen Wettkampfergebnisse vergleichen.

	5 km	10 km	Halbmarathon	Marathon
Männer	778,4	1618,4	3579	7610
Frauen	863,7	1795,0	3948	8331

*100 % entsprechen dabei auch etwa den Ergebnissen der weltbesten Läuferinnen und Läufer auf den entsprechenden Strecken.

Variabel bleiben

Dass Sie sich realistische Ziele setzen sollten, haben wir schon gesagt, aber überschätzen Sie sich nicht. Bedenken Sie bei der Auswahl Ihres Trainingsprogramms auch, wieviel Zeit Sie in der Woche für den Sport haben. Suchen Sie sich einen Halbmarathontermin aus (zum Beispiel auf der Seite www.runnersworld.de) und rechnen Sie vom Veranstaltungstag 10–12 Wochen zurück. Jetzt wissen Sie, wann Ihre Trainingsvorbereitung beginnt. »In 10 Wochen zum Halbmarathon« bedeutet übrigens nicht, dass Sie in den Wochen zuvor gar nichts tun sollten. Der Trainingsplan setzt voraus, dass Sie über das gesamte Jahr regelmäßig laufen.

Wichtig: Meine Trainingspläne sind individuell anwendbar. Nicht jede Trainingseinheit, die an einem bestimmten Wochentag gelistet ist, muss auch an diesem Tag stattfinden. Ein Beispiel: Sie trainieren nach dem Einsteigerplan, finden aber dienstags nie Zeit zum Training? Kein Problem. Legen Sie die Dienstagseinheit doch einfach auf den Mittwoch. Aber beachten Sie: Der Plan ist nur in Grenzen variabel. Das Tagesraster dient vor allem einer besseren Orientierung, zeigt aber auch deutlich, worauf es bei einem planmäßigen Training ankommt: Auf ein belastendes Training folgt immer eine regenerative Einheit oder ein Ruhetag. Ein längerer Lauf ist ein längerer Lauf. Er kann nicht in zwei kurze Trainingsläufe an einem Tag aufgeteilt werden. Ein bestimmtes Wochenpensum muss sein, am zeitlichen Gesamtumfang der Wochen kann nicht gespart werden. Und wer das Grundprinzip des Plans durchschaut, hat keine Probleme, ihn seinen Bedürfnissen anzupassen.

RATGEBER

»Wie viel Erholungszeit muss nach einem Halbmarathonwettkampf eigentlich sein?«

Die RUNNER'S WORLD-Regel lautet: Für jeden Wettkampfkilometer muss man einen halben Tag stark reduziertes Training einplanen, das heißt nach einem 21-km-Lauf braucht man mindestens 10 Erholungstage.

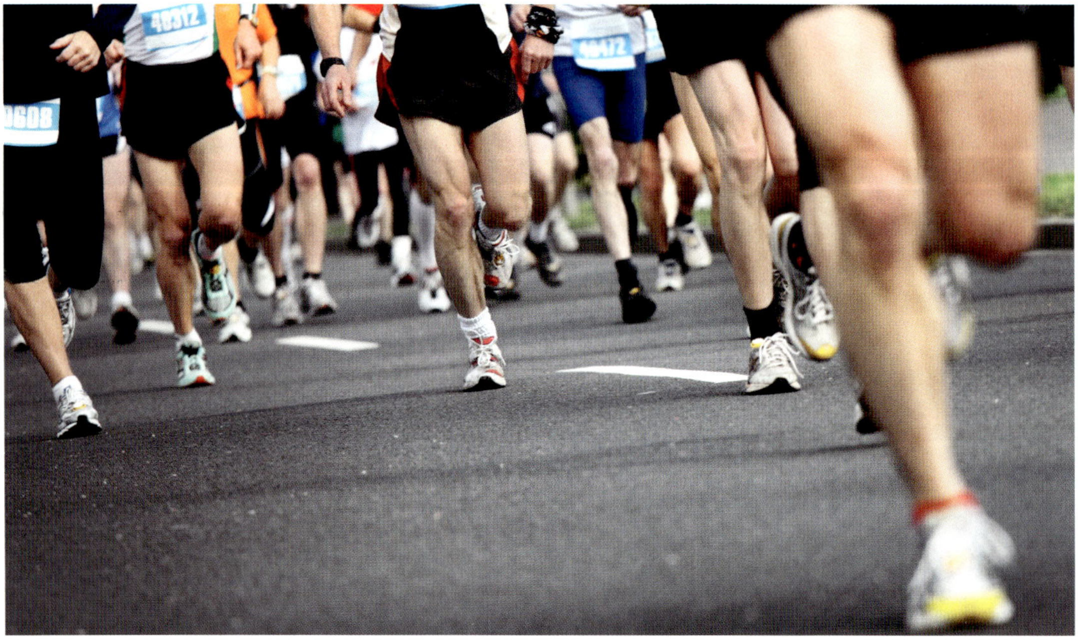

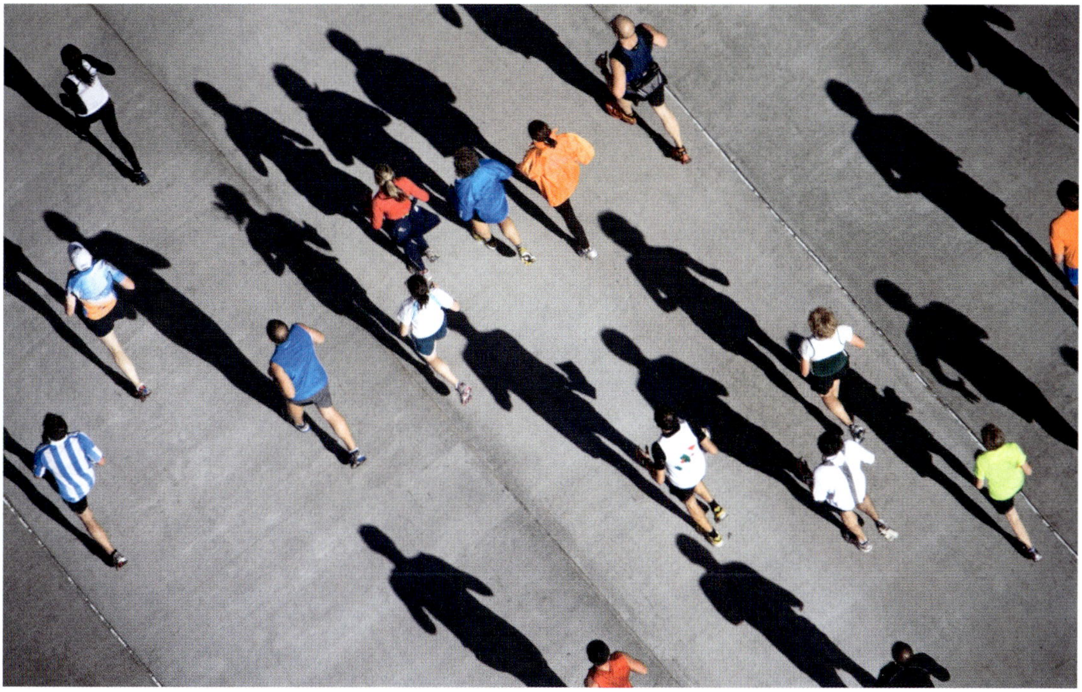

4.2 Der Long Jog – auch gut für den Halben

Der Halbmarathon ist zwar nur ein halber Marathon, deshalb ist er aber noch immer 21,1 km lang. »Ganz schön lang«, sagt der Laufanfänger. »Gar nicht lang«, sagt der Marathonroutinier. Beiden gemeinsam ist die Frage: »Wie lang müssen die längsten Vorbereitungsläufe für diese Distanz sein?«

Im Vergleich zu anderen Trainingsformen im Ausdauersport scheint eigentlich nichts einfacher zu sein als der lange Lauf, der sogenannte Long Jog. Man setzt einfach einen Fuß vor den anderen, schlägt ein gemütliches Tempo an und sieht zu, dabei möglichst weit zu kommen. Doch so simpel ist die Sache nicht. Als Training vereint der lange Lauf eine Vielzahl von Komponenten und ist daher nicht nur ein komplizierter, sondern vielleicht sogar der wichtigste Bestandteil im Trainingsaufbau, nicht nur in der Marathonvorbereitung, sondern auch für den Halbmarathon.

Lange Läufe dienen dem Ausdaueraufbau. Das erste Ziel besteht darin, von Mal zu Mal mehr Kilometer zu schaffen, sodass die Ermüdung jeweils später einsetzt. Damit ist der lange Lauf für jeden Läufer von Bedeutung. Auch ein 10-km-Spezialist wird von den Wirkungen des langen Dauerlaufs profitieren.

Dauer ist wichtiger als Länge

Der Trainingseffekt für den Körper resultiert beim langen Lauf in erster Linie aus der Belastungsdauer, die zurückgelegte Strecke ist zweitrangig. Es ist vielleicht psychisch einfacher, sich ein Kilometerziel zu setzen und eine bestimmte Runde danach auszuwählen, doch entscheidend ist letztendlich die Zeit, die Sie auf den Beinen sind. Ebenso wenig wie man beim Marathon im Training nicht die gesamte Strecke laufen muss, um am Tag X den Marathon zu schaffen, ist dies auch beim Halbmarathon nicht nötig. Allerdings wäre dies beim Halbmarathon grundsätzlich ein geringeres Problem, denn eine vermehrte orthopädische Belastung tritt erst nach einer Laufdauer von über drei Stunden ein, danach nimmt das Verletzungsrisiko sprunghaft zu.

Da aber kaum jemand beim Halbmarathon länger als drei Stunden unterwegs ist (die langsamsten Läufer benötigen 2:45–3 h), wäre es – selbst, wenn man zu dieser langsamen Gruppe gehört – durchaus möglich, die Zeitdauer, die dem Zeitziel für den Halbmarathon entspricht, schon im Training zurückzulegen. Doch man muss es nicht, und deshalb haben wir es in unseren Trainingsplänen auch nicht vorgeschlagen. Alle Effekte eines Long Jogs werden schon bei Läufen von 90 Minuten Dauer erreicht.

Das heißt nicht, dass man nicht länger laufen muss, aber es bedeutet, dass eine positive Anpassung des Herz-Kreislauf-Systems nicht mit jeder weiteren Minute proportional ansteigt. Die Erfahrung zeigt, dass der längste lange Lauf in der Vorbereitung auf einen Halbmarathon nach der Formel festzulegen ist, die da heißt: »Zielzeit minus 15 % gleich längster Lauf«. Bei Läuferinnen und Läufern mit einer Zielzeit von 2:15 h bedeutet das also, dass Sie im Training knapp zwei Stunden am Stück gelaufen sein sollten, wenn Sie am Wettkampftag den ganzen Halbmarathon laufend bewältigen wollen. Für die Laufprofis, die schneller als 90 Minuten laufen, gilt diese Formel allerdings nicht, denn – wie schon gesagt – die erwünschten Effekte eines langen Laufs setzen erst ab etwa einer Laufdauer von 90 min ein. So lange muss also auch ein Weltklasse-Halbmarathonläufer in der Vorbereitung unterwegs sein, der für diese Distanz im Wettkampf gerade einmal eine gute Stunde braucht.

Besser zu langsam als zu schnell

Nehmen wir an, Sie möchten den Halbmarathon in 2:15 h schaffen, was etwa einem Kilometerschnitt von 6:25 min entspricht. Folglich könnte es sinnvoll sein, genau dieses Tempo im Ausdauertraining anzusprechen. Doch Logik hin, Logik her: Da noch weitere Faktoren eine Rolle spielen, muss die Strategie eine andere sein. Es geht zum Beispiel darum, den Fettstoffwechsel zu trainieren. Den aktiviert man eher mit zwar langen, jedoch relativ langsamen Läufen. So paradox es klingen mag: Gerade das langsame Tempo schafft die Grundlage für eine schnellere Marathon- bzw. Halbmarathonzeit. Darüber hinaus dürfte Ihnen schon der gesunde Läuferverstand weitere Gründe nennen, den Fuß vom Gaspedal zu nehmen: Lange Läufe im Wettkampftempo sind vielleicht (momentan) für den Kopf wichtig, für den Körper sind sie allemal ein Rennen. Allzu schnell sind Übertraining, Verletzungen oder erhöhtes Erkrankungsrisiko die Folge. Zu schnelle Dauerläufe sind möglicherweise die größten Trainingsfehler.

Die Erfahrungen von Topmarathonläufern besagen, dass der ideale Kilometerschnitt für ausdauerorientierte Trainingseinheiten mindestens 40–60 s langsamer pro Kilometer als der des Marathonwettkampftempos sein sollte. Bezogen auf das Halbmarathontempo, bedeutet dies, dass die langen Läufe eher 60 s plus X langsamer sein müssen als das Halbmarathonrenntempo. Tatsächlich muss man diese Aussage jedoch verifizieren. Je schneller der Läufer, also je größer die Leistungsfähigkeit, desto größer sind auch die Bandbreiten an Laufgeschwindigkeiten, die er ansprechen kann, und desto größer sind auch die sinnvollen Tempoabweichungen zwischen Wettkampftempo und dem Tempo des Long Jogs. Anders ausgedrückt: Der Leistungsläufer läuft beim Long Jog im Verhältnis deutlich langsamer im Vergleich zum Wettkampf, als dies beim langsameren Läufer der Fall ist. Für den Laufprofi, der den Halbmarathon in 4 min pro km und schneller läuft, ist die Laufdistanz kein Problem, sondern das Renntempo. Die Tempofähigkeit wird aber mit gesonderten Trainingsformen erworben, für die andere Wochentage zur Verfügung stehen. Er nutzt in den langen Läufen tatsächlich nur die positiven Herz-Kreislauf-Effekte, die sich ihm auch nur beim langsamen Tempo erschließen, braucht es aber nicht, um sich an die Laufdistanz heranzutasten.

Für den Halbmarathonanfänger ist dagegen das Lauftempo von z. B. 6:25 min pro km kein Problem; es entspricht nahezu seinem »Wohlfühltempo«, in dem er tagtäglich unterwegs ist. Ein Lauftempo, das 60 s langsamer ist als sein Wettkampftempo, könnte er eventuell nur durch zügiges Gehen verwirklichen. Er bemüht sich also um das »langsamstmögliche« Lauftempo und nutzt die Long Jogs, um sich an die Lauflänge heranzutasten. Bei Halbmarathonanfängern sind Tempoabweichungen von 30–40 s zwischen langem Lauf und Renntempo realistisch. Der für die Vorbereitung empfohlene lange Lauf kann dabei durchaus von einigen Gehpausen unterbrochen werden. Es geht schließlich lediglich darum, möglichst lange auf den Beinen zu sein.

Ein langer Lauf pro Woche

Selbst wenn das Tempo nicht hoch ist, handelt es sich immerhin um ein hartes Training, das eine Reduzierung an Umfang und Tempo oder gar eine Ruhepause an den Tagen davor oder danach erfordert. Der amerikanische Trainingsguru Jeff Galloway gibt eine einfache Faustregel an für den Abstand, den man zwischen zwei lange Trainingsläufe legen kann, ohne dabei Ausdauerfähigkeit einzubüßen. Laut Galloway entspricht jede Meile (also etwa 1,6 km) des langen Laufs einem Tag, sodass es zum Beispiel nichts ausmacht, nach einem 18-km-Lauf 11 Tage verstreichen zu lassen bis zum nächsten langen Lauf. Vorausgesetzt allerdings, man läuft in der Zwischenzeit jeden zweiten Tag zumindest 30 min.

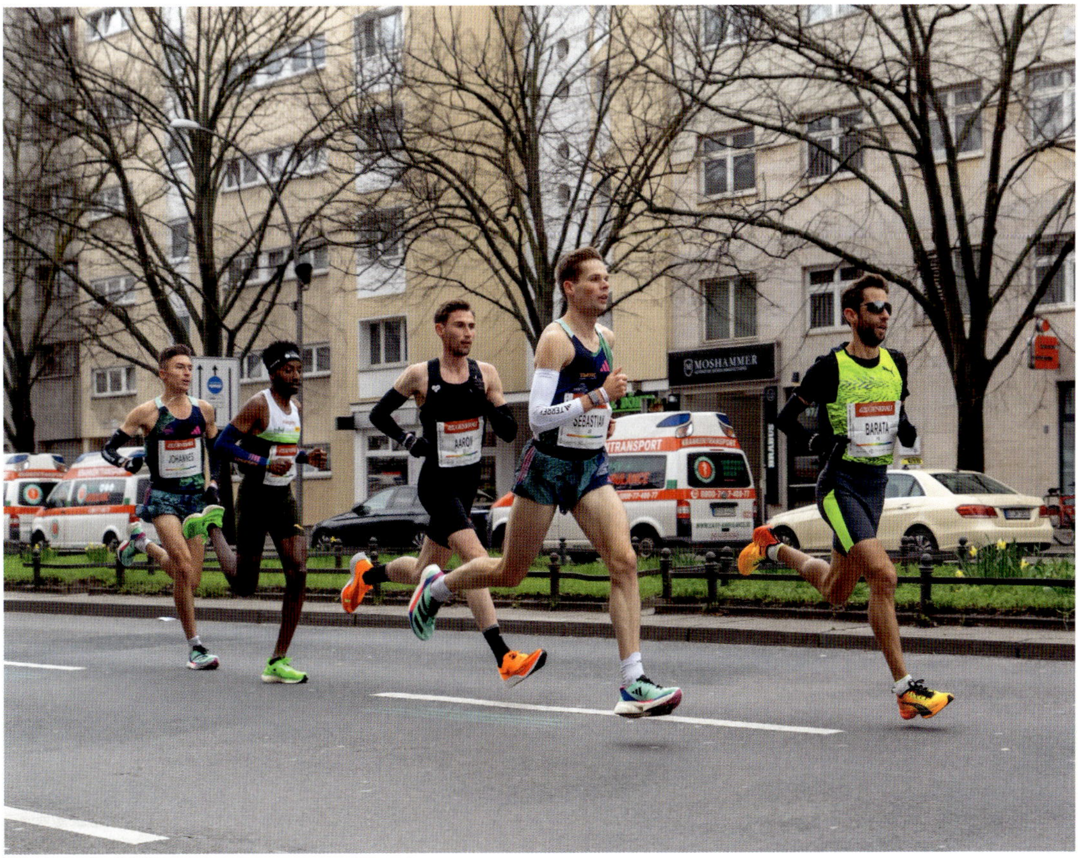

4.3 Die Kräfte richtig einteilen

Wer sich nach meinen Plänen auf einen Halbmarathon vorbereitet und sein Zeitziel realistisch eingeschätzt hat, kann davon ausgehen, dass er optimal vorbereitet an den Start des Halbmarathons geht. Das war's aber auch. Denn noch lange nicht jeder, der im Training alles richtig gemacht hat, macht auch im Wettkampf alles richtig. Fehlerquellen gibt es in einem Wettkampf viele, aber meist dreht es sich dabei nur um das angemessene Renntempo. Für die meisten Läufer empfiehlt sich eine ganz einfache Renntaktik: Teilen Sie die Zielzeit durch die einzelnen Kilometerabschnitte und versuchen Sie, die errechneten Zeiten im Wettkampf gleichmäßig durchzulaufen. Nichts einfacher als das, oder? Von wegen. Schon mit dem Startschuss haben die meisten Läufer alle guten Pläne vergessen und lassen ihrer Nervosität freien Lauf. Es ist durchaus nicht ungewöhnlich, dass Läufer schon auf dem ersten Kilometer 30 s schneller sind als sie eigentlich geplant hatten. Nicht selten freuen sie sich dabei noch, dass es so viel besser läuft als erwartet. Das böse Ende kommt spätestens ab der Streckenhälfte, denn da schwinden die Kräfte zusehends und es fliegen schließlich die Teilnehmer vorbei, die sich ihr Rennen richtig eingeteilt haben.

Wer zu schnell losläuft, verpulvert schon auf den ersten Kilometern die Kräfte, die er für die gesamte Strecke braucht. Das tut auf der zweiten Hälfte nicht nur furchtbar weh, es ist auch sehr frustrierend. Für alle Wettkampfdistanzen gilt eine goldene Regel gleichermaßen: In der Ruhe liegt die Kraft. Das gilt vor allem für die beiden langen Distanzen, den Halbmarathon und den Marathon. Deshalb mäßigen Sie Ihren Schritt nach dem Startschuss. Mein Rat für »Ersttäter«, sei es bei einem Marathon wie auch bei einem Halbmarathon, ist immer derselbe: Starten Sie das Rennen mit einigen Gehschritten, fallen Sie dann in einen langsamen Trab und versuchen Sie, erst nach 100 m in einen Laufschritt zu fallen. Das fällt Ihnen übrigens viel leichter, wenn Sie nicht so weit vorne stehen, wo alle um Sie herum loslegen, als ginge es schon um den Zielsprint, denn da müssen Sie mitlaufen, sonst werden Sie umgerannt. Für die engagierten und ambitionierten Läufer gilt: Losspurten mit dem Startschuss ist strengstens untersagt. Versuchen Sie, sich über die ersten 500 m ganz langsam in ein Wohlfühltempo hineinzusteigern. Kontrollieren Sie schon bei der ersten Kilometermarkierung Ihr Tempo. Sind Sie zu schnell, müssen Sie sofort korrigierend eingreifen, sind Sie zu langsam, legen Sie jetzt vorsichtig, keinesfalls abrupt, einen Zahn zu.

Die 51-49-Taktik

Es gibt kaum wissenschaftliche Untersuchungen zum Thema »Renntaktik«. Eine von uns immer wieder zitierte Untersuchung der Universität Milwaukee (USA) kommt allerdings zu einem differenzierten Resultat: Danach scheint die beste Renntaktik für ein Langstreckenrennen wie den Halbmarathon die »51-49-Einteilung« zu sein. Bei der Studie erreichten diejenigen Probanden bei einem Halbmarathon die schnellsten Endzeiten, welche die erste Hälfte in 51 % der angestrebten Endzeit zurücklegten und die zweite Hälfte in einem Tempo liefen, das den verbliebenen 49 % entsprach. Bei den meisten dieser Läufer blieb es auf der zweiten Hälfte nicht nur bei besagtem Tempo, sondern sie besaßen noch die Kraft für ein starkes Schlussviertel und liefen dabei schneller als geplant. Die Erklärung scheint plausibel: Wer zu schnell in den Halbmarathon startet, läuft auch schnell über seiner anaeroben Schwelle und bildet schon in der Anfangsphase so viel Milchsäure, dass eine optimale Leistung im Schlussteil unmöglich erscheint. Die letzten Kilometer werden dann zu einer Art »Überlebensübung«. Übrigens: Die anaerobe Schwelle bezeichnet die Belastungsintensität, die noch ohne stetig zunehmende Übersäuerung (Laktatbildung) maximal möglich ist. Oberhalb der Schwelle ist die Belastungsdauer durch die zunehmende Übersäuerung limitiert.

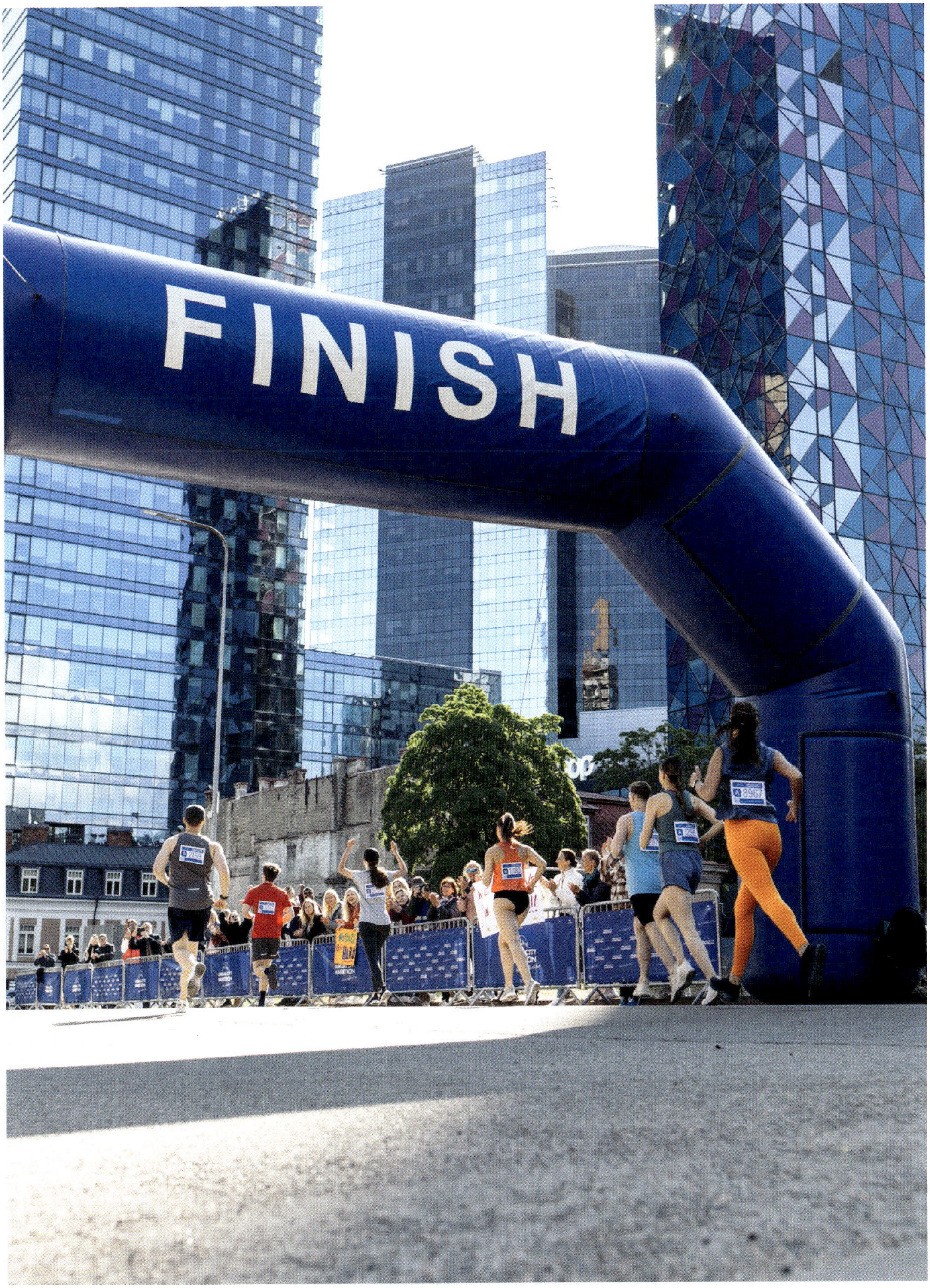
FINISH

Was bedeutet nun die 51-49-Taktik für Sie konkret? Nehmen wir an, Sie wollen den Halbmarathon in zwei Stunden bewältigen, was zwei gleichmäßigen Hälften von 60 min auf 10,5 km entspricht (5:40 min/km), so würde die 51-49-Renntaktik bedeuten, dass Sie die erste Hälfte in 61:30 min (5:50 min/km) anlaufen und dann so forcieren, dass Sie in einem Tempo laufen, welches 58:30 min (5:35 min/km) für die zweite Hälfte entspricht.

Mein Tipp: Erscheint Ihnen eine solche Temposteigerung zu extrem, entwickeln Sie doch einfach Ihre eigene Taktik, natürlich nach diesem Vorbild. Es müssen ja nicht genau 51und 49 % sein. Hauptsache, der erste Teil wird langsamer angelaufen als das Zielzeittempo und – das ist am wichtigsten – keinesfalls schneller. Mit einem etwas langsameren Tempo auf der ersten Streckenhälfte als dem errechneten Durchschnittswert Ihrer Zielzeit sind Sie auf jeden Fall auf der sicheren Seite. Langsamer wird die erste Streckenhälfte sowieso, wenn Sie oben genanntes Startprozedere mit bewusst langsamem Beginn praktizieren und sich danach auch Zeit lassen, sich an die regulären Zwischenzeiten heranzutasten.

Nehmen wir einmal an, dass Sie beim Halbmarathon erst nach km 5 im Bereich der geplanten Zwischenzeiten laufen, dann kann man davon ausgehen, dass Sie bei der Hälfte etwa – oben angesprochene – 1 % über Plan liegen. Nehmen Sie sich schließlich vor, ab km 14 das Tempo ganz vorsichtig noch einmal zu steigern und die letzten 2 km aber alles zu geben, dann haben Sie im Idealfall einen nahezu linear ansteigenden Tempoverlauf. Das ist das, was Weltklasseläufer in ihren Halbmarathons mit Erfolg praktizieren.

RATGEBER

»Gibt es eigentlich eine Möglichkeit festzustellen, ob ich zu viel trainiere?«

Ja, die Möglichkeit gibt es. Machen Sie dazu folgenden Test:

1. Legen Sie sich 10 min ruhig und entspannt hin. Stehen Sie anschließend langsam auf und warten Sie exakt 12 Sekunden, bevor Sie Ihren Puls 6 Sekunden lang messen. Schreiben Sie die Pulszahl auf.
2. Messen Sie exakt 90 Sekunden, nachdem Sie aufgestanden sind, noch einmal Ihren Puls. Diesmal über einen Zeitraum von einer halben Minute. Notieren Sie sich wieder die Zahl der Schläge.
3. Multiplizieren Sie nun die erste Zahl mal 10 und die zweite mal 2, dann erhalten Sie jeweils einen Wert, der die Herzfrequenz pro Minute angibt.
4. Machen Sie diesen Test jeden Tag zur selben Tageszeit. Sind Sie übertrainiert oder laufen Sie Gefahr, zu viel zu trainieren, können Sie über einen längeren Zeitraum einen Anstieg der Herzfrequenz im Test beobachten. Bleibt die Herzfrequenz gleich oder sinkt sie, besteht kein Anlass, das Training zu verändern.

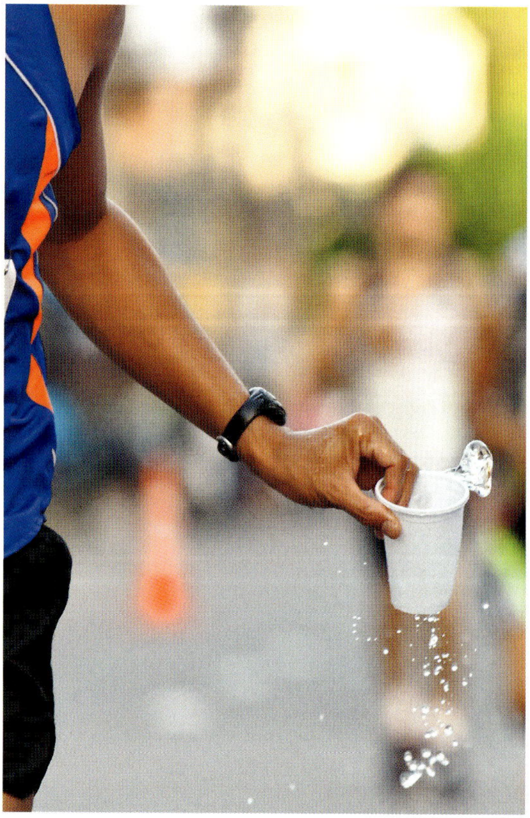

Ernährung: Keine halben Sachen

Bei Ausdauersportlern spielt die richtige Ernährung vor, während und nach einem Training oder Wettkampf eine große Rolle. Besonders vor einem Marathonwettkampf ist das Thema Ernährung stets in aller Munde. »Unterscheidet sich eigentlich die Marathonernährung in der Vorbereitung und während des Rennens von der bei einem Halbmarathonwettkampf?«, fragte ein Läufer am Telefon. Die Antwort lautet »Ja« und »Nein« zugleich.

Eine ausgewogene, kohlenhydratreiche Ernährung ist jedem Ausdauersportler zu empfehlen, egal ob er Marathon oder Halbmarathon läuft. Sind Sie ein gewissenhafter Esser und beinhaltet Ihre tägliche Ernährung im Schnitt etwa 60 % an Kohlenhydraten, dann brauchen Sie in den letzten Tagen vor dem Halbmarathon Ihre Essgewohnheiten nicht umzustellen. Das vom Marathon bekannte »Carboloading«, das »Aufladen« von Kohlenhydraten am Tag vor dem Wettkampf, lohnt sich erst ab Distanzen, die länger sind als 25 km. Es sei denn, der Halbmarathonkurs ist sehr bergig. Berglaufen verbrennt Muskelglykogen in einem Maße, dass sich bei stark profilierten Strecken ein Carboloading schon ab Distanzen von 10 km und mehr lohnt.

Die Flüssigkeitsaufnahme ist während eines Halbmarathons tatsächlich nur halb so wichtig wie bei einem Marathon. Natürlich schadet es auch ambitionierten Läufern nicht, beim Laufen zu trinken, aber ob sie deshalb schneller ins Halbmarathonziel kommen, ist zu bezweifeln. In der Regel geht man davon aus, dass Sportgetränke erst nach 45–75 min Wirkung zeigen. Je länger Sie unterwegs sind, desto wichtiger ist die Getränkeaufnahme. Wer über zwei Stunden für die Distanz benötigt, ist gut beraten, mindestens 3 x zwischendurch zu trinken. Eine entscheidende Rolle spielt natürlich das Wetter: Je wärmer es am Wettkampftag ist, desto mehr müssen Sie trinken und desto eher sollten auch die schnelleren Läufer zur Flasche greifen.

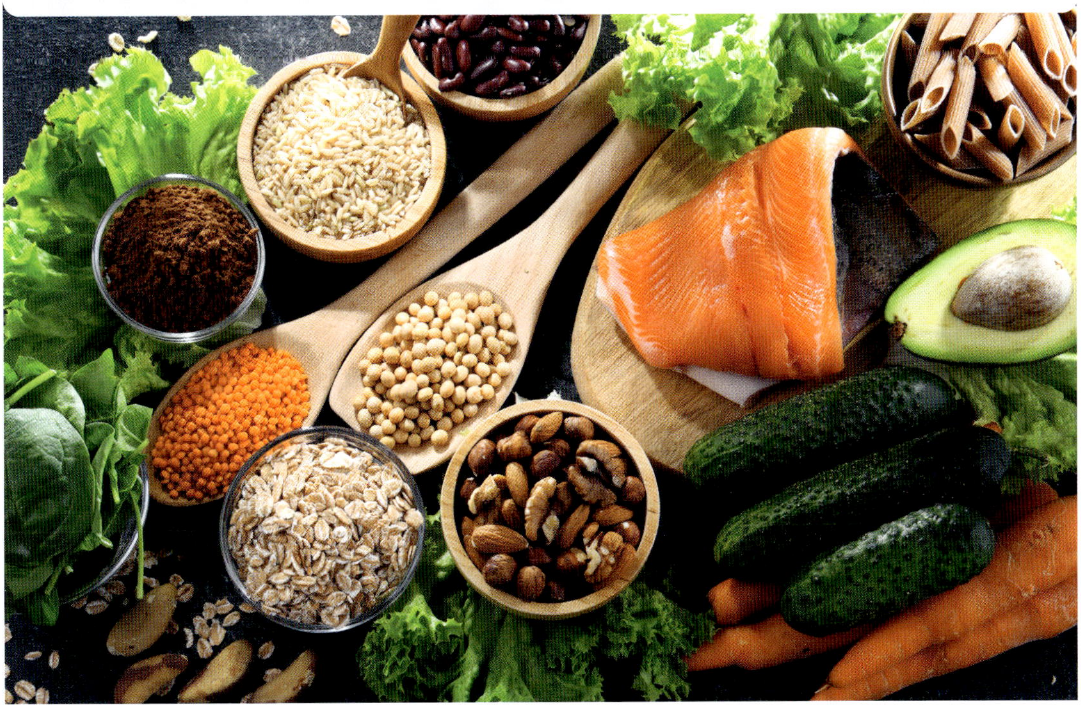

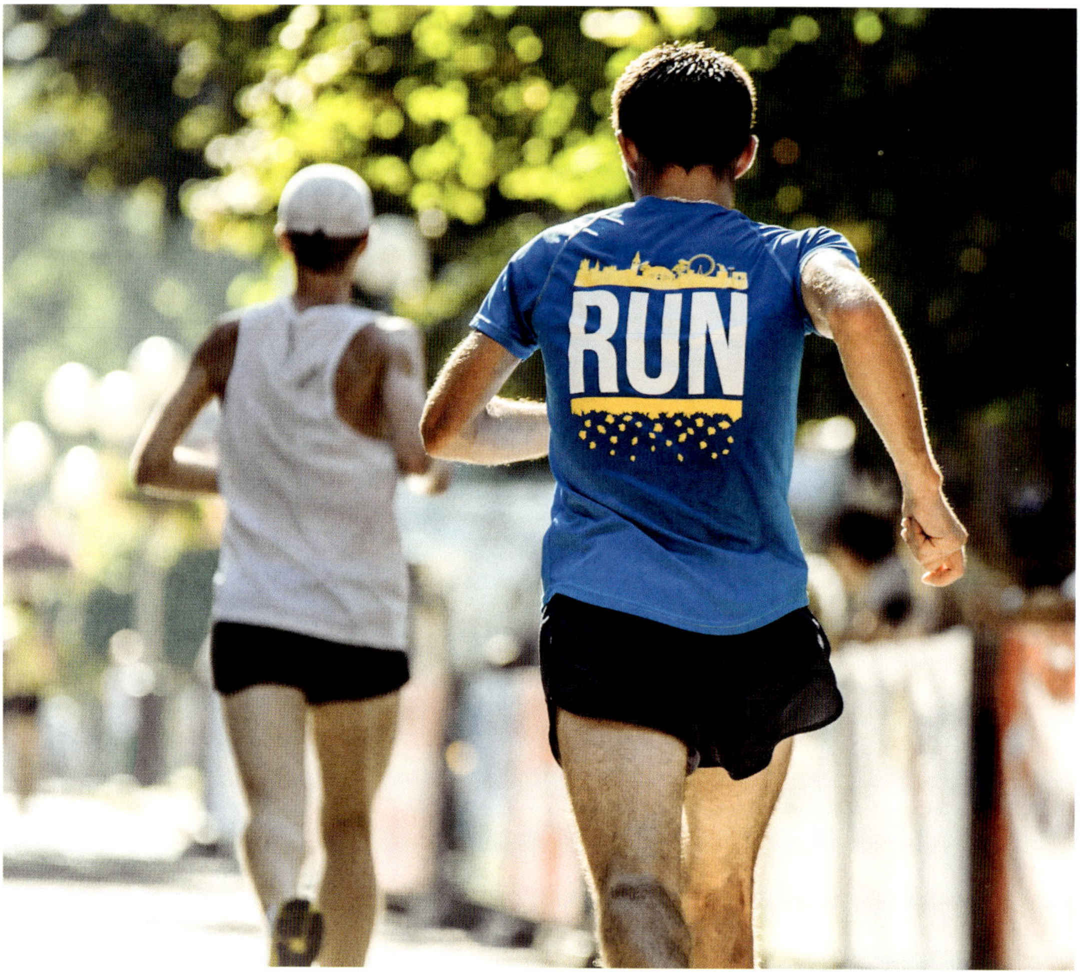

RATGEBER

»Ich bin in meiner Halbmarathonvorbereitung permanent hungrig und müde. Ist das normal?«

Das von Ihnen beschriebene Phänomen ist nichts Ungewöhnliches, denn es gelten zwei Regeln für eine Wettkampfvorbereitung, gerade für die langen Distanzen:

1. Wer mehr trainiert, muss mehr essen: Für jeden Kilometer, den Sie plötzlich im Training mehr als sonst laufen, benötigen Sie etwa 60 Kalorien extra – außer Sie wollen/müssen abnehmen. Laufen Sie nun 60 statt 40 km, brauchen Sie pro Woche 1200 Kalorien mehr. Das heißt, Sie müssen täglich zirka 170 Kalorien zusätzlich zu sich nehmen.
2. Wer mehr trainiert, muss mehr schlafen: Wer zu wenig schläft, gibt dem Körper nicht genügend Zeit zu regenerieren. Bei einem gesteigerten Trainingsaufwand gilt die RUNNER'S WORLD-Faustregel: Für jede zusätzlichen zehn Trainingskilometer pro Woche brauchen Sie 15 min mehr Schlaf pro Nacht. Wer statt 40 nun 60 km wöchentlich läuft, sollte also eine halbe Stunde mehr schlafen.

Tempotabelle für den Halbmarathon

1 km	5 km	10 km	15 km	20 km	21,09 km
3:00	15:00	30:00	45:00	1:00:00	1:03:18
3:10	15:50	31:40	47:30	1:03:20	1:06:49
3:20	16:40	33:20	50:00	1:06:40	1:10:20
3:30	17:30	35:00	52:30	1:10:00	1:13:50
3:40	18:20	36:40	55:00	1:13:20	1:17:21
3:50	19:10	38:20	57:30	1:16:40	1:20:52
4:00	20:00	40:00	1:00:00	1:20:00	1:24:23
4:10	20:50	41:40	1:02:30	1:23:20	1:27:54
4:20	21:40	43:20	1:05:00	1:26:40	1:31:25
4:30	22:30	45:00	1:07:30	1:30:00	1:34:56
4:40	23:20	46:40	1:10:00	1:33:20	1:38:27
4:50	24:10	48:20	1:12:30	1:36:40	1:41:58
5:00	25:00	50:00	1:15:00	1:40:00	1:45:29
5:10	25:50	51:40	1:17:30	1:43:20	1:49:00
5:20	26:40	53:20	1:20:00	1:46:40	1:52:31
5:30	27:30	55:00	1:22:30	1:50:00	1:56:02
5:40	28:20	56:40	1:25:00	1:53:20	1:59:30
5:50	29:10	58:20	1:27:30	1:56:40	2:03:02
6:00	30:00	1:00:00	1:30:00	2:00:00	2:06:33
6:10	30:50	1:01:40	1:32:30	2:03:20	2:10:03
6:20	31:40	1:03:20	1:35:00	2:06:40	2:13:14
6:30	32:30	1:05:00	1:37:30	2:10:00	2:17:06
6:40	33:20	1:06:40	1:40:00	2:13:20	2:20:25
6:50	34:10	1:08:20	1:42:30	2:16:40	2:23:57
7:00	35:00	1:10:00	1:45:00	2:20:00	2:27:34

Die Tabelle berücksichtigt nur eine lineare Darstellung des Renntempos. Sie nimmt keine Rücksicht auf die individuelle Renntaktik oder -einteilung. Beispiel: Wollen Sie unter 2 h bleiben, müssen Sie im Schnitt pro km 5:40 min laufen. Eine Renneinteilung nach der 51-49-Renntaktik würde entsprechend etwa ein 5:45-min-Tempo auf der ersten Hälfte und ein 5:35-min-Tempo auf der zweiten Hälfte voraussetzen.

Plan 15

4.4 Die besten Pläne für einen Halbmarathon

4.4.1 → Halbmarathon in 2:00–2:15 h

3 x Training pro Woche

1. Woche	
Di.	30 min lockerer DL
Do.	35 min lockerer DL, anschl. 3 Steigerungen
So.	50 min langsamer DL
2. Woche	
Di.	30 min lockerer DL
Do.	10 min langsamer DL, 5 x 800 m in 4:30 min (Pause zw. Belastungen: 400 m Traben), 10 min langsamer DL
So.	50 min langsamer DL
3. Woche	
Di.	30 min lockerer DL
Do.	10 min langsamer DL, 30 min zügiger DL, 10 min langsamer DL
So.	65 min langsamer DL
4. Woche	
Di.	35 min lockerer DL
Do.	10 min langsamer DL, 6 x 800 m in 4:30 min (Pause zw. Belastungen: 400 m Traben), 10 min langsamer DL
So.	75 min langsamer DL
5. Woche	
Di.	35 min lockerer DL
Do.	10 min langsamer DL, 40 min zügiger DL, 10 min langsamer DL
Fr.	10 min lockerer DL, anschl. 2 Steigerungen
So.	10-km-Wettkampf oder Testlauf über dieselbe Distanz (mit je 5–10 min Ein- und Auslaufen)
6. Woche	
Di.	30 min langsamer DL
Do.	45 min lockerer DL
So.	80 min langsamer DL
7. Woche	
Di.	35 min lockerer DL
Do.	10 min langsamer DL, 7 x 800 m in 4:30 min (Pause zw. Belastungen: 400 m Traben), 10 min langsamer DL
So.	90 min langsamer DL
8. Woche	
Di.	35 min langsamer DL
Do.	10 min langsamer DL, 50 min zügiger DL, 10 min langsamer DL
So.	120 min langsamer DL
9. Woche	
Di.	30 min lockerer DL
Do.	10 min langsamer DL, 8 x 800 m in 4:30 min (Pause zw. Belastungen: 400 m Traben), 10 min langsamer DL
So.	60 min langsamer DL
10. Woche	
Di.	30 min lockerer DL
Mi.	5 min langsamer DL, dann 3 km im angestrebten Halbmarathon-Renntempo, 5 min langsamer DL
Fr.	10 min langsamer DL, anschl. 2 Steigerungen
So.	Halbmarathon

DL = Dauerlauf

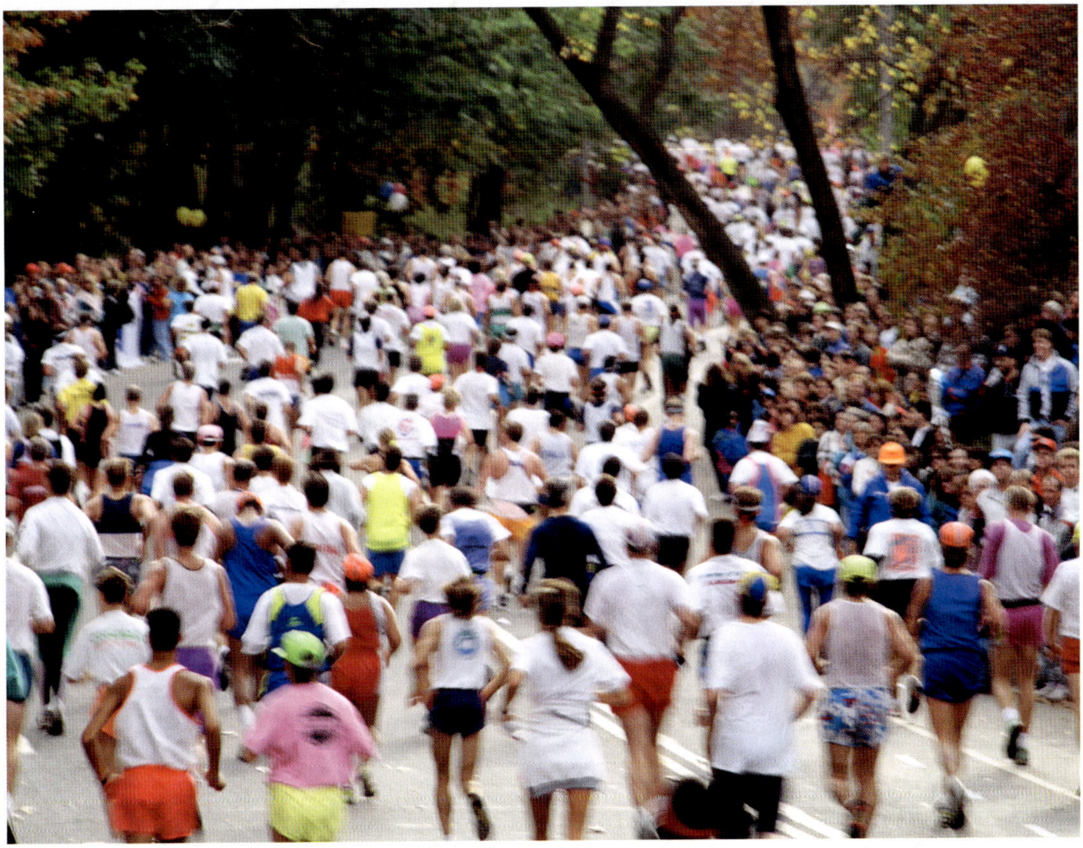

Das richtige Tempo

Erläuterungen zu den Begriffen und Abkürzungen der Trainingspläne:
DL = Dauerlauf
TP = Trabpause (Pause zwischen Belastungen)
Langsamer DL = Puls etwa 70–75 % der maximalen Herzfrequenz
Ruhiger DL = Puls etwa 75–80 % der maximalen Herzfrequenz
Lockerer DL = Puls etwa 80–85 % der maximalen Herzfrequenz
Zügiger DL = Puls etwa 85–88 % der maximalen Herzfrequenz
Fahrtspiel = wechselndes Tempo über verschieden lange Teilstücke. Der Läufer bestimmt Tempo und Länge der Belastungen selbst.
Renntempo = Tempo, das Sie bei einem Wettkampf unter Normalbedingungen laufen können
Steigerungen = Lauf über eine Strecke von 80–100 m, bei dem das Tempo kontinuierlich vom Trab bis zum Sprint gesteigert wird.
TL = Tempoläufe (immer mit 10 min Ein- und Auslaufen vor- und nachbereiten!)

Plan 16

4.4.2 → Halbmarathon in 1:45–2:00 h

4 x Training/Woche

1. Woche	
Di.	40 min lockerer DL
Do.	35 min lockerer DL, anschl. 5 Steigerungen
Sa.	10 min langsamer DL, 30 min zügiger DL, 10 min langsamer DL
So.	40 min langsamer DL
2. Woche	
Di.	40 min lockerer DL
Do.	10 min langsamer DL, 6 x 800 m in 3:55 min (Pause zw. Belastungen: 400 m Traben), 10 min langsamer DL
Sa.	30 min lockerer DL
So.	50 min langsamer DL
3. Woche	
Di.	40 min lockerer DL
Do.	10 min langsamer DL, 40 min zügiger DL, 10 min langsamer DL
Sa.	30 min lockerer DL
So.	55 min langsamer DL
4. Woche	
Di.	45 min lockerer DL
Do.	10 min langsamer DL, 7 x 800 m in 3:55 min (Pause zw. Belastungen: 400 m Traben), 10 min langsamer DL
Sa.	30 min lockerer DL
So.	60 min langsamer DL
5. Woche	
Di.	45 min lockerer DL
Do.	10 min langsamer DL, dann 4 x 3 min schnell (zwischen Belastungen jeweils 3 min Trabpause), anschl. 10 min langsamer DL
Fr.	20 min lockerer DL
So.	10-km-Wettkampf oder Testlauf über dieselbe Distanz

6. Woche	
Di.	40 min langsamer DL
Do.	10 min langsamer DL, 8 x 800 m in 3:55 min (Pause zw. Belastungen: 400 m Traben), 10 min langsamer DL
Sa.	40 min lockerer DL
So.	80 min langsamer DL
7. Woche	
Di.	45 min lockerer DL
Do.	10 min langsamer DL, 50 min zügiger DL, 10 min langsamer DL
Fr.	40 min langsamer DL, anschl. 5 Steigerungen
So.	90 min langsamer DL
8. Woche	
Di.	45 min langsamer DL
Do.	10 min langsamer DL, 7 x 1000 m in 4:54 min (Pause zw. Belastungen: 400 m Traben), 10 min langsamer DL
Sa.	40 min lockerer DL
So.	100 min langsamer DL
9. Woche	
Di.	40 min lockerer DL
Do.	10 min langsamer DL, 4 x 1600 m in 7:50 min (Pause zw. Belastungen: 400 m Traben), 10 min langsamer DL
Sa.	40 min lockerer DL
So.	80 min langsamer DL
10. Woche	
Di.	30 min lockerer DL
Mi.	5 min langsamer DL, dann 3 km im angestrebten Halbmarathon-Renntempo, 5 min langsamer DL
Sa.	10 min langsamer DL, anschl. 5 Steigerungen
So.	Halbmarathon

DL = Dauerlauf

4.4.3 → Halbmarathon in 1:30–1:45 h

5 x Training/Woche

Plan 17

1. Woche	
Mo.	45 min lockerer DL
Mi.	10 min langsamer DL, 6 x 800 m in 3:25 min (Pause zw. Belastungen: 400 m Traben), 10 min langsamer DL
Do.	35 min lockerer DL
Sa.	40 min lockerer DL, anschl. 5 Steigerungen
So.	60 min langsamer DL
2. Woche	
Mo.	40 min lockerer DL
Mi.	10 min langsamer DL, 7 x 800 m in 3:25 min (Pause zw. Belastungen: 400 m Traben), 10 min langsamer DL
Do.	40 min lockerer DL
Sa.	10 min langsamer DL, 30 min im angestrebten Halbmarathontempo, 10 min langsamer DL
So.	70 min langsamer DL
3. Woche	
Mo.	45 min lockerer DL
Mi.	10 min langsamer DL, 8 x 800 m in 3:25 min (Pause zw. Belastungen: 400 m Traben), 10 min langsamer DL
Do.	40 min lockerer DL
Sa.	10 min langsamer DL, 35 min im angestrebten Halbmarathontempo, 10 min langsamer DL
So.	80 min langsamer DL
4. Woche	
Mo.	40 min lockerer DL
Mi.	10 min langsamer DL, 4 x 1600 m in 6:50 min (Pause zw. Belastungen: 400 m Traben), 10 min langsamer DL
Do.	45 min lockerer DL
Sa.	10 min langsamer DL, 40 min im angestrebten Halbmarathontempo, 10 min langsamer DL
So.	70 min langsamer DL
5. Woche	
Mo.	40 min lockerer DL
Mi.	10 min langsamer DL, dann 4 x 4 min schnell (zwischen Belastungen jeweils 3 min Trabpause), 10 min langsamer DL
Do.	30 min langsamer DL
Sa.	30 min lockerer DL, anschl. 5 Steigerungen
So.	10-km-Rennen oder Testlauf über dieselbe Distanz

6. Woche	
Mo.	40 min langsamer DL
Mi.	10 min langsamer DL, 30 min Fahrtspiel (wechselndes Tempo nach Gefühl), 10 min langsamer DL
Do.	40 min lockerer DL
Sa.	10 min langsamer DL, 45 min im angestrebten Halbmarathontempo, 10 min langsamer DL
So.	90 min langsamer DL
7. Woche	
Mo.	45 min lockerer DL
Mi.	45 min lockerer DL
Do.	10 min langsamer DL, 9 x 800 m in 3:25 min (Pause zw. Belastungen: 400 m Traben), 10 min langsamer DL
Sa.	35 min lockerer DL
So.	100 min langsamer DL
8. Woche	
Mo.	40 min lockerer DL
Mi.	10 min langsamer DL, 10 x 400 m in 1:35 min (Pause zw. Belastungen: 200 m Traben), 10 min langsamer DL
Do.	30 min langsamer DL
Sa.	10 min langsamer DL, 50 min im angestrebten Halbmarathontempo, 10 min langsamer DL
So.	100 min langsamer DL
9. Woche	
Mo.	45 min lockerer DL
Mi.	10 min langsamer DL, 10 x 800 m in 3:25 min (Pause zw. Belastungen: 400 m Traben), 10 min langsamer DL
Do.	35 min lockerer DL
Sa.	10 min langsamer DL, 40 min im Tempo 10 s/km schneller als das angestrebte Halbmarathontempo, 10 min langsamer DL
So.	60 min langsamer DL
10. Woche	
Di.	20 min lockerer DL
Mi	10 min langsamer DL, 4 km im angestrebten Halbmarathontempo, anschl. 10 min langsamer DL
Do.	30 min lockerer DL
Sa.	20 min langsamer DL
So.	Halbmarathon

Plan 18

4.4.4 → Halbmarathon in 1:20–1:30 h

6 x Training/Woche

1. Woche	
Mo.	45 min lockerer DL, anschl. 5 Steigerungen
Di.	10 min langsamer DL, 7 x 800 m in 3:00 min (Pause zw. Belastungen: 400 m Traben), 10 min langsamer DL
Mi.	40 min lockerer DL
Do.	Ruhetag
Fr.	10 min langsamer DL, 50 min zügiger DL, 10 min langsamer DL
Sa.	40 min lockerer DL
So.	80 min langsamer DL
2. Woche	
Mo.	45 min lockerer DL
Di.	10 min langsamer DL, 8 x 800 m in 3:00 min (Pause zw. Belastungen: 400 m Traben), 10 min langsamer DL
Mi.	45 min lockerer DL
Do.	Ruhetag
Fr.	10 min langsamer DL, 6 km im angestrebten Halbmarathontempo, 10 min langsamer DL
Sa.	40 min lockerer DL
So.	90 min langsamer DL
3. Woche	
Mo.	40 min lockerer DL
Di.	10 min langsamer DL, 3 x 1600 m in 6:00 min (Pause zw. Belastungen: 400 m Traben), 10 min langsamer DL
Mi.	50 min lockerer DL
Do.	Ruhetag
Fr.	10 min langsamer DL, 7 km im angestrebten Halbmarathontempo, 10 min langsamer DL
Sa.	40 min lockerer DL
So.	90 min langsamer DL

4. Woche	
Mo.	45 min lockerer DL
Di.	10 min langsamer DL, 4 x 1600 m in 6:00 min (Pause zw. Belastungen: 400 m Traben), 10 min langsamer DL
Mi.	40 min lockerer DL
Do.	Ruhetag
Fr.	10 min langsamer DL, 8 km im angestrebten Halbmarathontempo, 10 min langsamer DL
Sa.	40 min lockerer DL
So.	90 min langsamer DL
5. Woche	
Mo.	45 min lockerer DL
Di.	50 min lockerer DL
Mi.	10 min langsamer DL, 10 x 400 m in 1:22 min (Pause zw. Belastungen: 200 m Traben), 10 min langsamer DL
Do.	Ruhetag
Fr.	45 min lockerer DL
Sa.	40 min lockerer Dl, anschl. 5 Steigerungen
So.	10-km-Rennen oder Testlauf über dieselbe Distanz
6. Woche	
Mo.	40 min langsamer DL
Di.	50 min lockerer DL
Mi.	75 min ruhiger DL
Do.	Ruhetag
Fr.	40 min lockerer DL
Sa.	10 min langsamer DL, 9 km im angestrebten Halbmarathontempo, 10 min langsamer DL
So.	100 min langsamer DL

DL = Dauerlauf

7. Woche	
Mo.	45 min lockerer DL
Di.	10 min langsamer DL, 8 x 1000 m in 3:45 min (Pause zw. Belastungen: 400 m Traben), 10 min langsamer DL
Mi.	40 min lockerer DL
Do.	Ruhetag
Fr.	10 min langsamer DL, 10 km im angestrebten Halbmarathontempo, 10 min langsamer DL
Sa.	40 min lockerer DL
So.	90 min langsamer DL

8. Woche	
Mo.	40 min langsamer DL
Di.	50 min langsamer DL
Mi.	10 min langsamer DL, 4 x 2000 m in 7:30 min (Pause zw. Belastungen: 400 m Traben), 10 min langsamer DL
Do.	Ruhetag
Fr.	40 min lockerer DL
Sa.	45 min mit Tempowechseln nach Gefühl (Fahrtspiel)
So.	120 min langsamer DL

9. Woche	
Mo.	40 min lockerer DL
Di.	10 min langsamer DL, 10 x 1000 m in 3:45 min (Pause zw. Belastungen: 400 m Traben), 10 min langsamer DL
Mi.	45 min lockerer DL
Do.	Ruhetag
Fr.	10 min langsamer DL, 40 min im Tempo 10 s/km schneller als das angestrebte Halbmarathontempo, 10 min langsamer DL
Sa.	40 min lockerer DL
So.	60 min langsamer DL

10. Woche	
Mo.	35 min lockerer DL
Di.	Ruhetag
Mi.	10 min langsamer DL, dann 3 km im angestrebten Halbmarathon-Tempo, anschl. 5 min langsamer DL
Do.	Ruhetag
Fr.	25 min lockerer DL
Sa.	20 min langsamer DL, anschl. 5 Steigerungen
So.	Halbmarathon

KAPITEL 5

Fünfter Schritt: Der Marathon

→ **Nur für ambitionierte Läufer**

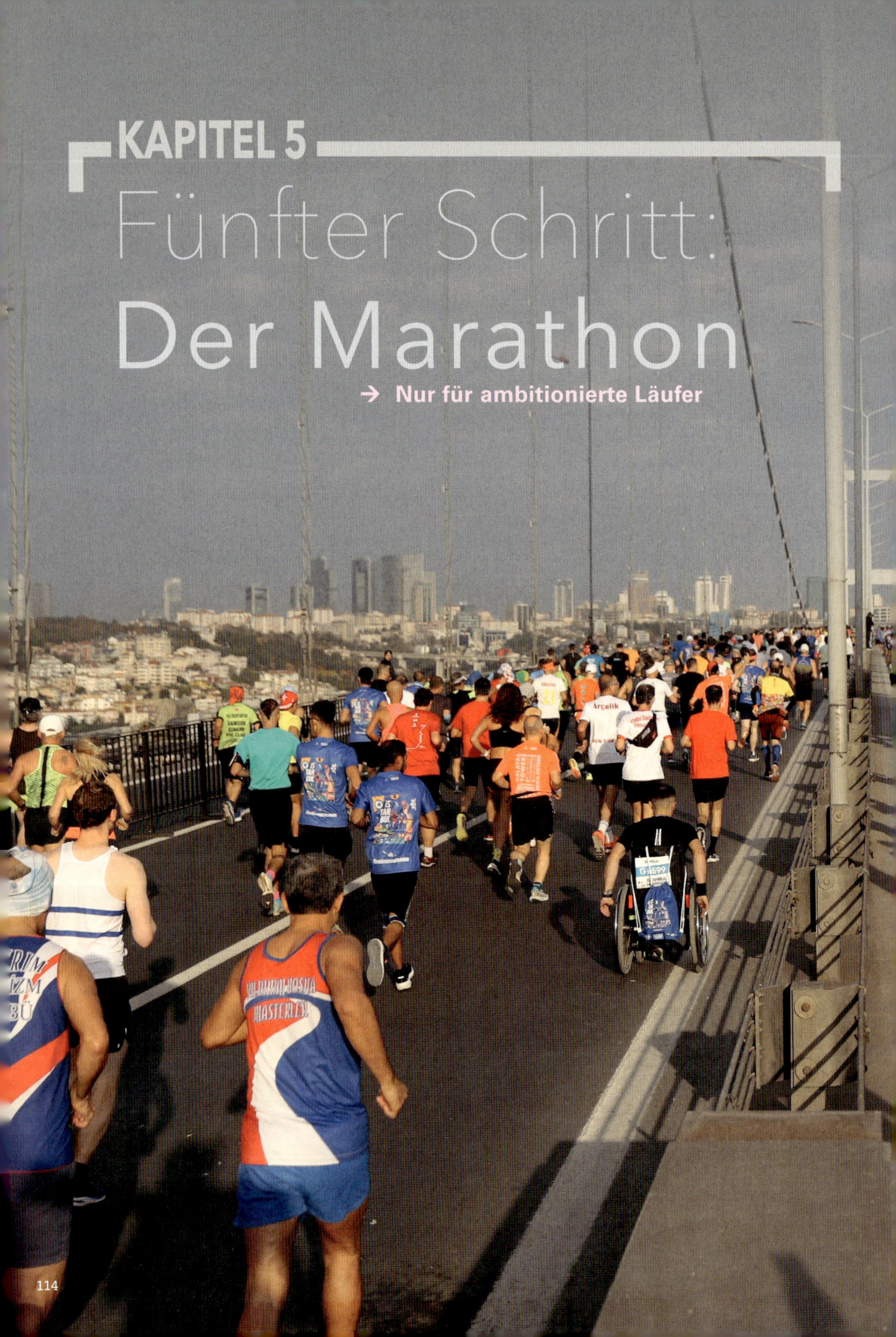

5

Was unterscheidet den Halbmarathonläufer vom Marathonläufer? In jedem Fall muss Letzterer mehr Zeit zum Training aufwenden. Der entscheidende Unterschied zwischen einem Halbmarathon- und einem Marathontraining betrifft nicht die Tempotrainings, sondern die Ausdauerläufe, im Speziellen den langen Lauf. Einen Marathon kann man auch ohne jegliche Tempobelastungen problemlos schaffen, aber nicht ohne lange Vorbereitungsläufe. Grundsätzlich ist das Tempo für die meisten Marathonläufer, also die, die über 3:30 Stunden brauchen, im Marathon selbst ja nicht schneller als das gewohnte Wohlfühltempo. Es geht also vor allem darum, im Training die Grundlagen zu legen, dass Sie sich eben nicht nur 90 Minuten oder zwei Stunden in einem Tempo wohlfühlen, sondern vier oder fünf und mehr Stunden.

5.1 Gesammeltes Marathonwissen

Nachfolgend habe ich die wichtigsten Marathontipps, -strategien und -trainingspläne aus zurückliegenden 30 Jahren, die ich mich bei RUNNER'S WORLD mit dem Thema »Marathon« beschäftigt habe, zusammengefasst. Ich war der Erste, der dezidierte Trainingspläne nicht nur für Laufprofis vorgestellt hat, sondern auch für fitte Freizeitläufer, die sich den »Traum Marathon« erfüllen wollten. Und es ist wichtig, darauf hinzuweisen: Dabei ging es nicht um »Harakiri«-Unternehmungen, sondern um sinnvolle Vorbereitungen, die die Läufer gesund und glücklich ins Ziel bringen. Und damit Sie auch für Ihren ersten – oder schnellsten – Marathonlauf im kommenden Herbst gewappnet sind und dort sicher ins Ziel kommen, lesen Sie sich das gesammelte Wissen unbedingt einmal in Ruhe durch, bevor Sie mit der Vorbereitung beginnen.

1. Umfänge aufstocken

Allmählich den wöchentlichen Kilometerumfang zu erhöhen ist das Grundprinzip jedes Marathonaufbautrainings. Die Mehrzahl der Expertenpläne enthält eine Steigerung von anfangs 20–50 Wochenkilometern auf schließlich 50–120 km in der »heißen« Phase, die bis mindestens zwei Wochen an den Wettkampf heranreichen kann.

Überträgt man die Kilometerumfänge der meisten Marathontrainingspläne in ein Kurvendiagramm, wird man erkennen, dass die Linie Woche für Woche allmählich steigt, bis sie schließlich in der unmittelbaren Vorwettkampfphase steil fällt. In der Realität indes verläuft die Entwicklung in aller Regel nicht so kontinuierlich. Man sollte mit Höhen und Tiefen, Phasen deutlicher Steigerung, aber auch der Stagnation rechnen. Für Ausfallzeiten, sei es durch Zeitmangel, kleine Verletzungen oder anderes, rate ich: Wenn Sie sporadisch eine oder zwei Einheiten auslassen müssen, fahren Sie anschließend genau nach Plan fort. Nur wenn ganze Trainingswochen ausfallen, sollten Sie ebenso viel Zeit im Plan zurückgehen und an dieser Stelle weitermachen. Wer gezwungen ist, länger als zwei Wochen zu pausieren, sollte auf jeden Fall seine Wettkampfziele nach unten korrigieren oder auf einen späteren Termin ausweichen.

Supercoachstrategie: Absolvieren Sie den einen oder anderen längeren Lauf in einem Umfeld, das dem beabsichtigten Marathon nahekommt. Beachten Sie Untergrund, Streckenprofil, zu erwartende Temperaturen, Tageszeit und Ähnliches, und simulieren Sie dann möglichst die Bedingungen, mit denen Sie im Wettkampf zu rechnen haben – auch, wenn Sie vielleicht etwas mehr Zeit investieren müssen, um erst zu einem geeigneten Gelände zu fahren.

2. Tempotraining

Deutlich schneller als Marathontempo zu laufen, ist im Grunde unnötig, wenn es Ihnen allein darauf ankommt, das Ziel zu erreichen. Wollen Sie jedoch auch eine bestimmte Zeit schaffen, ist Tempotraining höchst förderlich. Ab und zu schneller zu laufen, ist das einfachste Mittel, um die drei physiologischen Größen, die zu Leistungszuwachs führen, zu entwickeln: das maximale Sauerstoffaufnahmevermögen (VO2max), die Laktatschwelle und die Laufökonomie. Darauf bin ich bereits ausführlich in den vorangegangenen Kapiteln eingegangen. Aus diesem Grunde empfehle ich die eine oder andere schnellere Trainingseinheit, zumindest für die fortgeschrittenen Läufer. 1–2 x pro Woche beinhaltet jeder Trainingsplan eine schnellere Einheit als das Marathontempo, sei es durch Tempoläufe auf der Straße, Wiederholungsläufe auf der Bahn oder Hügelintervalle bis hin zum Fartlek, dem »Spiel mit der Geschwindigkeit«. Im Kern zieht sich wie ein roter Faden durch alle meine Trainingsempfehlungen eine Tempoeinheit auf der Bahn, bei der insgesamt 5 km im 10-km-Wettkampfschnitt oder etwas schneller absolviert werden, sowie ein Tempodauerlauf über 5–15 km im Marathontempo. Anders ausgedrückt: Selbst ein wenig Tempoarbeit kann bereits signifikante Fortschritte bringen.

Supercoachstrategie: Eine intensive Einheit auf der Bahn, die insbesondere das Tempogefühl für den Marathon schult: Laufen Sie nach gründlicher Erwärmung abwechselnd und ohne Pause jeweils 200 m im Marathonzieltempo und im 10-km-Tempo, und zwar so lange, bis Sie auf dem schnelleren Abschnitt das vorgegebene Tempo nicht mehr erreichen.

3. Motivationstraining

Die Hälfte der Schwierigkeit beim Marathontraining besteht nicht im Laufen an sich, sondern darin, sich über Monate hinweg Tag für Tag immer wieder neu für das Training zu motivieren. Ganz am Anfang muss selbstverständlich der feste Entschluss stehen: Ich will einen Marathon laufen. Als nächstes setzt man sich ein realistisches Zeitziel und entscheidet sich für einen geeigneten Trainingsplan. Und dann muss man einen Kilometer laufen. Erst einmal einen, wenigstens. Wer es schafft, an jedem Trainingstag diesen ersten Kilometer – oder sagen wir, die ersten 5–10 min – unter die Füße zu nehmen, wird mit hoher Wahrscheinlichkeit fortfahren und das geplante Training herunterspulen.

Ich glaube, dass es von Vorteil ist, in der Gruppe zu laufen. Laufpartner bringen Abwechslung in die Trainingsroutine, lassen das Pensum einfacher erscheinen, sorgen für mehr Spaß. Trotz gern in Anspruch genommener Unterstützung durch Trainingspartner muss man jedoch auch dabei »sein eigener Herr« bleiben. Das heißt, sich stets den eigenen Trainingsplan zum Maßstab nehmen, trotz genereller Kompromissbereitschaft die wesentlichen Einheiten als »nicht verhandelbar« ansehen und die eigenen Fortschritte in einem Trainingstagebuch protokollieren. Und dann gibt es noch diesen einfachen Trick zur Selbstmotivation: Versprechen Sie sich eine Belohnung, die es aber erst gibt, wenn das Training geschafft wurde. Das kann eine Sportmassage sein, ein neues Paar Schuhe, ein Restaurantbesuch oder einfach eine Schale Eiskrem, was immer Sie sich gern gönnen würden.

Supercoachstrategie: Wer in der Regel morgens läuft, sollte sich bereits am Vorabend alles Nötige neben dem Bett bereitlegen – von der Laufkleidung über die Schuhe bis zum Energiedrink. Dann brauchen Sie sich nur noch aus dem Bett zu wälzen, und schon kann's losgehen.

4. Crosstraining

Zum Thema »alternative Trainingsformen« wie Radfahren und Schwimmen sowie Studiotraining, beispielsweise zur Kräftigung des Körperzentrums, habe ich in der Vergangenheit durchaus zwei konträre Ansichten vertreten:

1. Ansicht: Alternativtraining als akzeptable Option, jedoch nur an lauffreien Tagen und dann auch nur bei kurzer Dauer (weniger als eine Stunde) und niedriger Intensität. An Lauftagen hingegen soll die Energie ganz auf das Lauftraining fokussiert bleiben, da letztendlich nur die Erfüllung dieser Trainingsvorgaben einen Läufer ins Marathonziel bringt.

2. Ansicht: Alternativtraining als einen wichtigen Bestandteil der Wettkampfvorbereitung betrachten und 2–3 solcher Workouts von Anfang an in den Wochenplan einplanen. Die Begründung: Crosstraining hat oftmals die gleiche Wirkung wie zusätzliche Kilometer, ohne das Knochengerüst auch nur annähernd so stark zu belasten. Laut Expertenmeinung gestatten 30–60 min intensiver aerober Belastung auf dem Rad oder beim Schwimmen den beim Laufen beanspruchten Muskeln, sich zu regenerieren, während der Sportler dennoch einen Nutzen für das Herz-Kreislauf-System und den allgemeinen Muskelaufbau gewinnt, Überlastungsverletzungen vermeidet und auch ohne Laufen einen Fitnesszuwachs erreicht.

Weitgehend eine Ansicht vertrat ich dagegen immer hinsichtlich der für Läufer am besten geeigneten Crosstrainingsformen: Aquajogging, Schwimmen, Radfahren und Kraftübungen – etwa in dieser Rangfolge – stehen auf jeder Liste ganz oben. Schwimmen vor allem deshalb, weil es Kreislauf und Oberkörper stärkt, ohne die Beine zu belasten. Radfahren beansprucht zwar die Beine, allerdings in der Hauptsache andere Muskelpartien als Laufen, und es führt einen an Orte, die man zu Fuß nicht kennenlernen würde. Bei Workouts im Studio sollten sich stoßarme Cardioübungen abwechseln, zum Beispiel auf dem Crosstrainer oder Stairclimber, mit Übungen zur Kräftigung des Rumpfs und des Körperzentrums. Es empfiehlt sich, eher geringere Gewichte zu verwenden, dafür jedoch viele Wiederholungen durchzuführen, um die Dauerleistungsfähigkeit der Muskeln zu entwickeln. Insbesondere ein kräftiges Körperzentrum verbessert die Laufeffizienz, verzögert die lokale Ermüdung und beugt Verletzungen vor.

Supercoachstrategie: Ganz simple, aber wirkungsvolle Kraftübungen sind Liegestütze für den Oberkörper und Crunches für das Körperzentrum. Ich empfehle 2–3 x pro Woche Wechselübungen, bei denen Sie 10 Liegestütze (Auflagepunkte sind die Knie) durchführen, sich dann auf den Rücken drehen und unmittelbar 10 Crunches folgen lassen, dann wieder zu den Liegestützen wechseln und so weiter – anfangs je drei Serien, im Laufe der Zeit dann sechs.

5. Brennstoff tanken

Die richtige Ernährung und ausreichendes Hydrieren spielen beim Marathontraining eine wichtige Rolle, insbesondere am Vorabend beziehungsweise am Tag der langen Läufe. Alle Fachleute unterstreichen die Strategie, lange Trainingsläufe unter anderem dazu zu nutzen, einen für den Wettkampf geeigneten Ernährungsplan zu entwickeln und zu testen. Probieren Sie bei diesen Gelegenheiten aus, welche Kombination von fester Nahrung und Getränken Ihnen bei länger anhaltenden Belastungen am besten bekommt, damit Sie dann beim Marathon selbst keine Experimente mehr machen müssen.

Da die langen Läufe in der Vorbereitung auf einen Herbstmarathon vorwiegend an warmen Sommerwochenenden absolviert werden dürften, kommt auch der Flüssigkeitszufuhr während des Laufs eine ganz wesentliche Bedeutung zu. Geeignete Getränke enthalten Kohlenhydrate, die die Energiebereitstellung hochhalten, sowie Elektrolyte, um den mit der Schweißabsonderung einhergehenden Mineralverlust auszugleichen. Führen Sie daher Getränke mit sich oder deponieren Sie diese an Ihrer Laufrunde.

Supercoachstrategie: Das Schlucken von Sportgels zusammen mit einem Energiedrink kann dazu führen, dass zu viel Zucker auf einmal in den Magen-Darm-Trakt gelangt. Die Folgen können Magenkrämpfe und Durchfall sein. Spülen Sie Gels daher immer nur mit reinem Wasser herunter.

6. Testläufe

Für Testläufe eignen sich beliebige Distanzen, die deutlich kürzer sind als der Marathon, und die Anhaltspunkte für den Formzustand vor dem Rennen liefern. In diesem Sinne ließe sich auch der eine oder andere Laufwettkampf gut in den Vorbereitungsplan einbauen, sei es als Tempolauftrainingsmittel oder aber, um einfach die Bestätigung zu erhalten, dass die Form stimmt. Über den Nutzen solcher Tests gibt es keine Zweifel, hinsichtlich der Zahl und Häufigkeit herrschte jedoch in unseren vorgestellten Plänen ein wenig »Uneinheitlichkeit«. Ein gemeinsamer Nenner lässt sich dennoch herausfiltern: Den meisten Sinn macht es, zur gleichen Tageszeit wie beim geplanten Marathon zu laufen, ein möglichst ähnliches Streckenprofil und Geläuf zu wählen, dieselbe Kleidung und dieselben Schuhe wie im Wettkampf zu tragen und auch die Nahrungsaufnahme identisch zu gestalten. Wer nichts ungetestet lässt, kann beim Marathon selbst eigentlich nur positive Überraschungen erleben.

Der konkreten Gestaltung solcher »Aufwärmrennen« sind keine engen Grenzen gesetzt – sie können von einem 6-km-Lauf, den man anstelle einer Tempoeinheit auf der Bahn absolviert, bis zu einem Halbmarathonwettkampf als Ersatz für einen langen Trainingslauf reichen. Die Testwettkämpfe sollten allerdings nicht erst in der Erholungsphase unmittelbar vor dem Marathon stattfinden. Ansonsten sind 1–2 solcher Vorbereitungswettkämpfe immer ratsam, wobei ebenso gut der eine oder andere längere Trainingslauf als Test beziehungsweise Wettkampfeinstimmung dienen kann. Ein Hintrainieren auf Testwettkämpfe einschließlich ausgiebiger Ruhephase in den Tagen zuvor würde die Kontinuität der Marathonvorbereitung indes brechen. Bauen Sie die Tests deshalb möglichst nahtlos in Ihr übliches Trainingsregime ein.

Supercoachstrategie: Anfänger sollten in der Marathonvorbereitung nie Rennen bestreiten, bei denen sie sich bis an ihre Leistungsgrenze belasten, während erfahrene Wettkampfläufer durchaus noch vier Wochen vor dem Marathon einen Halbmarathon mit 100 % Krafteinsatz anstelle eines langen Trainingslaufs hinlegen dürfen. Aus der erreichten Zeit lässt sich dann schließlich auch endgültig ein realistisches Marathonziel ableiten.

RATGEBER

»Wie lang darf mein erster langer Lauf sein, ohne dass ich mich überlaste?«

Grundlage für die Festlegung der Streckenlänge des ersten langen Laufs ist die Zeitdauer des bisher längsten Laufs. Mehr als 15 % länger sollte der erste Long Jog nicht sein. Mehr sollten Sie auch nicht von Woche zu Woche draufpacken. Außerdem entscheidet die Körperstatur über die Länge des längsten langen Laufs: Je schwerer und weniger athletisch Sie sind, desto vorsichtiger müssen Sie mit der Streckenlänge beim langen Lauf sein.

5.2 Sind Sie ein Marathontyp?

Bevor Sie sich emsig meinen Trainingsplänen widmen, machen ich Sie darauf aufmerksam, dass (fast) jeder irgendwann einen Marathon schaffen kann, aber eben nicht jeder noch in diesem Jahr. Lesen Sie die folgenden fünf Fragenkomplexe mit insgesamt 25 Fragen gewissenhaft durch, nehmen Sie sich bei der Beantwortung Zeit, und entscheiden Sie erst danach, ob Sie schon so weit sind, sich für ein Vierteljahr ganz dem »Abenteuer Marathon« zu verschreiben.

Achtung: Pro Fragenkomplex sollte es mehr als ein »Nein« als Antwort nicht sein, ansonsten übernehmen Sie allein das Risiko, die Vorbereitung und den Marathon gesund (und mit viel Spaß) zu überstehen.

Gesundheit

1. Fühlen Sie sich gesund? (Und ich spreche hier nicht von »mehr oder weniger gesund«, sondern von »kerngesund«, wohlgemerkt!)
2. Haben Sie keinerlei internistische oder orthopädische Beschwerden oder Verletzungen?
3. Haben Sie Ihre Gesundheit in den letzten drei Monaten von einem Arzt überprüfen lassen?
4. Gehörte zu der Untersuchung auch eine EKG-Aufzeichnung?
5. Gehören Sie nicht einer sogenannten Risikogruppe an (Risikofaktoren sind z. B. starkes Rauchen, starker Alkoholkonsum, Bluthochdruck)?

Leistungsstand

6. Laufen Sie schon mindestens 18 Monate regelmäßig?
7. Laufen Sie 3 x pro Woche oder öfter?
8. Laufen Sie 20 km pro Woche oder mehr?
9. Könnten Sie 90 min ohne Gehpause laufen?
10. Können Sie wenigstens 20 Kniebeugen machen, ohne dass Sie am folgenden Tag Muskelkater haben?

Umfeld

11. Steht Ihr Partner/Ihre Familie ganz hinter Ihren Marathonplänen? (Probe aufs Exempel: Brauchen Sie kein schlechtes Gewissen zu haben, wenn Sie am Wochenende statt mit der Familie in den Biergarten mit Freunden zum »langen Lauf« aufbrechen?)
12. Finden Sie neben Partner/Familie überhaupt ausreichend Zeit zur Marathonvorbereitung?
13. Bietet Ihnen auch Ihr Beruf die Möglichkeit, die entsprechende Zeit in die Vorbereitung zu investieren?
14. Sind Sie während der Vorbereitungszeit beruflich kaum unterwegs (und wenn, dann irgendwo, wo man auch laufen kann)?
15. Ist Ihr Chef auch Läufer? (Nein? Kein Problem, ein »Nein« ist ja pro Fragenkomplex erlaubt, und außerdem sind leider immer noch die wenigsten Chefs Läufer.)

Persönlichkeit

16. Wollen Sie unbedingt einen Marathon laufen (oder hat Sie nur jemand dazu überredet)?
17. Freuen Sie sich auf die Herausforderung und sind Sie grundsätzlich optimistisch, dass Sie das Marathonziel erreichen?
18. Sind Sie diszipliniert genug, gewissenhaft über drei Monate auf ein Ziel hinzuarbeiten?
19. Können Sie sich an Trainingsvorgaben – Ihre eigenen oder meine – halten?

20. Zählen Sie nicht zu den Trainingsweltmeistern, die sich jedes Mal freuen, wenn sie wieder 5 min weniger als geplant für ihre 10-km-Runde gebraucht haben (aber am Tag X schon wieder völlig außer Form sind)?

Material

21. Sind Sie Besitzer von mindestens drei Paar verschiedenen Laufschuhen? (Ein »Nein« dürfen Sie bis zum Beginn des Marathontrainings in einem Lauffachgeschäft noch in ein »Ja« umwandeln.)
22. Besitzen Sie mehr als eine Laufgarnitur, und ist diese aus Funktionsfasern? (Bei Antwort »Nein« siehe unter 21.)
23. Führen bzw. haben Sie ein Trainingstagebuch (digital oder Papier ist mir egal), in dem Sie Ihre Vorbereitung protokollieren können?
24. Besitzen Sie eine Sportuhr, die auch eine Herzfrequenzmesserfunktion besitzt? (Bei Antwort »Nein« siehe unter 21.)
25. Haben Sie im Vorratsschrank ausreichend kohlenhydratreiche Lebensmittel gelagert, um in den drei Vorbereitungsmonaten nicht zu verhungern? (Ein »Nein« dürfen Sie bis zum Beginn des Marathontrainings noch in einem Lebensmittelgeschäft in ein »Ja« umwandeln.)

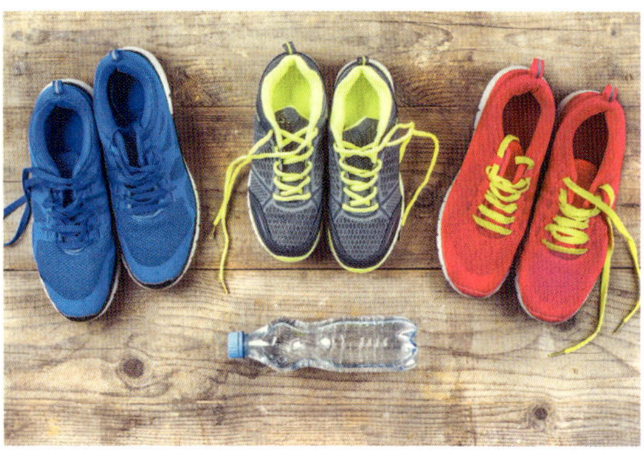

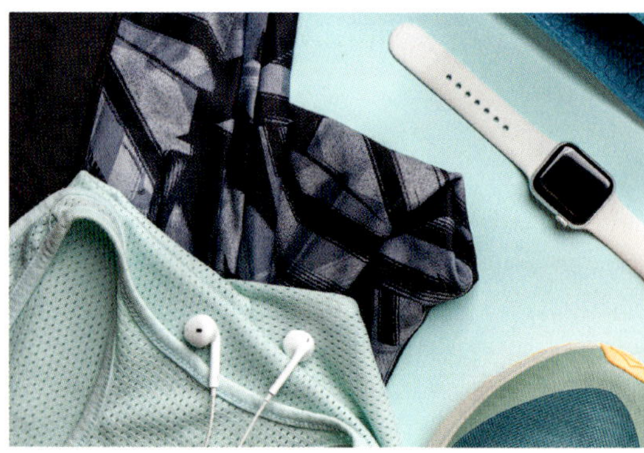

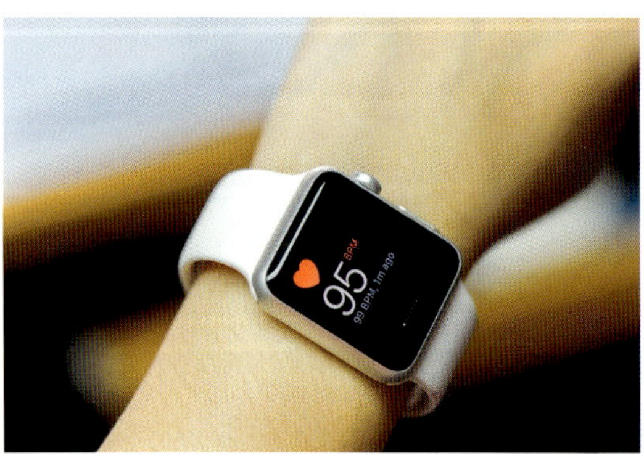

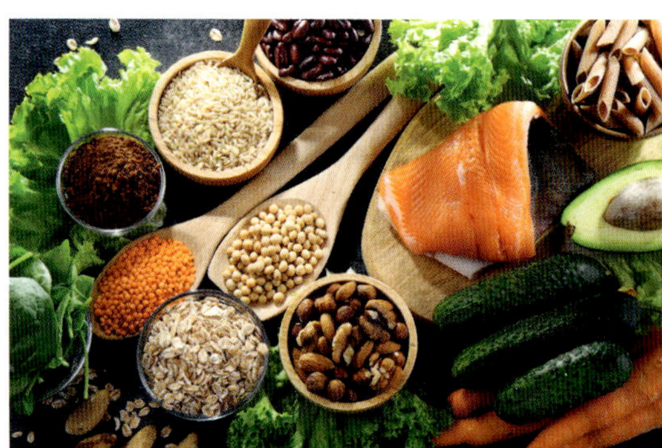

5.3 Leicht, locker und lang

Vor etwa zwei Jahrzehnten noch führten Läufer endlose Debatten darüber, wie viele Kilometer für die langen Läufe in der Marathonvorbereitung vonnöten seien. Einige waren der Meinung, 25 km seien ausreichend, während andere sogar Strecken von 45 km vorgaben. Den breitesten Zuspruch fand schließlich eine Zahl irgendwo in der Mitte zwischen Halbmarathon- und Marathondistanz: 30 km.

Heute herrscht weitgehend Konsens darüber, dass Läufe im Bereich zwischen 28 und 35 km als spezifische Marathonvorbereitung ausreichen. Nun stellt sich jedoch die Frage: Wie schnell (bzw. langsam) sollte der lange Trainingslauf sein? Spezielle Untersuchungsergebnisse mit ausreichend großen Probandenzahlen liegen zu diesem Thema nicht vor, nur vereinzelt befassten sich Trainingswissenschaftler bisher mit dieser wichtigen Frage. Einer von ihnen ist der amerikanische Leichtathletikcoach Jason Karp, der schon während seiner Doktorandenzeit im Jahr 2004 einen interessanten Fragebogen an Läufer verteilte, die sich für die US-Marathon-Trials – das Ausscheidungsrennen für die Olympianominierung – qualifiziert hatten. Obwohl Karp nicht speziell nach dem Tempo der langen Trainingsläufe gefragt hatte, konnte er feststellen, dass die Qualifikanten rund 28 % ihres Wochenumfangs etwa im Marathonzieltempo liefen. Die Zahl ist recht hoch und deutet darauf hin, dass gute Marathonläufer zumindest einen Teil ihrer langen Läufe in diesem Tempo oder gar schneller absolvieren.

Diverse Tempovorgaben

Mangels aussagekräftiger wissenschaftlicher Abhandlungen zum Thema hat sich mein Kollege Amby Burfoot, selbst einmal vor Jahrzehnten Sieger des Boston-Marathons, in der modernen Trainingsliteratur genauer umgesehen, um die in der Praxis am besten bewährten Pacing-Strategien für das Marathontraining herauszufiltern. Häufig genannte Tempobereiche ließen sich in vier Kategorien einordnen, die er mit den Kürzeln LL (leicht und locker), MZ (Marathonzieltempo), LS (Laktatschwellentempo, in einigen Quellen auch einfach als Tempodauerläufe bezeichnet) und SSRA bezeichnete. Letztere Abkürzung ist zugegebenermaßen etwas eigenwillig und steht für ein Tempo, das ich mit »sich so richtig auskotzen« charakterisieren würde.

Lange Läufe im LL-Tempobereich finden nach Burfoot sehr viele Befürworter. Im Vergleich zum angestrebten Marathontempo wird hier jeder Kilometer mindestens 60 s langsamer gelaufen. Die meisten Experten sehen den Vorteil von LL darin, dass es relativ große Umfänge gestattet und damit all die notwendigen physischen wie auch mentalen Komponenten entwickelt, zugleich aber das Verletzungsrisiko geringhält. Um parallel die Tempofähigkeit zu entwickeln, sollte an anderen Tagen der Trainingswoche schneller gelaufen oder ab und zu ein Wettkampf genutzt werden.

Eine Reihe von Marathonspitzenathleten kopiert bis heute die LL-Methode mit großem Erfolg, nachdem sie der ehemalige Boston- und New-York-Sieger Bill Rogers einst als Geheimnis seiner Triumphe populär gemacht hat. Rogers legte den langen Lauf oft bewusst auf den Montag, da er nach den Wettkampfreisen und -belastungen des Wochenendes dann gar nicht frisch genug war, um den Fehler zu machen, zu schnell zu laufen. Aber, aufgepasst: Wer zum Beispiel nach zwei Stunden zu erschöpft ist, um das eingeschlagene Tempo zu halten, erhöht wiederum sein Verletzungsrisiko, wenn der Laufstil leidet und mit schlechter Körperhaltung weitergelaufen wird. Sicher hört man von Kritikern der Methode nicht selten auch Sprüche wie: »Vom langsamen Laufen wird man langsam«. Solche Einwände mögen berechtigt sein, treffen aber allein auf diejenigen zu, die stets nur monoton in diesem Tempobereich trainieren.

Das Zieltempo üben

In jüngerer Zeit ist eine Tendenz erkennbar, die in Richtung auf das Marathonwettkampftempo als Komponente der langen Trainingsläufe geht. Die Strategie sieht in der Regel so aus, dass zur Betonung der Ausdauerkomponente zunächst die ersten 12–16 km im LL-Tempo gelaufen werden. Es folgt eine allmähliche Steigerung bis auf Marathontempo, das dann wiederum 12–16 km zu halten ist. Einige Trainer empfehlen auch, abwechselnd den langen Lauf in einer Woche komplett als LL und in der anderen mit Einbau der MZ-Komponente zu absolvieren.

Der Schweizer Eliteläufer Viktor Röthlin, ehemaliger Europameister im Marathonlauf, trainierte zum Beispiel so ähnlich. Konkret könnte dies so aussehen, dass das Tempo bei langen Läufen von zunächst MZ + 30 s (je Kilometer) über MZ + 20 s und MZ + 10 s vorsichtig auf Marathonzieltempo erhöht wird.

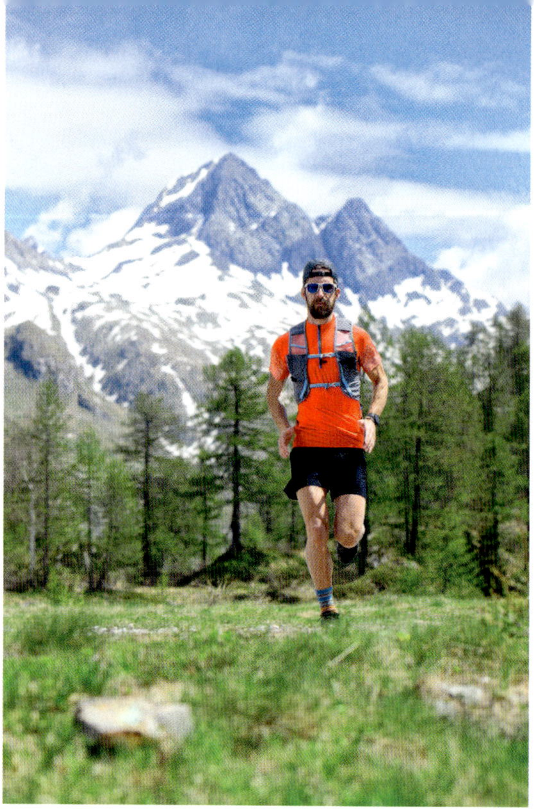

Laufen an der Laktatschwelle

Es ist nicht einfach, Workouts im LS-Bereich in ein spezielles Marathontraining zu integrieren. Elitetrainer Jack Daniels favorisiert LS-Abschnitte als Tempovariationen innerhalb des langen Laufs, warnt jedoch vor der Gefahr, durch falsch dosierte Belastungen die Qualität der nächsten wichtigen Trainingseinheit zu beeinträchtigen. Eine gut durchdachte Daniels-Methode zum Einbau von Tempotraining in einen 32-km-Lauf sieht wie folgt aus: Beginnen Sie mit 3 km LL und laufen Sie danach 4 x 3 km im LS-Bereich (etwa 20–30 s pro km schneller als Marathontempo). Zwischen den Tempoabschnitten traben Sie jeweils 2 min ganz locker. Die gesamte zweite Hälfte des langen Laufs absolvieren Sie anschließend im LL-Tempo.

Jason Karp zog es vor, das LS auf die letzten 4–6 km des langen Laufs zu legen. Auch er sieht diese Tempofähigkeit als entscheidende physiologische Variable. »Wenn wir das LS eines Läufers anheben können, wird er auch einen schnelleren Marathon laufen können.«

Tempo bolzen?

Der ehemalige Marathonweltrekordler Khalid Khannouchi – es war 2002, ja, das ist schon lange her, aber … – verriet damals, er nehme seine langen Trainingsläufe so ernst, dass er in der Nacht zuvor vor Aufregung kaum Schlaf findet. Und nach dem Lauf ist ihm manchmal so übel, dass er sich übergeben muss. Da Khannouchi schon vor 25 Jahren den Marathon unter 2:06 h lief, kann seine Methode so falsch nicht sein. Üblicherweise lief er im Training »negative Splits«, die zweite Hälfte also schneller als die erste. In der Praxis sah das so aus, dass er nach mehreren Aufwärmkilometern den größten Teil der Strecke in einem nur wenig (etwa 10 s/km) langsameren Tempo als MZ zurücklegt, um auf den letzten 5 km an seine Leistungsgrenze heranzugehen. Er versucht dabei, sein 10-km-Wettkamptempo (2:45 min/km!) zu erreichen.

Einen ähnlichen Ansatz verfolgen auch viele kenianische Eliteläufer. Ihr aktuell bekanntester Trainer,

RATGEBER

»In welchem Belastungsbereich liegt das Marathonrenntempo?«

Ein gut trainierter Marathonläufer, der einen ausreichenden Kilometerumfang in der Vorbereitung – inklusive langer Läufe – absolviert hat, schafft es, die Laufgeschwindigkeit an der sogenannten individuellen anaeroben Schwelle über die Marathondistanz durchzuhalten. Einsteigern empfiehlt sich demnach ein Tempo, das sie auch beim lockeren Trainingsdauerlauf nutzen und welches etwa 80 % der maximalen Herzfrequenz entspricht. Fortgeschrittene Läufer – ich nenne sie gern »engagierte Läufer« – laufen einem ihrem zügigen Dauerlauftempo entsprechendes Tempo, bei dem sie nicht außer Atem kommen und das etwa 85 % der maximalen Herzfrequenz entspricht. Und die ambitionierten Läufer bewegen sich beim Marathonlauf in einem Tempo, das ihrem intensivsten Dauerlauftempo und etwa 90 % der maximalen Herzfrequenz entspricht. Wohlgemerkt: Die Herzfrequenzvorgaben stehen für die Kilometer von 3–30 in einem Marathon, vorher rollt man sich ein und nachher ist die Herzfrequenz unter anderem wegen des Anstiegs der Körpertemperatur kein zuverlässiger Ratgeber mehr. Denn auf der Zielgeraden eines Marathons kommt mancher Marathonläufer in den Bereich seiner maximalen Herzfrequenz – und sollte sich nur wegen seines Herzfrequenzmessers nicht davon abhalten lassen

der Italiener Renato Canova, lässt seine Schützlinge in ruhigem Tempo beginnen, das im mittleren Streckenteil allmählich auf MZ gesteigert wird. Der Schlussabschnitt, zwischen 10–30 min lang, wird dann gnadenlos wie ein Wettkampf gelaufen.

Welche Trainingsmethode sollten Sie nun bevorzugen?

Wenn Sie nach Gold greifen möchten, ganz klar: Trainieren Sie wie Khannouchi und Canova! Ansonsten bin ich der Ansicht, dass bei den langen Einheiten das LL weiterhin im Vordergrund stehen sollte, und so berücksichtige ich es auch in meinen Trainingsplänen.

Da ich aber auch nicht dagegen bin, ab und zu etwas zu riskieren, empfehle ich Ihnen, wenn Sie es partout wollen, es eventuell auch mal mit folgendem Programm zu probieren: Beginnen Sie mit 12 km LL, gefolgt von 4 km MZ. Bei jedem weiteren langen Lauf dehnen Sie beide Abschnitte jeweils um 2 km aus, bis Sie bei 20 km LL plus 12 km MZ angelangt sind. An diesem Punkt sind Sie sicher für einen Marathon bereit und können beginnen, das Training allmählich zu reduzieren, um für den großen Tag Kräfte zu sammeln.

Der Fettstoffwechsel

Beim langen Lauf wird die Fettverbrennung trainiert. Wie oft haben Sie das nicht schon gehört? Aber wissen Sie eigentlich, was das bedeutet? Beim Laufen wird hauptsächlich Glykogen in Energie umgewandelt. Energie, die Sie brauchen, um einen Schritt vor den anderen zu setzen. Die Glykogenreserven des Körpers sind aber begrenzt. Hat der Körper diese Reserven aufgebraucht, schaltet er zunehmend auf die Energiegewinnung aus Fetten um (die sogenannte Fettverbrennung). Passiert Ihnen dies im Marathon, bedeutet es nichts anderes als einen »Einbruch«, sprich Zeitverlust auf dem zweiten Teil der Strecke. Denn Fette können nur bei einem reduzierten Lauftempo erschlossen werden.

Sie können den Einbruch vermeiden, indem Sie von Beginn des Marathons an ein Tempo wählen, bei welchem die Energie nicht nur aus Glykogen gewonnen wird, sondern auch aus Fett. So können Sie die Glykogenvorräte über die Gesamtdistanz verteilt nutzen. Und das Wichtigste: Dies können Sie trainieren. Und zwar mit einem wöchentlichen langen Lauf.

5.4 Die letzten 4 Wochen vor dem Marathon

Die letzten vier Wochen sind die kritische Phase in der Trainingsvorbereitung vor einem Marathon. Wenn Sie meine nachfolgenden 18 Tipps beachten, kann eigentlich nichts schiefgehen.

5.4.1 Noch ein Monat

1. **Der richtige Marathonschuh.** Vier Wochen vor dem Marathon sollten Sie wissen, welchen Laufschuh Sie beim Marathon tragen, damit Sie ihn einlaufen können und eventuelle Druckstellen usw. feststellen. Leicht darf er sein, bequem muss er sein und vor allem sollte er zu Ihrer Fußstellung passen. Deshalb gilt: Den Marathonschuh kauft man beim Laufexperten. Testen Sie ihn mindestens 42 km sowohl bei schnellen wie bei langen Läufen. Das Prinzip: Lieber bequem und stabil als leicht und elegant.

2. **Die Form testen.** 3–4 Wochen vor dem Marathon sollten Sie Ihre Laufform bei einem Wettkampf überprüfen. Ideal ist ein Halbmarathon, den Sie dann 3 % schneller finishen sollten, als Sie bei Ihrer Marathonzielzeit zur Hälfte durchlaufen wollen. Gibt es keinen Wettkampf, machen Sie Ihren privaten Test, eventuell zusammen mit Laufkollegen. Die Streckenlänge sollte 15–20 km betragen.

3. **Lang und schnell kombinieren.** 3–4 Wochen vor dem Marathon sollte der längste lange Lauf der Vorbereitung geplant sein. Versuchen Sie bei diesem Lauf, auf den letzten 3–5 km Ihr geplantes Marathontempo zu realisieren. Das wird hart, aber Sie werden sehen, es ist machbar. Schließlich werden Sie dieses Tempo wenige Wochen später 42 km durchlaufen.

4. **Die Marathonstrecke imitieren.** Informieren Sie sich über die Topografie Ihres Marathonparcours. Hat er mehrere kleine Auf- und Abpassagen (wie beispielsweise in New York), dann bauen Sie solche auch ab und zu in Ihr Lauftraining ein, z. B. in den langen Lauf. Laufen Sie auf Berlins flachem Weltrekordkurs? Dann brauchen Sie sich über Steigungen in der Planung keine Gedanken zu machen, aber einen guten Trainingseffekt bieten sie in jedem Fall.

5. **Trinken üben.** Beim Marathon müssen Sie zwischendurch unbedingt trinken. Das Flüssigkeitsangebot des Veranstalters wird in der Regel in Bechern gereicht, und es ist gar nicht so leicht, aus Bechern beim Laufen beziehungsweise schnellen Gehen zu trinken. Üben Sie dies unbedingt zuvor im Training. Pappbecher kann man übrigens schön zum »Schnabel« drücken, sodass sich leichter trinken lässt. Haben Sie Probleme mit der Verpflegung unterwegs, dann stellen Sie sich von vornherein auf Gehpausen ein. Lieber 15 s durch das Gehen verlieren und dafür genügend trinken als im Laufen den halben Becher verschütten und letztendlich zu wenig zu trinken.

5.4.2 Noch eine Woche

6. **Einen Gang herausnehmen**. Der Gesamtkilometerumfang der letzten sechs Tage vor dem Marathon darf maximal 40 % des gewohnten Wochenumfangs entsprechen. Liefen Sie also in der Vorbereitung regelmäßig 60 km pro Woche, dürfen es in der letzten Woche nur maximal 24 km sein. Natürlich ist dabei der Marathon nicht mitgerechnet.

7. **Gewöhnen Sie sich an die Startzeit.** Ist es Ihnen möglich, in den Tagen vor dem Marathon zur Marathonstartzeit Ihr Lauftraining zu absolvieren, so tun Sie dies. So gewöhnen Sie Ihren Körper an den Rhythmus des Wettkampftages. Nicht nur, was die körperliche Beanspruchung um die entsprechende Uhrzeit an sich betrifft, sondern zum Beispiel auch Ihre Ernährung und den Stuhlgang. Bedenken Sie

auch, dass Sie mindestens drei Stunden vor einem morgens startenden Marathon (die Mehrzahl) aufstehen sollten. Da ist es sinnvoll, den Körper auch schon in den Vortagen an ein früheres Aufstehen zu gewöhnen. Um dennoch auf ein ausreichendes Schlafbudget zu kommen, sollten Sie entsprechend früher zu Bett gehen.

8. **Mehrere Ziele definieren.** Ermitteln Sie für sich eine realistische Marathonzielzeit, die auf den Ergebnissen Ihrer Vorbereitungen fußt. Legen Sie sich aber auch einen Plan zurecht, wie Sie an einem schlechten Tag – den kann schließlich jeder mal haben – vorgehen wollen. Im Idealfall haben Sie sich Zwischenzeiten für einen optimalen, einen idealen und einen minimalen Rennverlauf herausgesucht und beim Marathon mit einem wasserfesten Stift auf den Arm notiert.

9. **Positiv denken.** Abends, bevor Sie ins Bett gehen, oder morgens, bevor Sie aufstehen, sollten Sie sich mit dem bevorstehenden Marathon auseinandersetzen. Stellen Sie sich dabei vor, wie Sie mit viel Spaß und Freude auf der Strecke unterwegs sind und visualisieren Sie, wie Sie erfolgreich die Ziellinie überqueren. Der Marathon ist eine Herausforderung, aber machen Sie sich immer wieder klar, dass Sie gut vorbereitet sind.

10. **Entspannen**. Die letzte Woche vor einem Marathon eignet sich weder für eine Hochzeit noch für eine Scheidung. Und eine berufliche Karriere sollte in diesen Tagen auch nicht auf dem Prüfstand stehen. Wer berufstätig ist, sollte sich besser in der Woche vor dem Marathon Urlaub nehmen als in der Woche danach. »Ich hänge in den Tagen vor dem Marathon nur ab«, meinte Marathonweltrekordlerin Paula Radcliffe einmal auf die Frage nach einem ihrer wichtigsten Erfolgsrezepte. Das bedeutet im Grunde, dass Sie Kraft sammeln und sich alle unnützen Anstrengungen sparen sollen.

11. **Keine Experimente**. Neue Laufschuhe, neue Getränke, neue Rezepte, neue Laufpartner usw. haben in der letzten Woche vor dem Marathon bei Ihnen nichts zu suchen. Die letzten Tage vor dem Marathon sind nicht Zeit für Experimente. Alles Neue ist für Sie absolut tabu. Orientieren Sie sich nur an den Dingen, die Sie schon erfolgreich getestet haben, egal ob es sich um Ihr Bett, Ihre Laufbekleidung oder Ihre Laufuhr handelt.

RATGEBER

»Wie lange sollte der längste Lauf in der Marathonvorbereitung sein?«

Beim längsten langen Lauf sollten Sie keinesfalls länger als bei Ihrem Marathon auf den Beinen sein (Ausnahme: Eliteläufer, die bei 2:10er-Bestzeiten im Training auch zweieinhalb Stunden laufen). Für alle gilt: Länger als drei Stunden sollte kein langer Lauf sein, egal ob Ihr Marathonziel »Ankommen« heißt und Sie schließlich 5:00 h brauchen werden. Denn nach drei Stunden Laufzeit steigt das orthopädische Überlastungsrisiko überproportional an.

5.4.3 Der letzte Tag

12. **Das Frühstück.** Die meisten Marathonläufer haben am Renntag keinen Appetit. Auf ein Frühstück dürfen Sie dennoch nicht verzichten. Ein leichtes, wenig magenbelastendes ist ideal. Das Frühstück füllt die über Nacht verbrannte Energie (Gehirn und Körper arbeiten auch nachts und verbrauchen Glykogen) nach, sollte allerdings spätestens zwei Stunden vor dem Start abgeschlossen sein.

    Wer Kaffee zum Frühstück braucht, um in Schwung zu kommen und seinen Magen in Bewegung zu setzen, der sollte darauf auch am Renntag nicht verzichten, dazu aber Wasser oder Saftschorle trinken.

13. Konzentration. Suchen Sie eine Stunde vor dem Start einen ruhigen Platz, an dem Sie sich noch einmal sammeln können. Atmen Sie 10 x tief durch und gehen Sie dann noch einmal die langen Wochen der Vorbereitung durch. Machen Sie sich deutlich, warum Sie an besagtem Tag X an besagtem Ort sind, und dass Sie schon so lange auf diesen Moment hingefiebert haben. Laufen Sie schon einmal die Strecke im Zeitraffer vor und halten Sie sich an markanten Streckenpunkten fest.
Wollen Sie mit einem Laufpartner gemeinsam laufen, so beziehen Sie diesen schließlich in Ihre mentale Vorbereitung mit ein. Visualisieren Sie gemeinsam die kommenden Stunden und wie Sie in welcher Situation reagieren können bzw. wollen.

14. Langsam starten. Auch nach dem Startschuss behalten Sie die Ruhe und lassen sich Zeit – die Zeit, die Sie brauchen, um in den Marathon »hineinzurollen«. Die ersten drei Kilometerabschnitte dürfen Sie ruhig hinter Ihrer Tempotabelle liegen, 10–15 s pro km holen Sie später spielend wieder auf. Es sei Ihnen versichert: diejenigen, die mit dem Schuss davonstürmen, verbrennen auf den ersten Kilometern genau die Kohlenhydrate, die Ihnen bei km 33 dazu verhelfen, locker an denen vorbeizulaufen.

15. In großen Portionen denken. 42,195 km sind ganz schön viele Kilometer. Ebenso lang ist auch der Marathon. Aber teilen Sie sich diesen deshalb bloß nicht in Kilometer für Kilometer für Kilometer ein. Das kann ganz schön frustrierend sein. Denken Sie besser von Verpflegungsstand zu Verpflegungsstand (die stehen meist alle 5 km) oder von 10-km-Abschnitt zu 10-km-Abschnitt. Fixieren Sie sich auf diese größeren Abschnitte, indem Sie sich an diesen »belohnen«, zum Beispiel mit einem Ihrer Lieblingsenergiebarren oder einer Gehpause (langsamere Läufer), oder positionieren Sie an diesen Punkten eventuell begleitende Partner, Freunde, Kollegen, Fans, sonstige Begleiter.

16. Früh und häufig trinken. Bei einem Marathon verlieren Sie viel Flüssigkeit. Arbeitende Muskeln produzieren Hitze, und die wird über den Schweiß aus dem Körper transportiert. Während Sie schwitzen, um einen kühlen Kopf zu behalten, bringen Sie Ihr Herz-Kreislauf-System in Not, denn das spürt den sinkenden Wasserhaushalt. Einen Liter Flüssigkeit verliert man unter extremen Bedingungen schon nach einer halben Stunde körperlicher Arbeit. Jeder Liter, den man verliert, führt zu einer acht Schläge pro Minute erhöhten Herzfrequenz. Das heißt: Je weniger Wasser in den Körperzellen ist, desto mehr muss der Körper arbeiten. Deshalb sollten Sie beim Marathon alle 15–20 min mindestens einen Becher Wasser in Ruhe zu sich nehmen. Lassen Sie sich Zeit beim Trinken. Die Sekunden, die Sie dabei verlieren, sind nichts gegen die Minuten Zeitverlust, die ein dehydrierter Läufer in Kauf nimmt.

17. Lassen Sie's krachen. Bis zur 25-km-Marke kann es nichts geben, was Sie dazu bewegen könnte, schneller zu laufen als es Ihr Zeitplan Ihnen vorschreibt. Und fühlen Sie sich noch so gut, Sie orientieren sich definitiv an den Vorgaben. Kommt Ihnen nach der 25er-Marke allerdings wieder der Gedanke, dass Sie sich unterfordert fühlen, so gilt folgende RUNNER'S WORLD-Faustregel: Sie ignorieren den Gedanken, es endlich krachen zu lassen, einmal ... Sie ignorieren ihn ein zweites Mal, ein drittes Mal, aber beim vierten Mal dürfen Sie los! Mehr als 5–10 s sollten Sie das Tempo pro km allerdings nicht steigern. Erst auf der Zielgeraden gibt es keine Vorgaben mehr.

18. Selbstgespräche. Auf den letzten (und meist schwersten) Kilometern verlieren viele Läufer die

Verbindung zu Ihrem Körper. Nur wer selbst einmal einen Marathon gelaufen ist, kann dies nachvollziehen. Deshalb sprechen Sie auf den letzten Kilometern mit sich selbst, feuern Sie sich an, ermutigen Sie sich, schimpfen Sie mit sich, schreien Sie sich an, streicheln Sie sich. Jeder weiß am besten, wie er es in Extremsituationen braucht. Und erst auf der Zielgeraden kommen Sie zur Ruhe, erst dann denken Sie daran, dass Sie lieber lächelnd langsamer ins Ziel laufen als hechelnd noch drei Sekunden schneller, denn die letzten 100 m des Marathons werden immer die allerprägendsten in Ihrer persönlichen Erinnerung bleiben.

5.5 Marathonfallen umgehen

Vor jedem wichtigen Event müssen Sie in den letzten zwei Wochen das Training reduzieren, um die Kräfte kommen zu lassen. Tapering nennt man das in der Fachsprache (»taper« = engl. für »zuspitzen«). Als ambitionierter Läufer wissen Sie darum, na klar. Aber kennen Sie den Taperingkoller? Das sind die Phantomschmerzen, die Panikattacken und noch viel mehr, was die meisten Marathonläufer in den zwei trainingsreduzierten Wochen unmittelbar vor dem Rennen plagt. Der Grund: Als Läufer entwickelt man nicht nur eine körperliche, sondern auch eine psychische Abhängigkeit vom Laufen, und wenn man sich dann eine Auszeit nimmt, macht man eine Art »Entziehungskur« durch.
So entsteht auch die eigenartige Konstellation mentaler und körperlicher Symptome, die während der Taperingphase auftreten. Wenn Sie wissen, was Sie erwartet, haben Sie jedoch die Möglichkeit, sich gegen die Auswirkungen des reduzierten Trainings zu wappnen. So überstehen Sie dann Ihre Taperingphase und können ausgeruht und laufbereit am Marathonstart erscheinen.

Zu diesem Zweck habe ich die häufigsten mentalen und körperlichen Probleme zusammengestellt, die mit der Taperingphase einhergehen. Ich sage Ihnen, wann sie auftreten und wie Sie damit umgehen sollten, damit Sie sich auch wirklich entspannen können.

Noch drei Wochen

Falle: Der Drang, weiter Kilometer zu »fressen«
Symptome: Der plötzliche, unvernünftige Drang, zusätzliche Kilometer, noch mehr lange Läufe, Tempotraining und ähnlich intensive Trainingseinheiten in die Taperingphase zu packen. Sie haben das Gefühl, Sie müssten Training nach- bzw. aufholen.

Ursache: Läufer sind häufig sehr fixiert und zielstrebig. Wenn sie einer Stresssituation, wie zum Beispiel einem anstehenden Marathon, ausgesetzt sind, greifen sie auf Handlungsweisen zurück, die sich in der Vergangenheit als erfolgsversprechend erwiesen haben. In der Schulzeit war das das geballte Lernen vor einer Klassenarbeit. Doch während die ganze zusätzliche Lernerei kurz vor der Prüfung damals zu einem guten Klausurergebnis geführt haben mag, führt zusätzliches Training in der Taperingphase nur zu Ermüdungserscheinungen, wenn es Zeit für den Wettkampf ist.

Lösung: Hier ist Vernunft gefragt: Halten Sie sich vor Augen, dass zusätzliche Kilometer und härteres Training zu diesem Zeitpunkt nur Schaden für den Marathon anrichten, statt ihm zu nutzen. Forschungen haben ergeben, dass diejenigen, die das Tapering richtig durchführen, bessere Ergebnisse erzielen als diejenigen, die bis zum Wettkampftag durchtrainieren. Um sich selbst davon zu überzeugen, dass Sie so viel getan haben, wie nötig war, nehmen Sie sich Ihr Trainingstagebuch vor und gehen Sie alle Wochen mit hohen Kilometerumfängen, langen Läufen und intensiven Trainingseinheiten noch mal durch.

Falle: Leistungsdruck
Symptome: Die Angst, dass das vorgenommene Zeitziel, auf welches Sie fleißig hintrainiert haben, nun doch viel zu ehrgeizig gesteckt ist (»Was habe ich mir bloß dabei gedacht?«).

Ursache: Sobald Ihre Hauptvorbereitungsphase vorüber ist, trauen Sie sich allmählich immer weniger zu, Ihr Renntempo aufrechterhalten zu können. Manche Marathonläufer sind völlig besessen von den 5 oder 10 min, die sie möglicherweise von ihrem eigentlichen Zeitziel abweichen könnten. So kommt zum Beispiel eine erreichte Zeit von 4:09 h statt der geplanten 3:59 h für manche dem Versagen gleich.

Lösung: Bauen Sie einfach ein paar Kilometer im Renntempo in ihre Trainingsläufe während der Taperingphase ein (z. B. 4–5 km in der Mitte eines 12-km-Laufs), um sich zu vergewissern, dass Sie diese Geschwindigkeit noch draufhaben. Außerdem sollten Sie sich nicht nur auf das eine Zeitziel fokussieren, sondern sich auch eine zweite, akzeptable Zielzeit ausdenken, die etwas über Ihrem eigentlich angestrebten Idealziel liegt. Schließlich kann es am Wettkampftag passieren, dass das Wetter oder Ihr Körper nicht so mitspielen, wie Sie sich das vorgestellt haben.

Noch zwei Wochen

Falle: Der Körper erholt sich
Symptome: Nach etwa der Hälfte der Taperingphase fühlen Sie sich kraftvoll und fit. Ihr Körper kribbelt vor Wettkampflust und Sie würden gern täglich eine Bestzeit aufstellen.

Ursache: Wenn Sie nach der letzten harten Trainingswoche den Kilometerumfang allmählich zurückschrauben, fängt der Körper an, sich zu erholen. Die Ruhephase und vier intensive Trainingsmonate haben sowohl Ihren Körper als auch Ihr Selbstvertrauen gestählt.

Lösung: Egal, wie gut Sie sich fühlen: Setzen Sie nicht Ihre monatelange Marathonvorbereitung aufs Spiel, nur um bei einem 10-km-Volkslauf eine neue Bestzeit zu erlangen oder in Ihrer Altersklasse zu gewinnen. Zu groß ist die Gefahr, dass Sie sich als unerwünschten Nebeneffekt etwa die Muskulatur verspannen, worunter Sie dann womöglich während des gesamten Marathonlaufs zu leiden haben. Falls Sie unbedingt unter Läufern sein müssen, melden Sie sich doch als freiwilliger Helfer bei einem Volkslauf in Ihrer Umgebung. Die Geschäftigkeit dort gibt Ihnen Antrieb, ohne jedoch Ihre Chancen auf einen guten Marathonlauf zu ruinieren.

Falle: Phantomschmerzen
Symptome: Ein völlig neuer Schmerz befällt plötzlich Ihren Fuß, Ihr Knie, Ihren Rücken – oder fügen Sie ein beliebiges Körperteil ein, das wie aus heiterem Himmel getroffen wird.

Ursache: Stiche und vorübergehende Schmerzen gehören allesamt zum Regenerationsprozess des Körpers. Während der Umgewöhnungsphase beim Tapering kommt es durch mikroskopisch kleine Heilungen des Gewebes zu Stichen und manchmal sogar Krämpfen in der Muskulatur. Je weniger wir laufen und je mehr wir uns über den anstehenden Marathon Gedanken machen, desto schneller werden außerdem alltägliche Wehwehchen, die wir normalerweise ignorieren würden, bis an den Rand des Wahnsinns überinterpretiert.

Lösung: Verstehen Sie alle Phantomschmerzen als Zeichen des Körpers, der Ihnen sagt, dass er sich gerade im Heilungsprozess befindet und Sie für den Marathon bereit macht. Da Ihre Laufeinheiten nun weniger Zeit in Anspruch nehmen, haben Sie mehr Zeit für die Körperpflege: Sind Sie ein Fan von Whirlpools, langen Wannenbädern oder Massagen? Die dürfen Sie nun genießen.

RATGEBER

»Wie kann ich Krämpfe auf dem letzten Streckenteil verhindern?«

Sicherlich zuallererst durch eine ausreichende Flüssigkeits- und Kohlenhydratzufuhr während des Rennens, vor allem aber in der Anfangsphase eines Marathons. Ich empfehle, etwa 200 ml Flüssigkeit alle 5 km zu sich zu nehmen, mindestens aber alle 30 min Getränke zu sich zu nehmen. Immens wichtig ist auch, schon im Vorfeld des Laufs – während des gesamten Marathontrainings also – Elektrolyte (Natrium, Kalium, Magnesium), Mineralien, Spurenelemente ausreichend zu substituieren. Doppelolympiasieger Waldemar Cierpinski empfiehlt eine ,Mineralisierung' über 6–8 Wochen vor dem Marathon und in der letzten Woche zusätzlich Vitamin E zu nehmen.

Falle: Panikattacken

Symptome: Jedes Mal, wenn Sie Schmerzen verspüren oder in irgendeiner Weise über den anstehenden Lauf nachdenken, malen Sie sich eine Katastrophe aus (»Den Berg bei km 9 überlebe ich nicht!«).

Ursache: Die meisten Panikattacken zeugen von fehlendem Selbstvertrauen und von der Angst vor dem Unbekannten. Dieses Problem haben besonders Marathonneulinge. Wenn Sie noch nie einen Marathon gelaufen sind oder eine bestimmte Strecke neu für Sie ist, können Sie auch auf keinerlei Erfahrung zurückgreifen, die Ihr Selbstvertrauen stärkt.

Lösung: Informieren Sie sich ausführlich anhand von Ausschreibungen, Websites sowie persönlichen Eindrücken anderer Läufer, die dort bereits in früheren Jahren gelaufen sind, über die Strecke. Wenn Sie die Gelegenheit haben, laufen oder fahren Sie Teilstücke bzw. die komplette Strecke vorher ab. Bei einigen Marathonläufen werden ein oder zwei Tage vor dem Rennen sogar geführte Bustouren über die gesamte Strecke angeboten. Machen Sie sich im Vorfeld schon mal Gedanken über mögliche Problemsituationen, die während des Marathons auftreten könnten: Was tue ich, wenn ich eine Blase oder Seitenstechen bekomme? Sie haben dann die Gewissheit, dass Sie für jede Herausforderung gewappnet sind.

Noch eine Woche

Falle: Schwere Beine

Symptome: Im fortgeschrittenen Stadium der Taperingphase fühlen sich Ihre Beine schwer und müde an. Dieses Gefühl wirkt sich auf Ihren gesamten Körper aus.

Ursache: Während der Regeneration erneuert sich das Gewebe in den Beinen. Gleichzeitig speichern Sie in der späten Taperingphase mehr Kohlenhydrate und Wasser. Dies hat zur Folge, dass Sie das gleiche Gefühl wie nach einer schweren Mahlzeit haben: Sie kommen sich vor wie eine Schnecke.

Lösung: Halten Sie sich vor Augen, dass Sie nicht der Einzige sind, dem es so geht. Allein schon das Bewusstsein, dass man sich als Marathonläufer in der Taperingphase so fühlen muss, kann Ihre Angst dämpfen. Versuchen Sie es außerdem ab und zu mal mit ein paar Steigerungen (100-m-Sprints) nach lockeren Läufen. Steigerungen tragen dazu bei, dass Sie nicht einrosten. Sie fühlen sich danach frisch und startklar, ohne sich zu überanstrengen.

Falle: Gewichtszunahme

Symptome: Am Ende der Taperingphase bringen Sie mehr Pfunde auf die Waage.

Ursache: Wenn wir stark zuckerhaltige Nahrungsmittel zu uns nehmen, um unsere Glykogenvorräte bzw. Energiedepots aufzubauen, speichert der Körper gleichzeitig Wasser. Wenn Sie vorher ständig dehydriert waren, kann es während der Taperingphase vor dem Marathon durch die zusätzliche Flüssigkeit zu einer Gewichtszunahme kommen. Schließlich laufen Sie weniger und schwitzen daher nicht so stark wie sonst. Und außerdem tut grundsätzlich das Mehr an kohlenhydratreicher Nahrung bei weniger Training sein Übriges.

Lösung: Halten Sie sich vor Augen, dass das zusätzliche Gewicht pure Mehrenergie ist, die Ihnen beim Marathon zugutekommt. Während des Wettkampfs bleiben Sie auf diese Weise besser hydriert, wenn der Körper Flüssigkeit freisetzt, um Glykogen zu verbrennen. Ein banaler Trick, mit der Gewichtszunahme fertig zu werden: Steigen Sie während der Taperingphase einfach nicht auf die Waage.

5.6 Hände weg vom Spanferkel

Wenn der Wettkampftag näher rückt, ganz gleich, ob es sich um einen Marathon oder einen 5-km-Lauf handelt, wird der Trainingsumfang zurückgeschraubt und mit zusätzlichen Ruhetagen die zuvor beschriebene »Taperingphase« eingeläutet. Wie steht es aber mit der Ernährung, gelten auch hier besondere Regeln für die unmittelbare Wettkampfvorbereitung? Fehler beim »Krafttanken« können sich in der Tat gravierend auf die Leistungsfähigkeit im Rennen auswirken. Ebenso wie die körperliche Belastung sollte daher in der heißen Phase auch das Ernährungstapering sorgfältig geplant werden. Die folgenden Zeilen sollen Ihnen als Anleitung dienen, was und wie viel Sie vor dem nächsten (Marathon-) Wettkampf essen und trinken sollten.

Vor dem Tapering

Ermitteln Sie zunächst grob Ihren täglichen Kalorienbedarf, indem Sie je nach Trainingsintensität zwischen 37 und 57 Kalorien je kg Körpergewicht ansetzen. Für einen 70 kg schweren Läufer wären dies etwa 2600 bis 4000 Kalorien. Der Kohlenhydratanteil sollte rund 60 % ausmachen, was für einen moderat trainierenden 70-kg-Läufer eine Mindestzufuhr von 450 g bedeuten würde. Der Fettanteil an den Gesamtkalorien sollte 20 –25 % nicht übersteigen (60–90 g Fette), die tägliche Eiweißmenge bei 15–20 % (60–80 g) liegen. In Vorbereitung auf einen Marathon sollte die Phase der speziellen Ernährung eine Woche vor dem Wettkampf beginnen.

Noch sieben Tage

Synchron mit dem Trainingstapering beginnt auch die Ernährungsanpassung. So sollten Sie, um Gewichtszunahme zu vermeiden, zunächst für jeden Kilometer, den Sie von nun an weniger als in einer normalen Trainingsphase laufen, die Kalorienzufuhr um etwa 60 Kalorien reduzieren. Achten Sie gleichzeitig darauf, dass der Anteil an Kohlenhydraten hoch genug bleibt, um die Glykogenspeicher vor dem Wettkampf nicht anzugreifen.

Wie ohnehin empfehlenswert, besonders jedoch in dieser Phase, sollten Sie fettarme und zugleich kohlenhydratreiche Speisen wie Getreideprodukte aus dem vollen Korn, Brot und Pasta, ergänzt durch Gemüse und reichlich Obst wählen. Ein Multivitamin-Mineral-Präparat, das 100 % der gemeinhin empfohlenen Tagesmenge der wichtigsten Substanzen liefert, könnte als Ergänzung durchaus von Nutzen sein, insbesondere dann, wenn Zeit oder Umstände Sie zwingen, häufiger auf industriell verarbeitete und verpackte Lebensmittel zurückzugreifen.

Noch 5–6 Tage

Achten Sie weiter auf eine ausreichende Kohlenhydratzufuhr bei eingeschränkter Gesamtkalorienmenge. Essen Sie genug, damit kein Hunger aufkommt, ohne sich mit Kohlenhydraten voll zu stopfen. Hungergefühl lässt sich am besten vermeiden, wenn Sie zu den gewohnten Zeiten essen und keine Mahlzeiten auslassen.

Noch vier Tage

Vor einem Marathon sollten Sie den Kohlenhydratanteil in dieser Phase auf 70 % oder mehr erhöhen. Etwa 500 g täglich sind jetzt geboten. Sollte Ihnen der Appetit auf so viel Pasta und Kartoffeln mittlerweile vergangen sein, bieten sich auch Kohlenhydrate in flüssiger Form an: Fruchtsäfte und Sportdrinks sind hervorragende Spender. Allein schon durch die Reduzierung fett- und eiweißhaltiger Nahrungsbestandteile lässt sich der gewünschte Kohlenhydratanteil einstellen, ohne unter dem Strich zu viele Kalorien aufzunehmen und folglich an Gewicht zuzulegen.

Noch drei Tage

An diesem Punkt ist das Training fast auf null heruntergefahren, und viele Läufer beginnen jetzt, sich etwas schwerfällig zu fühlen. Das liegt daran, dass der Körper sich einerseits an die »erzwungene« Ruhe gewöhnt hat und zum anderen die Muskeln stärker als gewöhnlich mit Glykogen vollgepackt werden. Da das Glykogen im Verbund mit Wasser eingelagert wird, ist eine leichte Gewichtszunahme in dieser Phase normal. Wer jetzt die für den Marathon empfohlenen 500 g Kohlenhydrate zu sich nimmt, sollte den Fettanteil an der Nahrung drastisch reduzieren, da die Kaloriengleichung sonst nicht mehr aufgehen kann. Vor kürzeren Wettkampfdistanzen sollte die Kohlenhydratmenge bei 450 g pro Tag bleiben und weiterhin 60 % der Gesamtkalorien ausmachen.

RATGEBER

»Die letzte Woche vorm Marathon sieht angeblich bei Elite- wie Freizeitläufern nahezu gleich aus. Wie sieht sie aus?«

Wenn es eine »Musterwoche« für die letzten sieben Tage vor dem Tag X gibt, dann sieht sie unbedingt so aus:

Mo.	20–30 min lockerer DL
Di.	2 km Einlaufen, 5 km im angestrebten Marathonrenntempo, 2 km Auslaufen
Mi.	Ruhetag
Do.	20 min ruhiger Dauerlauf, anschließend 3 Steigerungsläufe
Fr.	Ruhetag
Sa.	15 min langsamer Dauerlauf
So.	Wettkampf

Noch zwei Tage

Zwei Tage vor dem Rennen erleiden Läufer häufig einen Bruch ihrer Ernährungsstrategie. Der Grund ist oftmals die Notwendigkeit einer längeren Anreise, die den normalen Tagesablauf durcheinanderbringt und es auch infolge des Umgebungswechsels schwer macht, einen regelmäßigen Plan für die Mahlzeiten zu befolgen. Auch die Auswahl an Speisen und die Art ihrer Zubereitung erfordern oft improvisatorisches Vorgehen. Bisweilen fällt es sogar schwer, den Flüssigkeitsbedarf adäquat zu decken.

Versuchen Sie, diesen Tücken durch sorgfältige Planung aus dem Weg zu gehen. Erkundigen Sie sich bereits im Vorfeld der Reise über das Restaurantangebot und die Einkaufsmöglichkeiten in der Nähe Ihres Hotels. Ganz egal, ob Sie nun reisen oder zu Hause bleiben, sollten Sie stets kohlenhydratreiche, haltbare Lebensmittel wie Energie- oder Müsliriegel, Sportgetränke oder Trockenfrüchte bei sich haben. Damit lässt sich jedes Nahrungsangebot optimal ergänzen.

Steht ein Marathon an, sind weiterhin 500–600 g Kohlenhydrate, vor kurzeren Wettkämpfen 450 g Kohlenhydrate das tägliche Ernährungsziel. Da gerade bei langen Strecken Dehydrierung infolge starken Schwitzens eine Gefahr darstellt, sollte zwei Tage vor dem Wettkampf auch das Auftanken mit Flüssigkeit sehr ernst genommen werden. Trinken Sie häufiger als üblich und im gesamten Tagesverlauf. Ein guter Anzeiger für ausreichende Hydrierung ist die Farbe Ihres Urins. Er sollte wässrig-klar und nur leicht gefärbt, auf keinen Fall jedoch kräftig gelb bis ockerfarben sein. Handelsübliche Sportgetränke bieten in dieser Phase die wohl beste Gewähr für reichliche und ausgewogene Flüssigkeits- und Kohlenhydratzufuhr.

In den letzten Tagen vor einem wichtigen Wettkampf sollte man auf bestimmte Dinge möglichst ganz verzichten. Dazu gehört – insbesondere vor langen Strecken – Alkohol, da dieser den Glykogen-

und Kohlenhydratstoffwechsel in der Leber behindert, was sich nachteilig auf die Ausdauerleistung auswirkt. Zudem ist Alkohol ein Diuretikum, dessen entwässernde Wirkung die Dehydrierung beschleunigt. Wer bei Läufen häufig unter Verdauungsproblemen, Durchfall und Ähnlichem leidet, sollte auch ballaststoffreiche Nahrung wie Weizenkleie, Bohnen und diverses Gemüse meiden. Halten Sie sich am besten konsequent an das, von dem Sie genau wissen, dass es Ihnen bekommt.

Der Tag davor

Ruhe, zurückhaltend essen und viel trinken ist das Rezept für diesen Tag. Wenn Sie sich an den letzten Tagen kohlenhydratreich ernährt, sich bei Fetten und Proteinen zurückgehalten und das Ganze konsequent bis zum Abend vor dem Wettkampf durchgehalten haben, sollten Ihre Glykogenspeicher jetzt zum Bersten voll sein. Um das Verdauungssystem nicht übermäßig zu belasten, sind am letzten Tag häufigere kleine Mahlzeiten einem großen Essen vorzuziehen. Experimentieren Sie jetzt auf keinen Fall mit Speisen, die Sie nicht kennen, auch wenn Sie auf der Marathonmesse oder bei der Pastaparty von den tollsten »Geheimtipps« hören sollten. Führen Sie, besonders wenn Sie erst heute anreisen, zur Sicherheit stets eine gefüllte Trinkflasche bei sich (reines Wasser reicht völlig), und nehmen Sie bei jeder Gelegenheit einen Schluck.

Der Mahlzeit am Vorabend ist besondere Aufmerksamkeit zu gönnen. Sie sollte 800–1000 Kalorien betragen und wie gewohnt vorwiegend aus Kohlenhydraten bestehen. Mehr denn je gilt jetzt: keine Experimente! Meiden Sie auf jeden Fall blähende Speisen wie Hülsenfrüchte und Brokkoli. Ein Bierchen wird womöglich nicht schaden, doch sollte Alkohol ansonsten tabu sein.

RATGEBER

»Wie viele Marathons darf ich im Jahr laufen?«

12–15 Wochen Marathonvorbereitung folgen vernünftigerweise 6–8 Wochen Regeneration nach dem Marathon. Das sind zusammen etwa fünf Monate des Jahres, die sich um einen einzigen Marathon drehen, nimmt man diesen ernst und will man ihn leistungsorientiert laufen. Wer öfter pro Jahr an den Marathonstart geht, bei dem sollten alle weiteren Marathons nicht über die Intensität eines normalen Trainingslaufs hinausgehen.

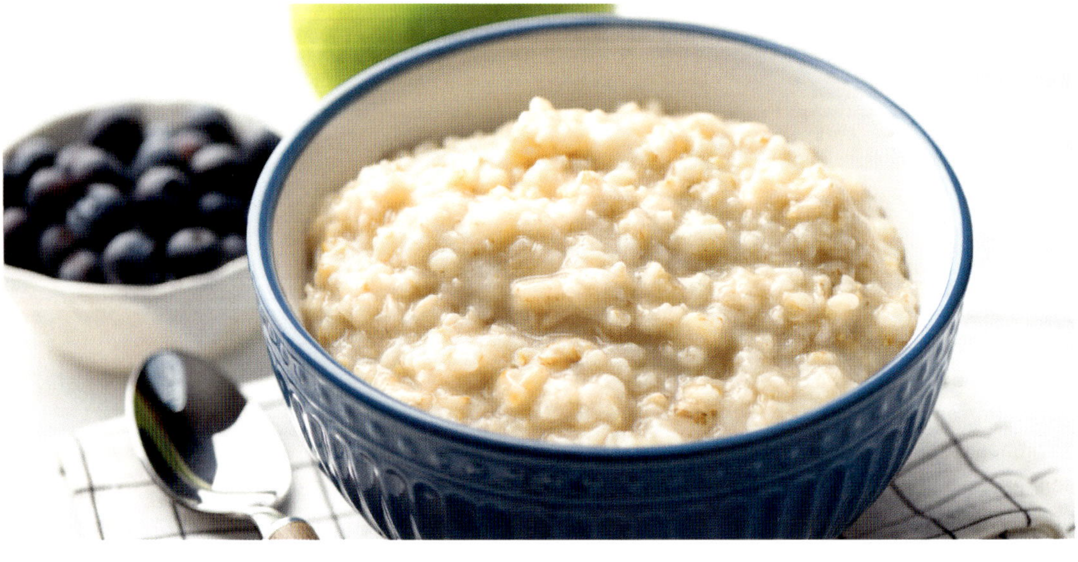

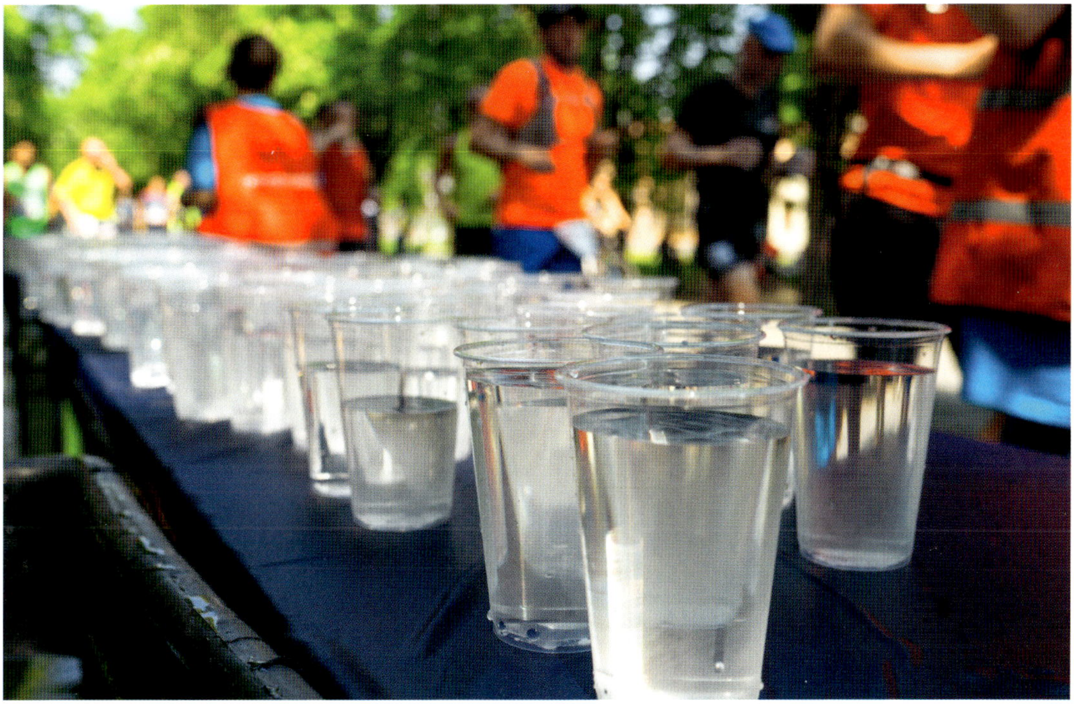

Wettkampftag

Als Faustregel gilt: eine leicht verdauliche Mahlzeit am Morgen. Hochwertige Kohlenhydrate erhöhen allmählich den Zuckerspiegel im Blut und versorgen die Arbeitsmuskulatur so über einen längeren Zeitraum mit zusätzlicher Energie.

Diese letzte Mahlzeit sollte 2–4 Stunden vor dem Start aufgenommen werden und mindestens 200 g Kohlenhydrate enthalten, was etwa 800 Kalorien entspricht. Am schnellsten verdaut werden fett- und ballaststoffarme Speisen bzw. Getränke. Machen Sie sich wegen eventueller Schwankungen des Blutzuckerspiegels keine Sorgen: Neuere Untersuchungen haben gezeigt, dass diese sich nicht nachteilig auf die Wettkampfleistung auswirken. Rosinenbrötchen, Bananen, Sportgetränke, Pasta und Reis sind ausgezeichnete Energiespender vor dem Rennen. Sollten Sie so früh am Morgen keinen Appetit auf feste Nahrung verspüren oder Magenprobleme befürchten, tut es auch Flüssignahrung, beispielsweise ein Sportdrink, ein stark kohlenhydrathaltiges Getränk oder ein gesüßter Brei.

Während des Wettkampfs

Während des Wettkampfs selbst sollte die Aufmerksamkeit vornehmlich darauf gerichtet sein, gut hydriert zu bleiben. Auf den sehr langen Strecken ist natürlich auch ein Kohlenhydratnachschub zu empfehlen, um die Glykogenspeicher zu entlasten. Je nach Temperatur und persönlicher Schweißproduktion sollten Sie alle 5 km mindestens 0,2 Liter Flüssigkeit zu sich nehmen, eventuell angereichert mit 150 Milligramm Natrium, um den Salzverlust auszugleichen. Bei Läufen, die länger als eine Stunde dauern, empfiehlt sich die Aufnahme von einem Gramm Kohlenhydrate pro Kilogramm Körpergewicht pro Stunde. Wiegen Sie also 75 Kilogramm, so sollten Sie im Rennen 75 Gramm Kohlenhydrate pro Stunde zu sich nehmen, das entspricht etwa zwei handelsüblichen Energiegels oder der sagenhaften Zahl von 2,5 Bananen.

5.7 Die besten Marathon-Trainingspläne

5.7.1 → Ankommen

Plan 19

1. Woche	
Mo.	42:19,5 min lockerer DL
Mi.	35 min lockerer DL
Sa.	30 min ruhiger DL
So.	60 min langsamer DL, inkl. 3–4 min Gehpause nach 30 min
2. Woche	
Di.	30 min ruhiger DL
Do.	35 min lockerer DL
Sa.	30 min ruhiger DL
So.	75 min langsamer DL, inkl. 3–4 min Gehpause nach 30 und 55 min
3. Woche	
Di.	30 min lockerer DL
Do.	10 min langsamer DL, 35 min Fahrtspiel (wechselndes Tempo nach Gefühl), 5 min langsamer DL
Sa.	20–30 min ruhiger DL
So.	90 min langsamer DL, inkl. 3 min Gehpause nach 30 und 60 min
4. Woche	
Di.	30 min ruhiger DL
Do.	30 min lockerer DL, mit 8 x 60 s schnell (zwischen den schnellen Belastungen 60 s Trabpause)
Sa.	20–30 min lockerer DL
So.	10-km-Wettkampf; mit 5–10 min Ein- und Auslaufen

5. Woche	
Di.	30 min langsamer DL
Mi.	20–30 min ruhiger DL
Do.	10 min langsamer DL, 35 min Fahrtspiel (wechselndes Tempo nach Gefühl), 5 min langsamer DL
Sa.	25–35 min ruhiger DL
So.	105 min langsamer DL, inkl. 3 min Gehpause nach 30, 60, 90 min
6. Woche	
Di.	30 lockerer DL
Mi.	20–30 min ruhiger DL
Do.	10 min langsamer DL, 35 min Fahrtspiel (wechselndes Tempo nach Gefühl), 5 min langsamer DL
Sa.	25 min ruhiger DL
So.	120 min, inkl. 3 min Gehpause nach 30, 60, 90 min
7. Woche	
Di.	30 min ruhiger DL
Do.	20 min langsamer DL, anschließend 5 Steigerungen
Sa.	15–20 min langsamer DL, anschließend 3 Steigerungen
So.	Halbmarathonwettkampf (alle 5 km Trinken bei 1–2 min Gehpause)

DL = Dauerlauf

8. Woche	
Di.	25 min langsamer DL
Mi.	25 min ruhiger DL
Do.	10 min langsamer DL, 35 min Fahrtspiel (wechselndes Tempo nach Gefühl), 5 min langsamer DL
Sa.	20–25 min ruhiger DL
So.	135 min langsamer DL, inkl. 3 min Gehpause alle 30 min

9. Woche	
Di.	30 min ruhiger DL
Do.	10 min langsamer DL, 35 min Fahrtspiel (wechselndes Tempo nach Gefühl), 5 min langsamer DL Sa.
So.	150 min langsamer DL, inkl. 3 min Gehpause alle 30 min

10. Woche	
Di.	30 min ruhiger DL
Mi.	10 min langsamer DL, 35 min Fahrtspiel (wechselndes Tempo nach Gefühl), 5 min langsamer DL Do.
Sa.	20 min ruhiger DL
So.	180 min langsamer DL, inkl. 3 min Gehpause alle 30 min

11. Woche	
Di.	30 min ruhiger DL
Mi.	30 min ruhiger DL, anschließend 8 x 60 s schnell (zwischen den schnellen Belastungen 60 s Trabpause)
Do.	30 min ruhiger DL
Sa.	10 min langsamer DL, anschließend 3 Steigerungen
So.	Simulieren Sie Tag X und laufen Sie 40 min im angestrebten Wettkampftempo

12. Woche	
Mi.	30 min lockerer DL
Fr.	15 min langsamer DL
Sa.	10 min langsamer DL, anschließend 3 Steigerungen
So.	Marathon

Plan 20

5.7.2 → Marathon in 4:29:59 h

1. Woche	
Di.	42:19,5 min ruhiger DL
Mi.	10 min langsamer DL, 5 x 800 m in 4:30 min (Pause zw. Belastungen: 400 m Traben), 10 min langsamer DL
Fr.	30 min ruhiger DL
So.	18 km langsamer DL mit Gehpause (2 min Dauer) alle 5 km
2. Woche	
Di.	40 min lockerer DL
Mi.	10 min langsamer DL, 50 min zügiger DL, 10 min langsamer DL
Fr.	30 min ruhiger DL
So.	20 km langsamer DL mit Gehpausen (2 min Dauer) alle 3 km
3. Woche	
Mo.	40 min ruhiger DL
Mi.	10 min langsamer DL, 6 x 800 m in 4:30 min (Pause zw. Belastungen: 400 m Traben), 10 min langsamer DL
Fr.	40 min lockerer DL
So.	22 km langsamer DL mit Gehpausen (90 s Dauer) alle 5 km
4. Woche	
Mo.	40 min ruhiger DL
Mi.	10 min langsamer DL, 60 min zügiger DL, 10 min langsamer DL
Fr.	40 min ruhiger DL
So.	24 km langsamer DL mit Gehpausen (90 s Dauer) alle 3 km

5. Woche	
Mo.	30 min ruhiger DL
Mi.	10 min langsamer DL, 7 x 800 m in 4:30 min (Pause zw. Belastungen: 400 m Traben), 10 min langsamer DL
Fr.	40 min lockerer DL
So.	26 km langsamer DL mit Gehpausen (90 s Dauer) alle 3 km
6. Woche	
Di.	30 min ruhiger DL
Mi.	10 min langsamer DL, 20 min zügiger DL, 10 min langsamer DL
Sa.	20 min ruhiger DL, anschließend 3 Steigerungen
So.	Halbmarathonwettkampf (oder Testlauf über dieselbe Distanz) mit Ein- und Auslaufen (Zielzeit: 2:25 h). Gehpausen alle 25 min dabei trinken!
7. Woche	
Di.	30 min ruhiger DL
Do.	40 min lockerer DL
Sa.	30 min ruhiger DL
So.	26 km langsamer DL mit Gehpausen (90 s Dauer) alle 3 km
8. Woche	
Di.	40 min ruhiger DL
Mi.	10 min langsamer DL, 8 x 800 m in 4:30 min (Pause zw. Belastungen: 400 m Traben), 10 min langsamer DL
Fr.	40 min lockerer DL
So.	20 km langsamer DL (ohne Gehpausen!)

DL = Dauerlauf

9. Woche	
Di.	40 min ruhiger DL
Mi.	10 min langsamer DL, 3 x 1600 m in 9:00 min (Pause zw. Belastungen: 400 m Traben), 10 min langsamer DL
Fr.	30 min lockerer DL
Sa.	28 km langsamer DL mit Gehpausen (90 s Dauer) alle 6 km
10. Woche	
Di.	45 min Fahrtspiel (wechselndes Tempo nach Gefühl)
Do.	15 km langsamer DL
Sa.	20 min ruhiger DL, anschließend 3 Steigerungen
So.	10-km-Wettkampf, mit Ein- und Auslaufen (Erwarten Sie keine Bestzeit. Das Marathontraining steckt Ihnen in den Beinen und auch die zurückliegende Woche war nicht »ohne«.)
11. Woche	
Di.	30 min langsamer DL
Mi.	30 min Fahrtspiel (wechselndes Tempo nach Gefühl)
Fr.	20 km langsamer DL (ohne Gehpausen)
So.	30 min langsamer DL
12. Woche	
Di.	2 km einlaufen, 5 km im Marathon-Renntempo, 2 km auslaufen
Do.	20 min langsamer DL, anschließend 3 Steigerungen
Sa.	15 min langsamer DL, anschließend 3 Steigerungen
So.	Marathon

5.7.3 → Marathon in 3:59:59 h

Plan 21

1. Woche	
Mo..	42:19,5 min ruhiger DL
Mi.	Tempoläufe: 3 km Einlaufen, 6 x 800 m in jeweils 4:00 min (Trabpause 3 min), 3 km Auslaufen
Fr.	70 min ruhiger DL
So.	22 km langsamer DL
2. Woche	
Mo.	65 min ruhiger DL
Mi.	3 km Einlaufen, 8 km im geplanten Marathonrenntempo (5:40 min/km), 3 km Auslaufen
Fr.	70 min ruhiger DL
So.	24 km langsamer DL
3. Woche	
Mo.	60 min lockerer DL
Mi.	Tempoläufe: 3 km Einlaufen, 7 x 800 m in jeweils 4:00 min (Trabpause 3 min), 3 km Auslaufen
Fr.	75 min ruhiger DL
So.	25 km langsamer DL, letzten 3 km im Marathonrenntempo (5:40 min/km)
4. Woche	
Mo.	60 min ruhiger DL
Di.	Tempoläufe: 3 km Einlaufen, 3 x 1600 m in jeweils 8:00 min (Trabpause 3 min), 3 km Auslaufen
Mi.	60 min lockerer DL
Fr.	3 km Einlaufen, 10 km im geplanten Marathonrenntempo (5:40 min/km), 3 km Auslaufen
So.	28 km langsamer DL

5. Woche	
Mo.	65 min ruhiger DL
Di.	Tempoläufe: 3 km Einlaufen, 8 x 400 m in 1:55 min (Trabpause 200 m), 3 km Auslaufen
Mi.	70 min ruhiger DL
Fr.	3 km Einlaufen, 12 km im geplanten Marathonrenntempo (5:40 min/km), 3 km Auslaufen
So.	30 km langsamer DL, anschließend 2 Steigerungen
6. Woche	
Mo.	60 min lockerer DL
Di.	Tempoläufe: 3 km Einlaufen, 4 x 800 m in 3:55 min (Trabpause 3 min), 3 km Auslaufen
Mi.	60 min lockerer DL
Fr.	40 min ruhiger DL
Sa.	20 min langsamer DL, anschließend 3 Steigerungen
So.	10-km-Wettkampf (oder Testlauf über dieselbe Distanz) mit 2 km Ein- und Auslaufen
7. Woche	
Mo.	50 min ruhiger DL
Mi.	60 min lockerer DL
Fr.	3 km Einlaufen, 10 km Fahrtspiel (wechselndes Tempo nach Gefühl), 3 km Auslaufen
So.	25 km langsamer DL, letzten 3 km im Marathonrenntempo (5:40 min/km)

DL = Dauerlauf

8. Woche	
Mo.	65 min lockerer DL
Mi.	Tempoläufe: 3 km Einlaufen, 4 x 1600 m in jeweils 8:00 min (Trabpause 3 min), 3 km Auslaufen
Fr.	70 min langsamer DL, anschließend 3 Steigerungen
So.	30 km langsamer DL, anschließend 2 Steigerungen

9. Woche	
Mo.	65 min ruhiger DL
Di.	Tempoläufe: 3 km Einlaufen, 10 x 800 m in 4:00 min (Trabpause 3 min), 3 km Auslaufen
Mi.	75 min ruhiger DL
Fr.	2 km Einlaufen, 12 km im Marathonrenntempo (5:40 min/km), 2 km Auslaufen
So.	30 km langsamer DL

10. Woche	
Mo.	60 min lockerer DL
Di.	Tempoläufe: 3 km Einlaufen, 4 x 800 m in 3:55 min (Trabpause 3 min), 3 km Auslaufen
Mi.	30 min lockerer DL
Fr.	40 min ruhiger DL
Sa.	20 min langsamer DL, anschließend 3 Steigerungen
So.	10-km-Wettkampf (oder Testlauf über dieselbe Distanz) mit 2 km Ein- und Auslaufen

11. Woche	
Di.	30 min lockerer DL
Mi.	3 km Einlaufen, 40 min Fahrtspiel (wechselndes Tempo nach Gefühl), 3 km Auslaufen
Fr.	18 km langsamer DL
So.	30 min langsamer DL

12. Woche	
Mo.	35 min lockerer DL
Di.	2 km Einlaufen, 5 km im Marathonrenntempo (5:40 min/km), 2 km Auslaufen
Do.	20 min langsamer DL
Sa.	15 min langsamer DL, 3 Steigerungen
So.	Marathon

5.7.4 → Marathon in 29:59 h

Plan 22

1. Woche	
Mo.	42:19,5 min ruhiger DL
Di.	Tempoläufe im Gelände: 2 km Einlaufen, 3 x 10 min (etwa im Halbmarathonrenntempo mit einer Trabpause von je 4 min), 2 km Auslaufen
Do.	60 min lockerer DL, anschließend 5 Steigerungen
Sa.	3 km langsamer DL, 5 km zügiger DL, 3 km langsamer DL
So.	25 km langsamer DL
2. Woche	
Mo.	40 min ruhiger DL
Mi.	Tempoläufe: 2 km Einlaufen, 7 x 800 m in 3:30 min (Trabpause 3 min), 2 km Auslaufen
Do.	60 min lockerer DL
Fr.	40 min ruhiger DL (bei guter Verfassung am Schluss das Tempo steigern)
So.	25 km langsamer DL (sehr langsam beginnen!)
3. Woche	
Mo.	40 min ruhiger DL
Di.	Tempoläufe: 2 km Einlaufen, 3 x 1600 m in 7:00 min (Trabpause 3 min), 2 km Auslaufen
Mi.	60 min ruhiger DL
Fr.	2 km Einlaufen, 8 km Fahrtspiel (wechselndes Tempo nach Gefühl), 2 km Auslaufen
So.	28 km langsamer DL

4. Woche	
Mo.	40 min ruhiger DL
Di.	Tempoläufe: 3 km Einlaufen, 10 x 400 m in 1:35 min (Trabpause 400 m), 3 km Auslaufen
Do.	40 min ruhiger DL
Fr.	2 km Einlaufen, 10 km im geplanten Marathonrenntempo, 2 km Auslaufen
So.	30 km langsamer DL
5. Woche	
Mo.	40 min ruhiger DL
Di.	Tempoläufe: 2 km Einlaufen, 8 x 800 m in 3:30 min (Trabpause 3 min), 2 km Auslaufen
Do.	60 min lockerer DL
Fr.	2 km Einlaufen, 12 km im geplanten Marathonrenntempo, 2 km Auslaufen
So.	30 km langsamer DL
6. Woche	
Mo.	40 min ruhiger DL
Mi.	Tempoläufe im 10-km-Renntempo: 2 km Einlaufen, 4 x 800 m in 3:20 min (Trabpause 3 min), 2 km Auslaufen
Do.	40 min ruhiger DL
Sa.	20 min langsamer DL, anschließend 3 Steigerungen
So.	Halbmarathonwettkampf (oder Testlauf über dieselbe Distanz) mit Ein- und Auslaufen

DL = Dauerlauf

7. Woche	
Mo.	20 min Schwimmen
Di.	40 min ruhiger DL
Mi.	60 min ruhiger DL
Fr.	2 km Einlaufen, 10 km Fahrtspiel (wechselndes Tempo nach Gefühl), 2 km Auslaufen
Sa.	20 min ruhiger DL
So.	32 km langsamer DL
8. Woche	
Mo	40 min ruhiger DL
Di.	Tempoläufe: 3 km Einlaufen, 10 x 800 m in 3:30 min (Trabpause je 3 min), 3 km Auslaufen
Do.	40 min ruhiger DL
Fr.	2 km Einlaufen, 14 km im Marathonrenntempo, 2 km Auslaufen
So.	32 km langsamer DL
9. Woche	
Di.	40 min ruhiger DL
Mi.	Tempoläufe: 3 km Einlaufen, 4 x 1600 m in 7:00 min (Trabpause 4 min), 3 km Auslaufen
Do.	50 min ruhiger DL
Sa.	35 km langsamer DL

10. Woche	
Mo.	60 min ruhiger DL
Di.	Tempoläufe: 3 km Einlaufen, 10 x 400 m in 1:35 min (Trabpause 400 m), 3 km Auslaufen
Mi.	40 min ruhiger DL
Do.	22 km langsamer DL
Sa.	20 min langsamer DL, 5 Steigerungen
So.	10-km-Wettkampf, mit Ein- und Auslaufen (Erwarten Sie keine Bestzeit, die zurückliegenden Wochen stecken Ihnen in den Beinen.)
11. Woche	
Mo.	40 min ruhiger DL
Mi.	Tempoläufe: 2 km Einlaufen, 2 x 3 km (im Halbmarathonrenntempo mit einer Trabpause von 3 min), 2 km Auslaufen
Fr.	18 km langsam (sehr langsam!)
Sa.	35 min lockerer DL
12. Woche	
Mo.	30 min lockerer DL
Di.	2 km Einlaufen, 5 km im Marathonrenntempo, 2 km Auslaufen
Do.	20 min langsamer DL, anschließend 3 Steigerungen
Sa.	15 min langsamer DL, anschließend 3 Steigerungen
So.	Marathon

5.7.5 → Marathon in 2:59:59 h

Plan 23

1. Woche	
Mo.	42:19,5 min ruhiger DL
Di.	Tempoläufe: 3 km Einlaufen, 7 x 800 m in 3:00 min (Trabpause 3 min), 3 km Auslaufen
Mi.	70 min lockerer DL
Do.	3 km Einlaufen, 10 km im Marathonrenntempo (4:15 min/km), 3 km Auslaufen
Sa.	40 min lockerer DL
So.	24 km langsamer DL
2. Woche	
Mo.	45 min ruhiger DL
Di.	Tempoläufe: 3 km Einlaufen, 800 m in 3:00 min, 1600 m in 6:00 min, 800 m in 3:00 min, 1600 m in 6:00 min, 800 m in 3:00 min (Trabpause abwechselnd 2:30 min/4 min), 3 km Auslaufen
Mi.	65 min lockerer DL
Do.	3 km Einlaufen, 12 km im Marathon-Renntempo (4:15 min/km), 3 km Auslaufen
Sa.	40 min lockerer DL
So.	26 km langsamer DL
3. Woche	
Mo.	45 min ruhiger DL
Di.	70 min lockerer DL
Mi.	Tempoläufe: 3 km Einlaufen, 8 x 400 m in 85 s (Trabpause 1 min), 3 km Auslaufen
Fr.	60 min lockerer DL, anschließend 3 Steigerungen
So.	10-km-Wettkampf mit 4–5 km Einlaufen und 4–5 (!) km Auslaufen

4. Woche	
Di	70 min ruhiger DL
Do	70 min ruhiger DL
Fr	55 min zügiger DL
Sa	55 min ruhiger DL, anschließend 3 Steigerungen
So	28 km langsamer DL
5. Woche	
Mo.	60 min ruhiger DL
Di.	Tempoläufe: 3 km Einlaufen, 8 x 800 m in 3:00 min (Trabpause 3 min), 3 km Auslaufen
Mi.	70 min lockerer DL
Do.	3 km Einlaufen, 14 km im Marathonrenntempo (4:15 min/km), 3 km Auslaufen
Sa.	40 min ruhiger DL
So.	30 km langsamer DL
6. Woche	
Mo.	45 min ruhiger DL
Di.	Tempoläufe: 3 km Einlaufen, 4 x 1600 m in 6:00 min (Trabpause 4 min), 3 km Auslaufen
Mi.	45 min lockerer DL
Do.	70 min lockerer DL
Fr.	3 km Einlaufen, 16 km im Marathonrenntempo (4:15 min/km), 3 km Auslaufen
Sa.	40 min ruhiger DL
So.	34 km langsamer DL

Das richtige Tempo

Erläuterungen zu den Begriffen und Abkürzungen der Trainingspläne:

DL = Dauerlauf

TP = Trabpause (Pause zwischen Belastungen)

Langsamer DL = Puls etwa 70–75 % der maximalen Herzfrequenz

Ruhiger DL = Puls etwa 75–80 % der maximalen Herzfrequenz

7. Woche	
Mo.	45 min ruhiger DL
Di.	Tempoläufe: 3 km Einlaufen, 4 x 800 m in 2:55 min (Trabpause 3 min), 3 km Auslaufen
Do.	50 min lockerer DL
Sa.	15 min langsamer DL, anschl. 2 Steigerungen
So.	Halbmarathonwettkampf mit 2 km Ein- und Auslaufen

8. Woche	
Mo.	20 min langsamer DL
Mi.	40 km Rad
Do.	40 min ruhiger DL
Fr.	3 km Einlaufen, 40 min Fahrtspiel (wechselndes Tempo nach Gefühl), 3 km Auslaufen
So.	35 km langsamer DL

9. Woche	
Mo.	45 min ruhiger DL
Di.	3 km Einlaufen, 50 min Fahrtspiel (wechselndes Tempo nach Gefühl), 3 km Auslaufen
Mi.	45 min lockerer DL
Fr.	3 km Einlaufen, 2 x 10 km im Marathonrenntempo (4:10 min/km, Trabpause 6 min), 3 km Auslaufen
Sa.	40 min ruhiger DL
So.	28 km langsamer DL

10. Woche	
Mo.	60 min ruhiger DL
Di.	Tempoläufe: 3 km Einlaufen, 800 m in 3:00 min, 1600 m in 6:00 min, 800 m in 3:00 min, 1600 m in 6:00 min, 800 m in 3:00 min (Trabpause abwechselnd 2:30 min/ 4 min), 3 km Auslaufen
Mi.	45 min lockerer DL
Do.	45 min lockerer DL
Fr.	3 km Einlaufen, 18 km im Marathonrenntempo (4:15 min/km), 3 km Auslaufen
So.	30 km langsamer DL

11. Woche	
Mo.	45 min ruhiger DL
Mi.	3 km Einlaufen, 35 min Fahrtspiel (wechselndes Tempo nach Gefühl), 3 km Auslaufen
Fr.	15 km langsamer DL
So.	40 min lockerer DL

12. Woche	
Di.	2 km Einlaufen, 5 km im Marathonrenntempo, 2 km Auslaufen
Do.	30 min langsamer DL, 2 Steigerungen
Sa.	20 min langsamer DL, 2 Steigerungen
So.	Marathon

Lockerer DL = Puls etwa 80–85 % der maximalen Herzfrequenz

Zügiger DL = Puls etwa 85–88 % der maximalen Herzfrequenz

Fahrtspiel = Wechselndes Tempo über verschieden lange Teilstücke. Der Läufer bestimmt Tempo und Länge der Belastungen selbst.

Renntempo = Tempo, das Sie bei einem Wettkampf unter Normalbedingungen laufen können.

Steigerungen = Lauf über eine Strecke von 80–100 m, bei dem das Tempo kontinuierlich vom Trab bis zum Sprint gesteigert wird

TL = Tempoläufe (immer mit 10 min Ein- und Auslaufen vor- und nachbereiten!)

Die Hochrechnung

Mit der folgenden Tabelle können Sie, ausgehend von Ihrer 10-km-Bestzeit, leistungsentsprechende Zeitziele für die Halbmarathon- und Marathondistanzen festlegen.

Beispiel: Ihre 10-km-Bestzeit beträgt 50 min, dann können Sie entsprechend auf der Halbmarathondistanz eine Zielzeit von 1:51 h erwarten; auf der Marathondistanz ist mit 3:53 h zu rechnen. (Achtung: Der angegebene Halbmarathonwert ist also nicht die Zwischenzeit für den Marathonwert.)

Die Umrechnungen basieren auf den Untersuchungen des Amerikaners Pete Riegel.

10 km	Halbmarathon	Marathon
30:00 min	1:06 h	2:20 h
32:00 min	1:11 h	2:29 h
34:00 min	1:15 h	2:38 h
36:00 min	1:20 h	2:48 h
38:00 min	1:24 h	2:57 h
40:00 min	1:29 h	3:07 h
42:00 min	1:33 h	3:16 h
44:00 min	1:38 h	3:25 h
46:00 min	1:42 h	3:35 h
48:00 min	1:46 h	3:44 h
50:00 min	1:51 h	3:53 h
52:00 min	1:55 h	4:03 h
54:00 min	2:00 h	4:12 h
56:00 min	2:04 h	4:21 h
58:00 min	2:09 h	4:30 h
60:00 min	2:13 h	4:40 h
62:00 min	2:18 h	4:49 h
64:00 min	2:22 h	4:58 h

5.8 Marathon-Crashkurs

Laufen Sie der Form hinterher, fehlt Ihnen die Idee, wie Sie das Ruder noch rechtzeitig herumreißen können? Hat Sie plötzlich eine Krankheit für Tage (Wochen) aus dem Konzept gebracht? Oder sind eventuell Ihre Wettkampfresultate auf kurzen Distanzen gerade so überzeugend, dass Sie die Form gerne für einen Marathonstart nutzen würden, aber Sie haben den Einstieg in das Marathontraining »verpasst«?

»Kein Problem!«, sage ich ganz selbstbewusst. Man kann in vier Wochen zur Marathonform gelangen. Lesen Sie alles zu meinem Notfallplan. Natürlich hängt viel davon ab, wie Ihr Training in den letzten Wochen ausgesehen hat, denn die Herausforderung steigt natürlich mit jedem nicht (!) gelaufenen Kilometer der letzten Wochen:

Kein Problem

Sie haben in den letzten Wochen 100 km und mehr trainiert! Für Sie wird es kein Problem sein, in vier Wochen eine akzeptable Marathonform zu erreichen. Fünf lange Läufe, der längste bis zu zweieinhalb Stunden, und drei Trainingseinheiten im Marathonrenntempo reichen zur Form für die klassische Strecke. Da bleibt sogar noch Zeit, ein wenig an der speziellen Ausdauerentwicklung zu arbeiten.

Gut machbar

Sie haben in den zurückliegenden Wochen 60–100 km pro Woche trainiert.

Sie benötigen die vier Wochen marathonspezifisches Training vor allem, um den Fettstoffwechsel zu trainieren und sich auf die Länge der Wettkampfdistanz einzustellen. Lange Läufe und das Training im Marathonrenntempo stehen allein im Mittelpunkt.

Ein echtes Problem

Sie sind in den zurückliegenden Wochen 30–50 km pro Woche gelaufen.

Sie kämpfen ums »Überleben«: durchlaufen, ankommen. Vielleicht reicht es sogar am Schluss noch zu einem Spurt auf der Zielgeraden, um Freunden und Verwandten zu imponieren.

Vergessen Sie's

Sie sind in den letzten Wochen weniger als 30 km gelaufen?

Lassen Sie die Finger vom Marathon und auch von unserem Crash-Kurs. Melden Sie sich für einen Marathon im Herbst an und beginnen Sie jetzt mit der Vorbereitung.

Der Crashtest

Machen Sie einen Testlauf oder einen Wettkampf über 5 km. Anhand der gelaufenen Endzeit errechnen Sie Ihre Durchschnittszeit pro Kilometer. Addieren Sie zu der Kilometerzeit 50 s, dann haben Sie Ihr anzustrebendes Marathonrenntempo.

Beispiel: Sind Sie die 5 km in 22:30 min gelaufen, ist Ihr Marathontempo 5:20 min pro km, was einer möglichen Endzeit von 3:45 h entspricht.

Der Unterschied: Bei einer normalen Marathonvorbereitung von 12 Wochen könnten Sie mit einer 5-km-Testzeit von 22:30 min etwa 10–15 min schneller laufen.

Warnung

Dies sollten Sie beim Vier-Wochen-Training unbedingt beachten:

- Wer noch nie einen Marathon gelaufen ist, sollte es nicht mit nur vier Wochen Vorbereitung versuchen. Für Marathoneinsteiger sind die Tipps und Trainingspläne nicht bestimmt, schließlich sollte der Marathon ja auch noch ein bisschen Spaß machen.
- Bestzeiten können Sie getrost vergessen.
- Vermeiden Sie ein Übertraining. Wenn Sie sich durch das Training überanstrengt fühlen, dann brechen Sie die Vorbereitung ab.
- Wer in vier Wochen zum Marathon will, darf das Rennen selbst nicht zu ernst nehmen. Sehen Sie den Wettkampf nicht verbissen. Sie wollen dabei sein, nicht mehr und nicht weniger.

5.8.1 → Marathon-Notfallplan: Ambitionierte Läufer

Sie haben in den letzten Wochen 100 km und mehr pro Woche trainiert.

Sa.	**5-km-Testlauf, mit Ein- und Auslaufen.**
1. Woche	
Mo.	1:45 h langsamer DL, anschließend 5 Steigerungen
Di.	60 min lockerer DL
Mi.	2 km Einlaufen, 12 km im Marathonrenntempo, 2 km Auslaufen
Do.	60 min lockerer DL
Fr.	2:00 h langsamer DL, anschließend 5 Steigerungen
Sa.	60 min lockerer DL
So.	4 x 3 km TL (Trabpause 1 km), mit Ein- und Auslaufen
2. Woche	
Mo.	60 min lockerer DL
Di.	2:30 h langsamer DL
Mi.	40 min lockerer DL
Do.	2 km Einlaufen, 15 km im Marathonrenntempo, 2 km Auslaufen
Fr.	60 min lockerer DL
Sa.	2:00 h langsamer DL, anschließend 5 Steigerungen
So.	60 min lockerer DL
3. Woche	
Mo.	3 x 5 km TL (Trabpause 1,5 km), mit Ein- und Auslaufen
Di.	45 min lockerer DL
Mi.	2 h langsamer DL, anschließend 5 Steigerungen
Do.	60 min lockerer DL
Fr.	2 km Einlaufen, 2 x 10 km im Marathonrenntempo (Trabpause 12 min), 2 km Auslaufen
Sa.	40 min lockerer DL
So.	40 min lockerer DL
4. Woche	
Di.	2 km Einlaufen, 2 x 5 km im Marathonrenntempo (Trabpause 10 min)
Mi.	40 min lockerer DL
Do.	30 min lockerer DL
Sa.	20 min lockerer DL, 2 Steigerungen
So.	Marathon

DL = Dauerlauf

5.8.2 → Marathon-Notfallplan: Engagierte Läufer

Sie haben in den letzten Wochen 60–100 km pro Woche trainiert.

Plan 25

Sa.	**5-km-Testlauf, mit Ein- und Auslaufen.**

1. Woche	
Mo.	1:45 h langsamer DL, anschließend 5 Steigerungen
Mi.	40 min lockerer DL
Do.	2 km Einlaufen, 12 km im Marathonrenntempo, 2 km Auslaufen
Fr.	40 min lockerer DL
Sa.	2:00 h langsamer DL, anschließend 5 Steigerungen
2. Woche	
Mo.	2 km Einlaufen, 2 x 6 km im Marathonrenntempo (Trabpause 1,5 km), 2 km Auslaufen
Di.	40 min lockerer DL
Mi.	2:30 h langsamer DL
Fr.	60 min lockerer DL
Sa.	2 km Einlaufen, 14 km im Marathonrenntempo, 2 km Auslaufen
So.	40 min lockerer DL
3. Woche	
Mo.	2:00 h langsamer DL, anschließend 5 Steigerungen
Mi.	2 km Einlaufen, 3 x 5 km im Marathonrenntempo (Trabpause 1,5 km), 2 km Auslaufen
Do.	40 min lockerer DL
Fr.	1:45 h langsamer DL, anschließend 5 Steigerungen
So.	40 min lockerer DL
4. Woche	
Mo.	40 min lockerer DL
Di.	2 km Einlaufen, 5 km im Marathonrenntempo, 2 km Auslaufen
Do.	40 min lockerer DL
Sa.	20 min langsamer DL, anschließend 5 Steigerungen
So.	Marathon

DL = Dauerlauf

Plan 26

5.8.3 → Marathon-Notfallplan: Freizeitläufer

Sie haben in den letzten Wochen unter 50 km pro Woche trainiert.

Sa.	**5-km-Testlauf, mit Ein- und Auslaufen.**
1. Woche	
Mo.	5-km-Testlauf, mit Ein- und Auslaufen
Mi.	2 km Einlaufen, 8 km im Marathonrenntempo, 2 km Auslaufen
Fr.	2 km Einlaufen, 10 km im Marathonrenntempo, 2 km Auslaufen
So.	2 km Einlaufen, 12 km im Marathonrenntempo, 2 km Auslaufen
2. Woche	
Di.	2 km Einlaufen, 14 km im Marathonrenntempo, 2 km Auslaufen
Do.	2 km Einlaufen, 16 km im Marathonrenntempo, 2 km Auslaufen
Sa.	2 km Einlaufen, 18 km im Marathonrenntempo, 2 km Auslaufen
3. Woche	
Mo.	2 km Einlaufen, 20 km im Marathonrenntempo, 2 km Auslaufen
Mi.	2 km Einlaufen, 22 km im Marathonrenntempo, 2 km Auslaufen
Fr.	2 km Einlaufen, 24 km im Marathonrenntempo, 2 km Auslaufen
So.	30 min lockerer DL
4. Woche	
Mo.	30 min lockerer DL
Di.	2 km Einlaufen, 6 km im Marathonrenntempo, 2 km Auslaufen
Do.	30 min lockerer DL
Sa.	20 min lockerer DL
So.	Marathon

DL = Dauerlauf

5.9 Beine hochlegen

Sie haben es doch bestimmt auch schon gelesen: Legen Sie hin und wieder eine Ruhephase ein! Aus eigener Erfahrung weiß ich jedoch, wie schwer es ist, diesen Rat zu beherzigen, vor allem, wenn man zu denen gehört, die regelmäßig trainieren. Irgendwie sitzt im Kopf die Idee fest, dass nur harte Arbeit zum Erfolg führt. 50 Laufkilometer pro Woche müssen einfach besser sein als 30. Und wenn vor dem Start eines Rennens Zweifel aufkommen, ob man denn auch alles für die Topform getan hat, dann sicher wegen jener Tage, an denen man, statt zu laufen, lieber geruht hat. Und wenn man an den Tagen nach einem Marathon – egal, ob er erfolgreich war oder nicht – wieder ins Training einsteigt, dann denkt man nur daran, wie man schnellstmöglich noch besser, noch effektiver und noch härter trainieren kann.

Eines muss Ihnen allerdings immer klar sein: Es gibt keinen linearen Zusammenhang zwischen mehr Training und besserer Wettkampfleistung. Der menschliche Körper benötigt regelmäßige Erholungsphasen, um optimal zu funktionieren, besonders nach sehr beanspruchenden Belastungen, zum Beispiel einem Marathon.

Deshalb zeige ich Ihnen nachfolgend, wie die Wochen nach einem Marathon aussehen sollten. Sie werden überrascht sein, wie wenig anspruchsvoll diese sind. Aber machen Sie sich einfach vielleicht auch mal klar, dass die besten afrikanischen Marathonläufer nach der Saison durchaus bis zu vier Wochen haben, in denen Sie überhaupt nicht laufen. Ja, überhaupt nicht. Und da kommen Sie mit meinen Regenerationsplänen noch gut weg.

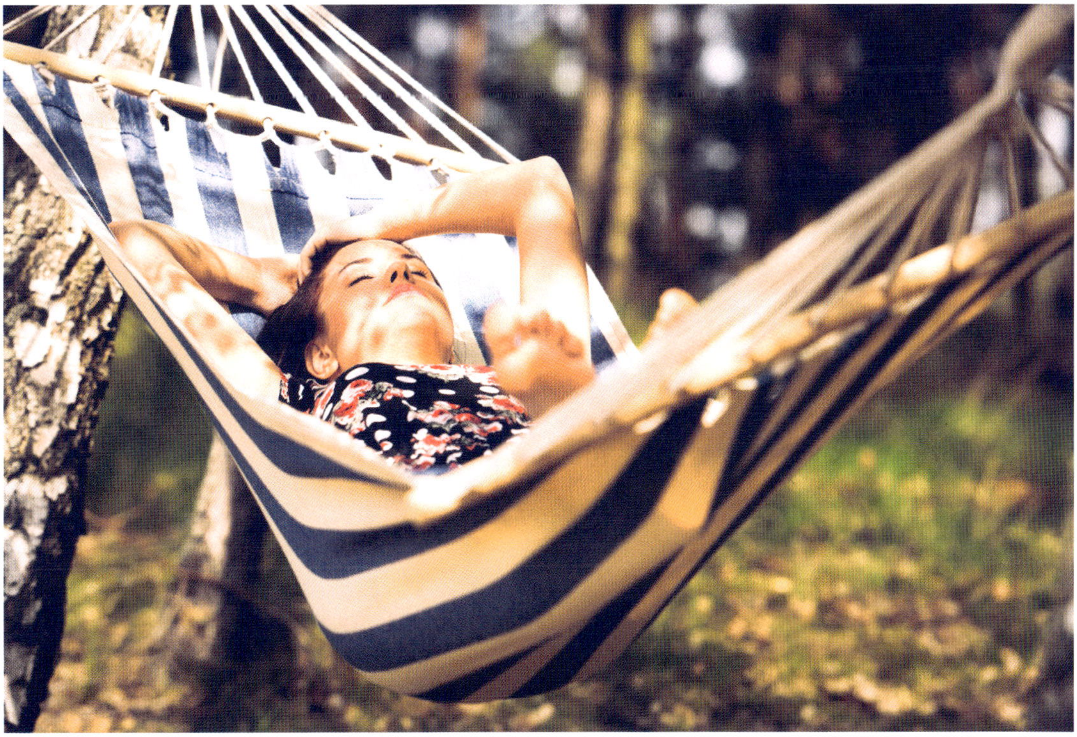

5.9.1 → Regeneration: Marathonfreizeitläufer

(Finisherzeit: über 4:00 h).

Plan 27

1. Woche nach dem Marathon	
Mo.	10–20 min zügiges Spazierengehen
Di.	Ruhe
Mi.	Ruhe
Do.	Ruhe
Fr.	Ruhe
Sa.	40 min Radfahren
So.	Ruhe
2. Woche nach dem Marathon	
Mo.	30 min Schwimmen
Di.	Ruhe
Mi.	Ruhe
Do.	60 min Radfahren
Fr.	Ruhe
Sa.	Ruhe
So.	30 min Schwimmen

Freizeitläufer kopieren Woche 2 mindestens noch in Woche 3 und 4 nach dem Marathon und beginnen mit einem Lauftraining erst, wenn sie wieder Lust verspüren.

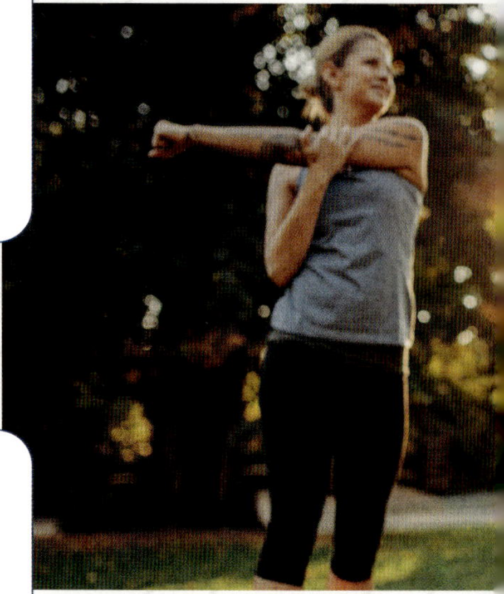

5.9.2 → Regeneration: Engagierte Marathonläufer

(Finisherzeit: 3:00–4:00 Stunden).

Plan 28

1. Woche nach dem Marathon	
Mo.	10 min langsamer DL, Stretching
Di.	Ruhe
Mi.	Ruhe
Do.	Ruhe
Fr.	Ruhe
Sa.	30 min Schwimmen
So	Ruhe
2. Woche nach dem Marathon	
Mo.	60 min Radfahren
Di.	Ruhe
Mi.	40 min Schwimmen
Do.	Ruhe
Fr.	20–30 min langsamer DL
Sa.	Ruhe
So.	30 min lockerer DL

Engagierte Läufer kopieren Woche 2 noch einmal in Woche 3 nach dem Marathon und beginnen erst in Woche 4 wieder mit einem regelmäßigen Lauftraining.

5.9.3. → Regeneration: Ambitionierte Marathonläufer

(Finisherzeit: unter 3:00 Stunden).

Plan 29

Ambitionierte Läufer beginnen in der Woche 3 nach dem Marathon wieder mit einem regelmäßigen Lauftraining.

1. Woche nach dem Marathon	
Mo.	10–20 min langsamer DL, Stretching
Di.	Ruhe
Mi.	30 min Schwimmen
Do.	Ruhe
Fr.	60 min Radfahren
Sa.	Ruhe
So.	40 min Schwimmen
2. Woche nach dem Marathon	
Mo.	Ruhe
Di.	30 min langsamer DL, Stretching
Mi.	Ruhe
Do.	30 min lockerer DL, Stretching
Fr.	30 min Schwimmen
Sa.	40 min lockerer DL, Stretching
So.	60 min Radfahren

DL = Dauerlauf

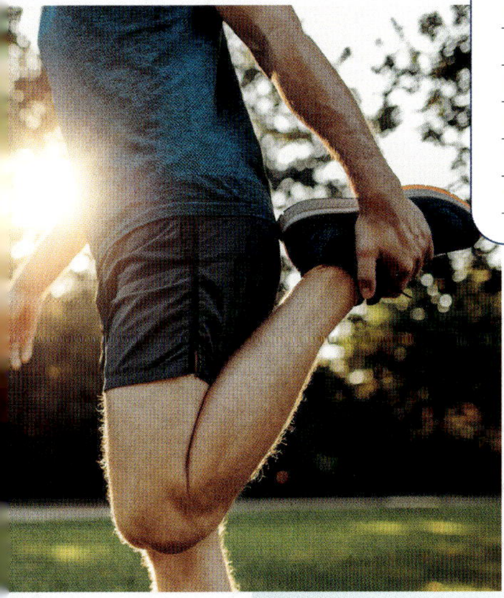

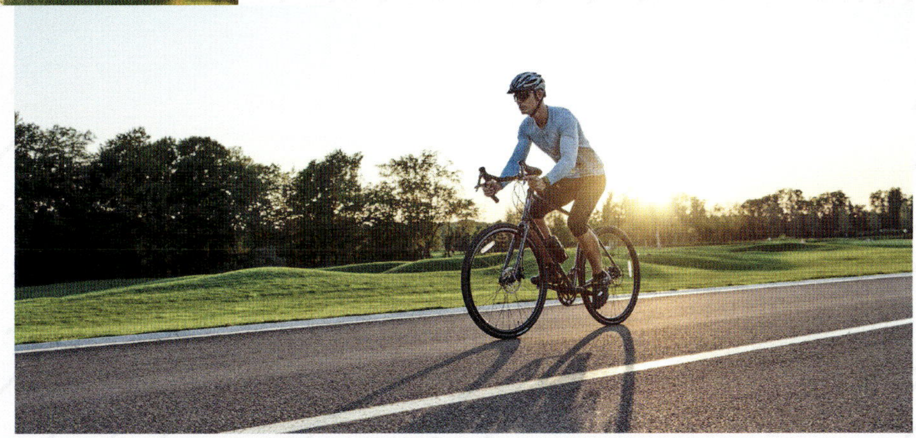

KAPITEL 6

Sechster Schritt: Ein Ultra

→ Nur für Marathonläufer

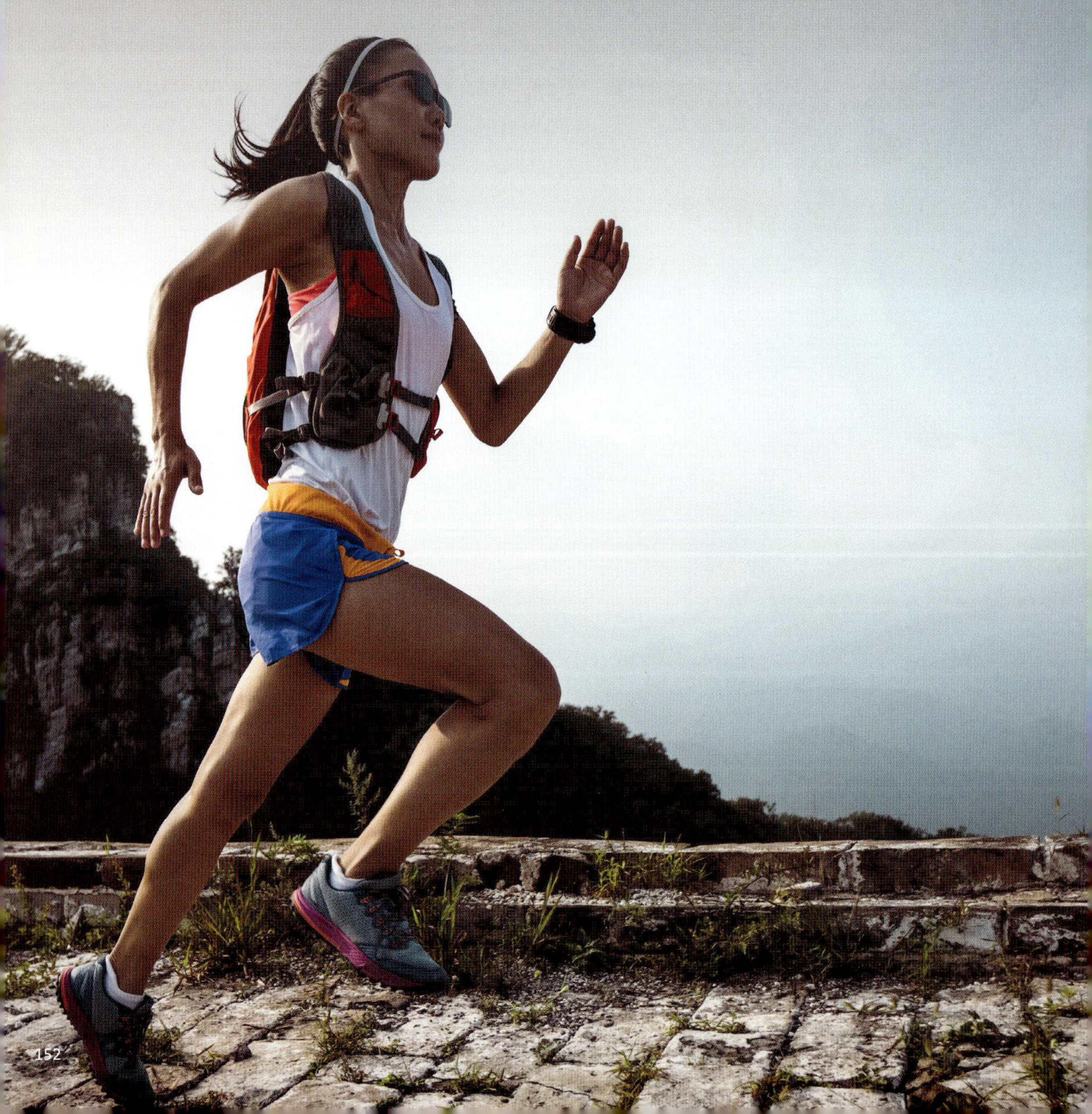

6

Es muss nicht sein, aber es gibt ein Leben jenseits des Marathonlaufens. Das Ganze nennt sich dann »Ultramarathon«. Dies bezeichnet alle Wettkampfdistanzen jenseits der 42,195 km, egal ob sie 50 km, 100 km oder 24 Stunden umfassen. Sie sagen, das sei der pure Wahnsinn? Nun denn. Ob Sie's glauben oder nicht: Es ist einfacher, einen 100-km-Lauf zu finishen, als einen Marathon unter drei Stunden zu laufen.

6.1 Den Wahnsinn wagen

Für keine Wettkampfdistanz ist die Trainingsvorbereitung theoretisch einfacher als für einen Ultra: Sie laufen einfach nur jeden Tag im gemütlichen Tempo, solange es Ihre Freizeit zulässt.
Tatsächlich können Sie in der Vorbereitung auf einen Ultralauf jegliche Tempobelastungen vernachlässigen. Ihr Hauptaugenmerk richten Sie grundsätzlich auf eine Steigerung Ihres Kilometerumfangs, insgesamt, aber auch hinsichtlich der Länge des langen Laufs. Natürlich richtet sich die Vorbereitung auch nach der tatsächlichen Ultradistanz, auf die Sie sich vorbereiten wollen. Es empfiehlt sich, einen Schritt nach dem anderen zu tun. Das bedeutet, dass Sie als Marathonläufer zunächst vielleicht »nur« an einem 50- oder 60-km-Wettkampf teilnehmen, wobei die Auswahl an Ultraveranstaltungen beschränkt ist.

Im Endeffekt ist die erfolgreiche Teilnahme an einem Ultralauf für einen gestandenen Marathonläufer weniger eine physiologische als ein psychologische Herausforderung; das sollte jedem klar sein, der den Schritt von 42 km auf eine ultralange Distanz wagt (100 km gelten als »klassische« Ultradistanz).

Die Vorbereitung

Das wichtigste Lauftraining in der Vorbereitung auf den Ultra ist – wie beim Marathon – der lange Lauf. Im Idealfall finden Sie die Zeit für zwei lange Läufe pro Woche, die allerdings keinesfalls an zwei aufeinanderfolgenden Tagen liegen sollten (das ist nur etwas für hartgesottene Ultraspezialisten), sondern in der Wochenmitte und am Wochenende.

Der längste lange Lauf in der Vorbereitung auf den Ultra sollte mindestens die Hälfte der anvisierten Ultradistanz umfassen. Wollen Sie also an einem 100-km-Lauf teilnehmen, sollten Sie im Training mindestens einmal 50 km gerannt sein und sich dieser Trainingsdauer über mehrere Wochen genähert haben. Scheuen Sie – je nach Leistungsstand – keine Gehpausen. Alle 30 min vielleicht, um sich in Ruhe zu verpflegen. Das gilt auch für die langen Trainingsläufe. Eventuell nutzen Sie diverse Marathons als Trainingsläufe, allerdings sollten Sie bei diesen Marathons keinesfalls an die Grenzen gehen, sondern weit hinter Ihren tatsächlichen Marathonmöglichkeiten bleiben, also bewusst nur langsam mitlaufen.

Die Vorbereitung auf den ersten Ultra umfasst mindestens vier Monate, wenn es zum Beispiel ein 100-km-Lauf ist. In diesen Monaten bauen Sie über Wochen Ihr Laufvermögen, was die Streckenlängen betrifft, aus. Aber achten Sie auch auf Regenerationswochen, in denen Sie die Umfänge reduzieren und eventuell keinen langen Lauf durchführen.

Der Wettkampf

Die langen Trainingsläufe haben Ihnen ein gutes Gefühl für Ihr Wohlfühltempo vermittelt. Im Idealfall haben Sie dieses Tempo in Bezug zu Ihrer Herzfrequenz gebracht und wissen somit, bei welcher Belastung Sie sich auch nach 50 km noch wohlfühlen. Irgendwo um die 80 % der maximalen Herzfrequenz liegt der richtige Belastungspuls für die ultralange Laufdistanz. Nutzen Sie auf dem ersten Streckenviertel den Pulsmesser als Belastungsvorgeber, damit Sie nicht zu schnell loslaufen, aber schnallen Sie danach das Gerät ab und verlassen Sie sich auf Ihr eigenes Körpergefühl.

Grundsätzlich ist wichtig zu wissen, dass Sie (außer auf den letzten 50 m der Zielgeraden) niemals unterwegs außer Atem kommen dürfen. Atemnot bedeutet Sauerstoffschuld, bedeutet übermäßigen Energieverbrauch, und wenn Sie mit etwas beim Ultra haushalten müssen, dann ist es Ihre Energie. Die Zeit, zu essen und zu trinken, müssen Sie sich beim Ultra nehmen. Aber Zeitdruck spüren unterwegs eh nur die wenigsten Ultraläufer.

Eine exemplarische Trainingswoche für die Vorbereitung auf einen Ultralauf sieht so aus:

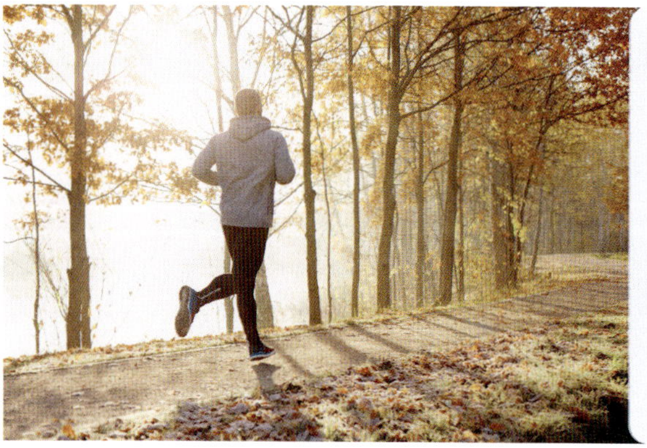

Mo.	60–90 min lockerer DL
Di.	45–60 min ruhiger DL
Mi.	2–2:30 h langsamer DL
Do.	60 min lockerer DL
Sa.	2:30–5 h langsamer DL
So.	40 min ruhiger DL

DL = Dauerlauf

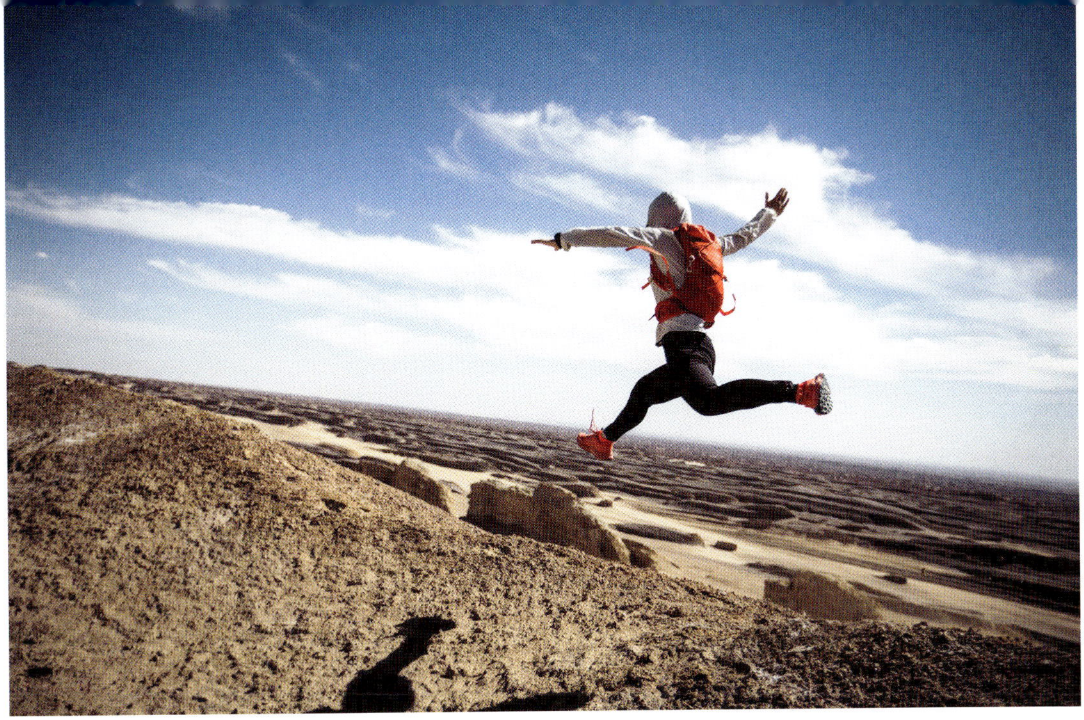

6.2 Alles Kopfsache

Wenn Sie Ihre Füße nicht mehr spüren, Ihr Magen rebelliert und Ihre Oberschenkel um Erbarmen betteln, hilft nur der Kopf aus dieser Misere. Hier erfahren Sie, wie das funktioniert:

1. **Krisen einplanen:** Sie können davon ausgehen, dass Sie mindestens einen richtigen Durchhänger haben werden, ich spreche da aus Erfahrung. Beim 100-km-Lauf in Biel brach ich richtig ein (nach rund 60 km) und zwang mich zum Gehen (ohne das Essen und Trinken zu vernachlässigen). 5 km lang musste ich abwechselnd gehen und laufen, dann erholte ich mich erst wieder. Die Erfahrung vieler echter Ultraläufer zeigt: Es wird nicht immer noch schlimmer. Irgendwann geht es auch wieder aufwärts.

2. **Ein Mantra finden:** Vor einem Ultramarathon schreibt man sich am besten eine Reihe von Mottosätzen auf, die einen durch das Rennen begleiten sollen. Beispiele: Gehpausen sind gut für mich! Bleib ruhig! Freu dich über die Landschaft! Machen Sie sich unterwegs klar, warum Sie diese Herausforderung eingegangen sind, so simpel es auch klingen mag: Sie haben sich schließlich zum Ziel gesetzt, anzukommen, also können Sie nicht einfach aufgeben.

3. **Freunde und Helfer:** Was spricht dagegen, sich phasenweise von einem Bekannten begleiten zu lassen, vor allem auf dem letzten Teil der Strecke? Das kann helfen, Schwächeperioden zu überwinden. Verbieten Sie aber unbedingt Ihrer Begleitcrew, das Wort »aufgeben« in den Mund zu nehmen.

4. **Ein Schritt nach dem anderen:** Eine Strecke von 80 oder 100 km (oder mehr) ist kein Pappenstiel, deshalb ist es ratsam, sich die Distanz vor dem inneren Auge einzuteilen, sodass man gewissermaßen mehrere kleinere Strecken nacheinander zurücklegen kann. Mein Tipp: Konzentrieren Sie sich lieber auf die nächste Versorgungsstation als auf das Ziel.

6.3 Brennstoff und Flüssigkeit

Der Erfolg bei einem Ultra hängt auch von der richtigen Verpflegung ab, denn während eines langen Laufs verbrennt der Körper rund 400–600 Kilokalorien pro Stunde. In derselben Zeit kann er nur etwa 240–280 Kilokalorien aufnehmen – ein Defizit, vor dem es kein Entrinnen gibt. Um einen Hungerast zu vermeiden, ist es ratsam, vom Start weg mit einer regelmäßigen Kalorienversorgung zu beginnen. Zunächst reichen Gels und ähnliche Kohlenhydratspender aus, doch nach spätestens vier Stunden sollten Sie darauf achten, dass Sie Ihrem Körper in einem Verhältnis von 1:4 auch Eiweiß zuführen (ein Teil Eiweiß, vier Teile Kohlenhydrate) – ein Mix, wie er in vielen Sportenergieriegeln zu finden ist.

Aber kaum ein Magen ist in der Lage, zehn Energiegels oder -riegel zu verdauen. Deshalb ist es wichtig, normale Nahrung zu finden, die der eigene Magen verträgt: Trockenes Brot oder, wenn Sie Appetit darauf haben, belegt mit magerem Fleisch, Hühnerbrühe mit Nudeln, Minibrezeln oder Bananen.

Lange vor dem Ultrawettkampf sollten Sie sich auch mit der Auswahl und dem Gebrauch von Trinkflaschen, Trinkgürteln und Laufrucksäcken beschäftigen und diese in der Praxis testen, um sicherzugehen, dass Sie während des Laufs gut hydriert sind. In den USA gibt es Ultramarathons mit Wiegestationen, auf denen der Flüssigkeitshaushalt des Läufers geprüft wird. Denn schon wenn der Körper 3 % oder mehr Flüssigkeit verliert, nimmt seine Leistungsfähigkeit dramatisch ab. Der Flüssigkeitsbedarf im Wettkampf hängt vom Wetter, dem Lauftempo sowie Ihrer persönlichen Schweißmenge ab. Am besten rechnen Sie mit einem Liter pro Stunde.

Aber, aufgepasst: Zu viel Flüssigkeit kann eine Wasservergiftung verursachen. Ein Warnzeichen dafür ist, wenn sich das Armband der Uhr zunehmend eng anfühlt. In einem solchen Fall ist es ratsam, 100 Milliliter Wasser vermischt mit vier Würfeln Gemüsebrühe zu trinken.

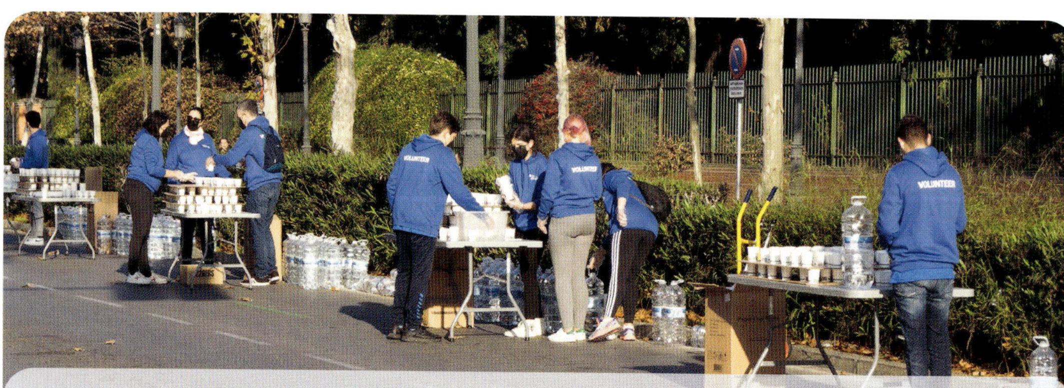

Der optimale Boxenstopp

Bevor Sie sich einer Verpflegungsstation nähern, machen Sie sich klar, was Sie brauchen. Schicken Sie eventuell einen Begleiter voraus, um Ihnen die Flaschen zu füllen. Wenn nötig, setzen Sie sich hin, um sich zu sammeln, Schuhe, Socken und Kleidung zu wechseln. Doch machen Sie es sich nicht zu bequem. Wenn Sie müde sind und die Muskeln schmerzen, beispielsweise mitten in der Nacht, ist die Gefahr groß, dass Sie nicht mehr aufstehen wollen.

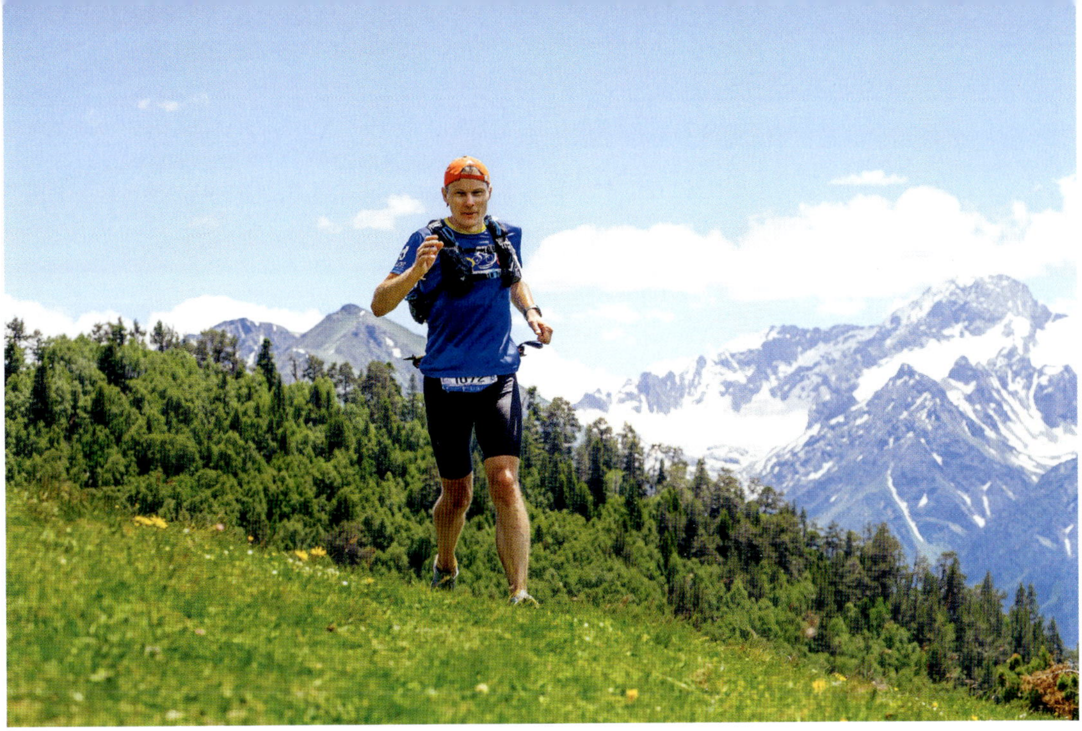

6.4 Ein konkreter 100-km-Plan

Die wichtigste Trainingseinheit dieses Trainingsplans ist der lange Lauf mindestens 1 x pro Woche. Er sorgt dafür, dass Sie länger durchhalten, und das ist das Geheimnis, wie man einen Ultramarathon schafft. Wenn Sie schon einmal erfolgreich mit einem Marathontrainingsplan trainiert haben, dann bleiben Sie dabei und verlängern Sie lediglich sukzessive den langen Lauf. Es kommt darauf an, dass Sie sich daran gewöhnen, wie es sich anfühlt, den ganzen Tag auf den Beinen zu sein. Bedenken Sie bitte, dass sogar ambitionierte Läufer einen 100-km-Lauf selten durchgängig im Laufschritt bewältigen, vor allem, wenn die Strecke durch profiliertes Gelände führt.

Es ist also empfehlenswert, auch Gehpausen ins Training einzubauen. Wann gelaufen und wann »gewandert« wird, hängt vom Gelände und dem Höhenprofil der Strecke ab. Die Faustregel für Phasen, in denen nicht mehr so viel geht: 60 % Laufen und 40 % Walken. Absolvieren Sie Ihre langen Läufe möglichst im profilierten Gelände, dann fällt die Regenerationszeit kürzer aus, und außerdem ist das Laufen dort abwechslungsreicher. Erholung: Wenn man nicht genug Erholungspausen ins Training integriert, machen die langen Läufe einen nicht ausdauernder, sondern nur müde.

Daher ist vor und nach dem langen Lauf jeweils ein Ruhetag angebracht. Wenn Ihnen danach ist, laufen oder gehen Sie am Tag danach ein paar Kilometer in ganz langsamem Tempo – das gewöhnt den Körper daran, mit schmerzenden Muskeln weiterzulaufen. Wenn Sie sich nicht sicher sind, ob es Ihnen guttut – lassen Sie es. Ein Ruhetag beschert Ihnen zumindest keine Verletzungen. Wenn Sie trotz Müdigkeit laufen, sind solche hingegen nicht auszuschließen. Drei Wochen vor dem Wettkampf beginnt die drastische Reduzierung des Trainingspensums.

Plan 30

6.4.1 → Der 100-km-Plan

	Mo.	Di.	Mi.
BASIS **Woche 1–6** Starten Sie mit 40 km/Woche und steigern Sie sich auf 75 km.	8 km lockerer DL, bis zur 6. Woche auf 10–12 km steigern	Kräftigungsübungen: 10 min Oberkörper-Kraftübungen: Kniebeugen, Ausfallschritte, Waden-Lifts, Dips, Bankdrücken (auch Liegestütz möglich) – je 12 Wiederholungen	12 km lockerer DL, von Woche zu Woche mit mehr Steigungen spicken. In der 6. Woche sollte dies ein ziemlich hügeliger Lauf sein.
AUFBAUPHASE **Woche** **7–15** Bauen Sie Geh- bzw. Wanderpassagen in Ihren langen Lauf ein. Steigern Sie Ihren Wochenumfang schrittweise auf 100 km	12–15 km lockerer DL, inklusive einiger Temposteige-rungen (mit 15 s beginnen und später auf bis zu 60 s steigern)	Kräftigungsübungen: Das obige Programm 2 x wiederholen, dabei Gewichte bzw. Widerstände erhöhen. Mit zunehmender Fitness in der Aufbau- und Steigerungs-phase sollten Sie den Dienstag und/oder Donnerstag dazu nutzen, den Kilometer-umfang zu steigern und einen lockeren DL (10–15 km) einbauen.	10–12 km zügiger DL. Suchen Sie sich eine Strecke mit möglichst vielen Steigungen. Forcieren Sie auf den Bergauf-Passagen und laufen Sie locker bergab, ähnlich wie beim Fahrtspiel. Oder suchen Sie sich eine Bergauf-Passage und machen Sie dort Wiederholungsläufe (2–4 min).
STEIGERUNGS-PHASE **Woche 16–18** Der lange Lauf sollte weiter gesteigert werden, der wöchentliche Umfang zwischen 100–150 km liegen.	12–15 km lockerer DL	Kräftigungsübungen: Das obige Programm 2 x wiederholen, dabei Gewichte bzw. Widerstände weiter steigern, besonders bei den Beinübungen (Kniebeugen, Ausfallschritte, Waden-Lifts); optional: 30–45 min Zirkeltraining oder lockeres Laufen	Lauf in hügeligem oder bergigen Gelände über 90 min. Dabei auf druckvolles Laufen bergauf achten. Bergauf-Wieder-holungsläufe auf 6 x 1 min steigern. Wenn der Wettkampf auf flachem Terrain stattfindet, laufen Sie in flottem Tempo.
DIREKTE VORBEREI-TUNGSPHASE **Woche 19–21** Ihr Konto ist gefüllt, jetzt sollten Sie sich möglichst wenig belasten.	Ruhetag	Kräftigungsübungen: Dieselben Übungen wie in der letzten Phase, allerdings mit geringeren Gewichten.	10–12 km zügiger DL

DL = Dauerlauf

Do.	Fr.	Sa.	So.
Kräftigungsübungen. Optional 30–40 min Zirkeltraining auf niedrigem Level oder ein leichter Lauf.	Ruhetag	Langer Lauf in langsamem Tempo. Beginnen Sie mit 60–90 min und verlängern Sie ihn jede Woche um 15–30 min bis auf eine Distanz von 25 km. Trainieren Sie möglichst in ähnlichem Gelände wie dem des Ultralaufs.	Ruhetag
Gleiches Programm wie am Dienstag.	Ruhetag	Langer Lauf: Ausgangsdauer sollte diejenige sein, die Sie am Ende der Basisphase erreicht haben. Schlagen Sie jede Woche 15–30 min obendrauf. Am Ende dieser Phase sollte Ihr langer Lauf 30–35 km lang sein.	6–8 km Gehen oder langsames Joggen
Kräftigungsübungen: Wie am Dienstag, dazu ein lockerer DL über 8–10 km	Ruhetag	Langer Lauf: 4–6 h Laufen mit Walking-Pausen auf ähnlichem Terrain wie dem des angestrebten Wettkampfs. Am Ende dieser Phase steht die längste Trainingseinheit der Vorbereitung: Dieser längste Lauf sollte 50–60 km lang sein und 3–4 Wochen vor dem Wettkampf liegen.	Ruhetag oder 6–8 km joggen (auf jeden Fall nach dem längsten Lauf)
Lockerer DL: Beginnen Sie mit 45 min und reduzieren Sie dies in der Wettkampfwoche auf 20 min.	Ruhetag	45 min lockerer DL	Ruhetag

KAPITEL 7

Urlaub, Winter, Alter?

→ **Für Läufer aller Leistungsklassen**

Pläne für alle Fälle

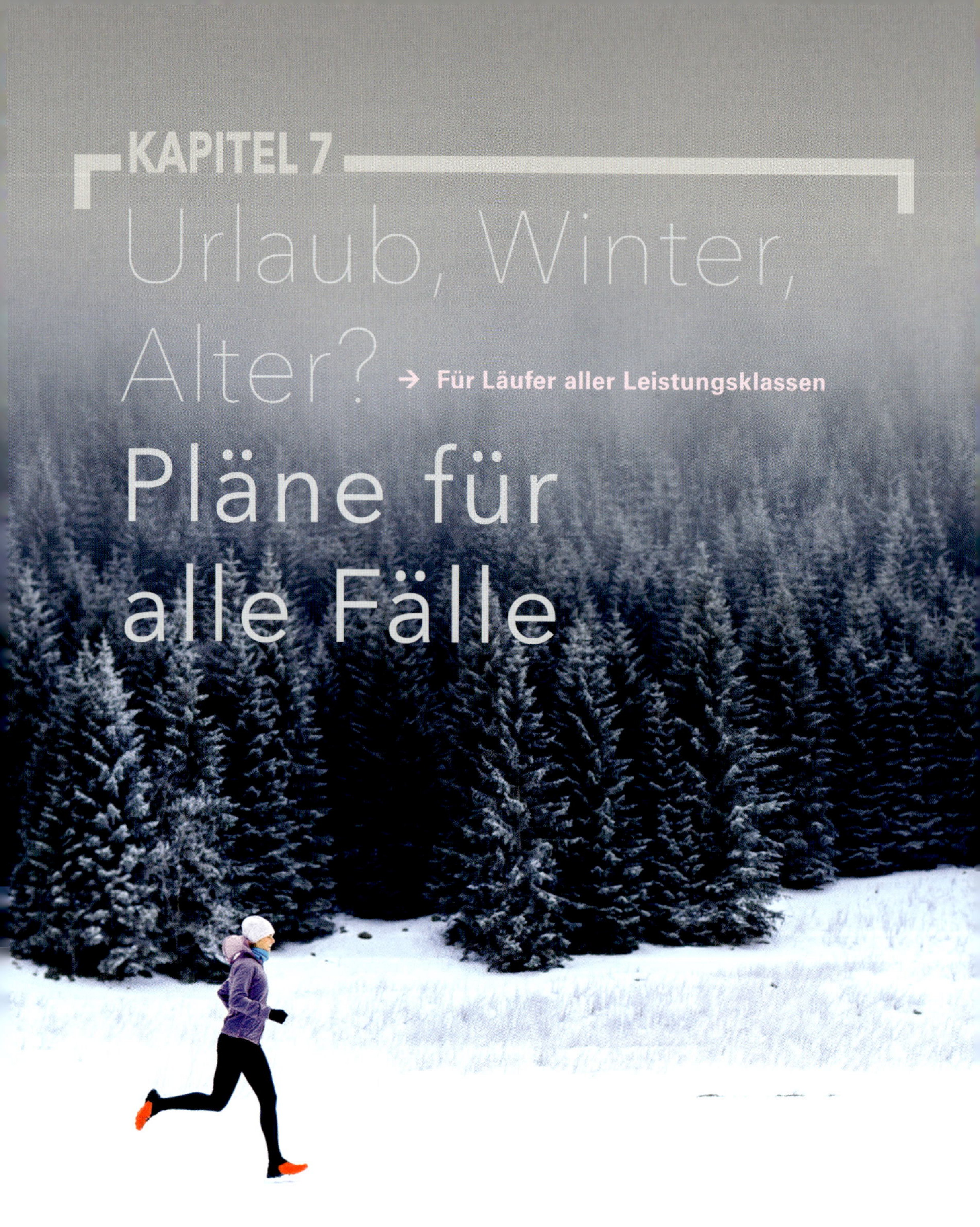

7

7.1 Mach mal Urlaub

Endlich Ferien! Wer freut sich nicht auf die freien Urlaubstage, fernab von Arbeit und Stress! Auch der Läufer packt seine Sachen, um für einige Tage Ruhe zu suchen. In seinem Gepäck verstaut er aber neben der normalen Urlaubsausstattung auch diverse Laufutensilien. Klar. Doch der eine oder andere Partner (die Familie) fragt erstaunt: »Du wirst doch wohl im Urlaub nicht laufen wollen?« Und der Läufer fragt sich selbst: »Was tut ein Läufer im Urlaub?« Urlauben! Und dazu gehört das Faulenzen, ebenso wie der Sport, den man liebt: das Laufen. Es kommt nur auf die richtige Mischung an. Eine Mischung eben, die sowohl die eigenen Bedürfnisse wie die der Mitreisenden befriedigt.

7.1.1 Nicht auf Entzug gehen

Angenommen, man fasst den – unvernünftigen – Entschluss, während des Urlaubs gar nicht zu laufen. Bei Gewohnheitsläufern (mind. 3 x/Woche Lauftraining) hat das natürlich direkte körperliche Folgen: Herz und Kreislauf sind unterfordert. Der Läufer ist unausgelastet, wird unruhig. Er ist »auf Entzug«. Psychische Stimmungsschwankungen bleiben den Mitreisenden nicht verborgen, auch wenn ihnen die Ursachen der »Ungenießbarkeit« des Nicht-laufenden-Läufers zunächst verborgen bleiben. Aber bald wissen sie, was den Läufer bewegt: die fehlende Bewegung. Und sie schicken ihn los: »Bitte, geh laufen ...« Und spätestens zwei bewegungsarme, aber krisenreiche Urlaubstage später: »Bitte, bitte geh laufen!«

Nun könnte man als Läufer, von dem eigentlich erwartet wird, dass er im Urlaub nicht läuft, einfach die Folgen des »kalten Entzugs« abwarten: seine schlechte Laune bewusst nicht verbergen und darauf bauen, dass Partner und/oder Familie schließlich doch noch zum größten Antreiber beim urlaublichen Lauftraining werden. Besser ist es allerdings, von vornherein ein tägliches, aber verträgliches Mindestmaß an alleinigen Aktivitäten (z. B. Laufen) und gemeinsamen Aktivitäten festzulegen. Da gilt es vor allem, im Lauftraining Prioritäten zu setzen.

Keine Kilometer fressen

Angenommen, man fasst den – unvernünftigen – Entschluss, während des Urlaubs mehr zu laufen, viel mehr als gewohnt: Jetzt hat man endlich die Zeit, Kilometer zu »fressen«. Man reist sowieso allein und muss auf niemanden Rücksicht nehmen? Oder: Man hat einen Partner, der auch läuft oder einfach einen, der die Laufbedürfnisse unterstützt? Nicht gut! Denn ein tägliches, ambitioniertes Lauftraining ist keine Erholung, kein Urlaub. Das nennt man dann »Trainingslager«. Das soll es für die ambitionierten Läufer geben, aber auch für die nur zusätzlich (!) zum klassischen Urlaub. Der Körper braucht schließlich auch mal Zeit, sich vom regelmäßigen Lauftraining zu erholen. Da gilt das alte Sprichwort: »In der Ruhe liegt die Kraft!« Denn nur, wer seinem Körper periodisch Pausen gönnt, ist bereit zum nächsten Leistungssprung.

Formverlust in drei Wochen?

Also ist die wichtigste Frage, die Läufer bewegt: Wie viel Pause muss und wie viel Pause darf im Urlaub sein? Oder anders formuliert: Kann man in drei Urlaubswochen ohne Lauftraining tatsächlich seine Form verlieren?

Zuerst die schlechte Nachricht: Ja, man kann! Selbst bei Läufern mit einem sehr hohen Trainingsalter (Trainingsalter = Jahre, die sie laufen) kann man Formverluste nach 7–10 Tagen ohne Sport eindeutig nachweisen. Das betrifft sowohl das Ausdauervermögen als auch die Tempohärte. Jetzt die gute Nachricht: Mit einem dosierten Trainingsmix, der nur 50 % des normalen Trainingsumfangs ausmacht – und bei dem auch alternative Bewegungsformen wie Wandern, Radfahren, Schwimmen zählen –, verliert man über drei Wochen nicht mehr als maximal 5–10 % des Leistungsvermögens.

Prioritäten setzen

Was sollten also die Prioritäten im »Urlaubstraining« sein?

1. **Regelmäßigkeit:** Besser jeden zweiten Tag ein bisschen laufen als fünf Tage gar nicht und einen Tag zwei Stunden.

2. **Variation:** Besser jeden Lauf mit einem anderen Tempo und Umfang als jedes Mal dieselbe Streckenlänge mit derselben Belastung.

3. **Abwechslung:** Besser jeden Tag einen anderen Laufuntergrund als immer am Strand. Besser einen Tag rauf und einen Tag runter als immer flach. Besser einen Tag morgens, einen abends als immer zur selben Zeit.

4. **Alternativen:** Besser Radfahren, Wandern, Schwimmen, Tennis spielen, Golf spielen als gar keinen Sport treiben.

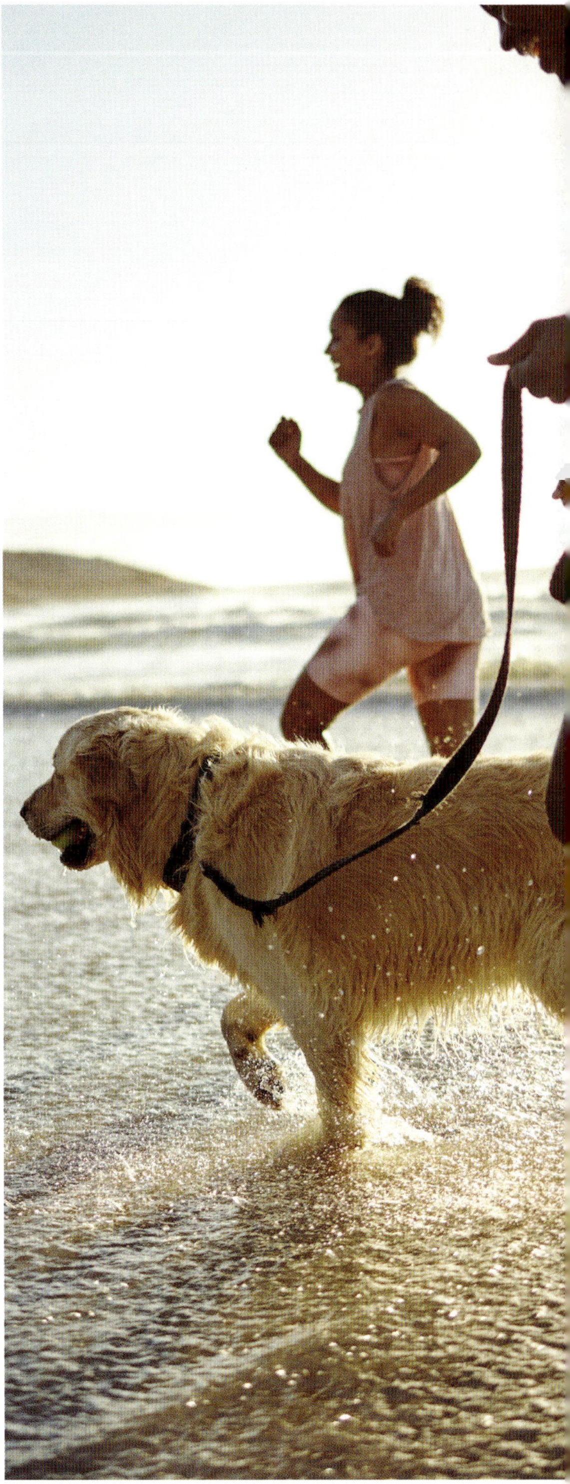

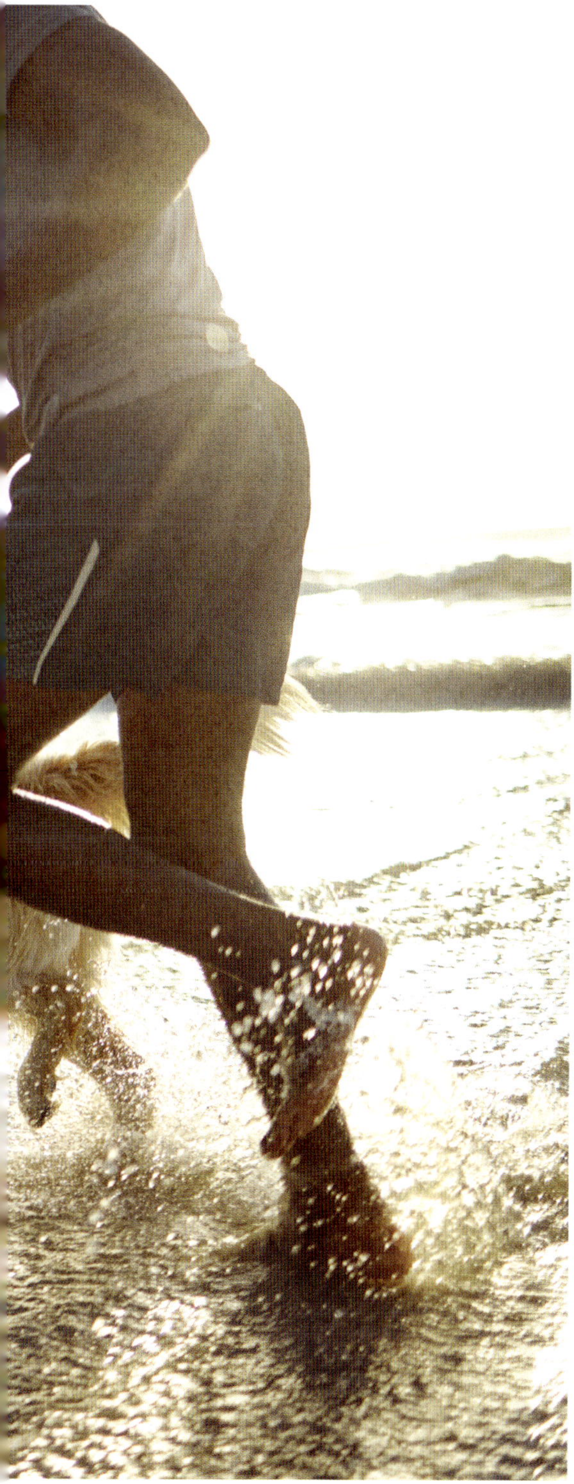

7.1.2 Das ideale Urlaubstraining

Aus drei wichtigen Bausteinen setzt sich mein Urlaubstraining zusammen. Und das Schöne ist, dass man diese Bausteine für jede Laufambition so kombinieren kann, dass sie passen, ob Einsteiger oder Topläufer, ob 5-km-Läufer oder Marathonläufer – das zeigen meine unten stehenden Trainingspläne.

1. **Lockere Dauerläufe:** Ob Urlaub oder nicht: Der Großteil des Lauftrainings besteht immer aus lockeren Dauerläufen im »Wohlfühltempo«. Diese sollten 30–60 min dauern. Auch weniger lohnt sich. Mit Wohlfühltempo ist ein Tempo gemeint, welches zwar einerseits nicht anstrengt, aber bei dem man andererseits auch nicht »über seine eigenen Füße stolpert«. In der Regel ist es das Tempo, das der Läufer liebt, er also läuft, wenn ihm keiner Vorschriften macht, wie schnell er zu laufen hat. Für die Gewohnheitsläufer ist diese Trainingsform Altbekanntes und deshalb keine Herausforderung.

   Trainingsprogramm: Im Urlaub unbedingt nicht länger als 60 min. Wie schon gesagt: Sie sind nicht im Trainingslager. Ideal ist eine Dauer von 30–40 min. Sinnvoll ist ein bewusst langsamer Laufeinstieg (5 min) und -ausstieg (5 min). In der Regel entspricht das Wohlfühltempo einer Herzfrequenz von 80 % der maximalen Herzfrequenz.

2. **Ein gemütlicher Dauerlauf:** Der »Long Jog« im Urlaub ist nicht mehr und nicht weniger als ein langer, langsamer Dauerlauf, der aber nie über 90 min Dauer hinausgehen sollte. Dabei wird der Körper bei niedriger Intensität über einen längeren Zeitraum beansprucht. Herz-Kreislauf-System, Muskulatur und der gesamte Organismus verlernen so nicht, effektiv zu »arbeiten«. Mit dem wöchentlichen »langen« Lauf halten Sie die Grundlage für eine ökonomische Belastungsverträglichkeit Ihres gesamten Körpers.

Trainingsprogramm: Der Long Jog ist die zeitraubendste Einheit Ihres Urlaubstrainings. Deshalb bietet es sich an, diesen Lauf am frühen Morgen durchzuführen, wenn es – je nach Urlaubsort – noch nicht so heiß ist. Die Frühe bietet sich auch an, um jegliche Überschneidung mit anderen Tagesaktivitäten mit den etwaigen Mitreisenden aus dem Weg zu gehen. Für mein Urlaubstraining ist das Ziel, einen (!) wöchentlichen Long Jog von 90 min zu schaffen.

Das Lauftempo spielt bei dieser Trainingseinheit keine Rolle, beziehungsweise sollte es nur eines sein: langsam. Es geht lediglich darum, die gesamte Distanz in einem gleichmäßigen, langsamen Tempo problemlos zu bewältigen. Wer die Herzfrequenz als Gradmesser für seine Laufbelastungen nutzt, der sollte sich an folgender Vorgabe orientieren: Mit 70 % der maximalen Herzfrequenz wird der Long Jog gelaufen. Bei diesem Tempo können Sie sich problemlos unterhalten und kommen keinesfalls außer Atem.

3. **5-min-Wiederholungsläufe:** Die Wiederholungsläufe sollen Ihren Körper wachhalten und dazu zwingen, dass Herz-Kreislauf und Lunge, die Muskulatur und alle anderen am Laufen beteiligten Körperregionen weiter hochleistungsfähig bleiben.

   Bei dieser Trainingsmethode wechseln sich schnelle 5-min-Läufe mit langsamen Trab- oder Gehpausen ab. Be- und Entlastung in ausgewogener Mischung. Achtung: Diese Wiederholungsläufe sind eine sehr intensive Trainingsform und sollten keinesfalls in der prallen Mittagssonne durchgeführt werden. Der »Nachteil«: Bei diesem Programm müssen Sie auch im Urlaub mal Ihre »Komfortzone« verlassen und in ein Lauftempo wechseln, das Sie außer Atem bringt.

Trainingsprogramm: Beginnen Sie mit drei 5-min-Wiederholungen. Nach jeder Belastung folgt eine entsprechende Trabpause. Mit der Zeit steigern Sie die Wiederholungen auf maximal sieben 5-min-Intervalle. Wenn Sie diese im angestrebten Tempo gut verkraften, verkürzen Sie die Trabpause. 2 min Pause sollten es aber immer sein.

Das Tempo sollte etwa 90 % der Maximalleistungsfähigkeit betragen. Entgegen einer weit verbreiteten Meinung ist das Tempo für die Länge dieser Belastungen nicht extrem schnell; es sollte über die gesamte Anzahl der Wiederholungen gehalten werden können und immer eine kontrollierte Laufbewegung zulassen (gleichmäßiges Tempo, kein Endspurt).

Im Übrigen ist für ambitionierte Läufer das Wettkampftempo ein wichtiger Gradmesser für die Intensität dieser Intervalleinheiten. Das Tempo der 5-min-Läufe kann in etwa dem 10-km-Renntempo entsprechen.

Bevor Sie in Ihre erste 5-min-Belastung einsteigen:

1. Beginnen Sie die Wiederholungsläufe immer mit 10 min Warmlaufen im sehr ruhigen Dauerlauftempo.
2. Machen Sie 2–3 lockere Steigerungsläufe, bevor Sie in die erste Belastung gehen.
3. Schließen Sie das Training immer mit weiteren 10 min lockerem Auslaufen ab.

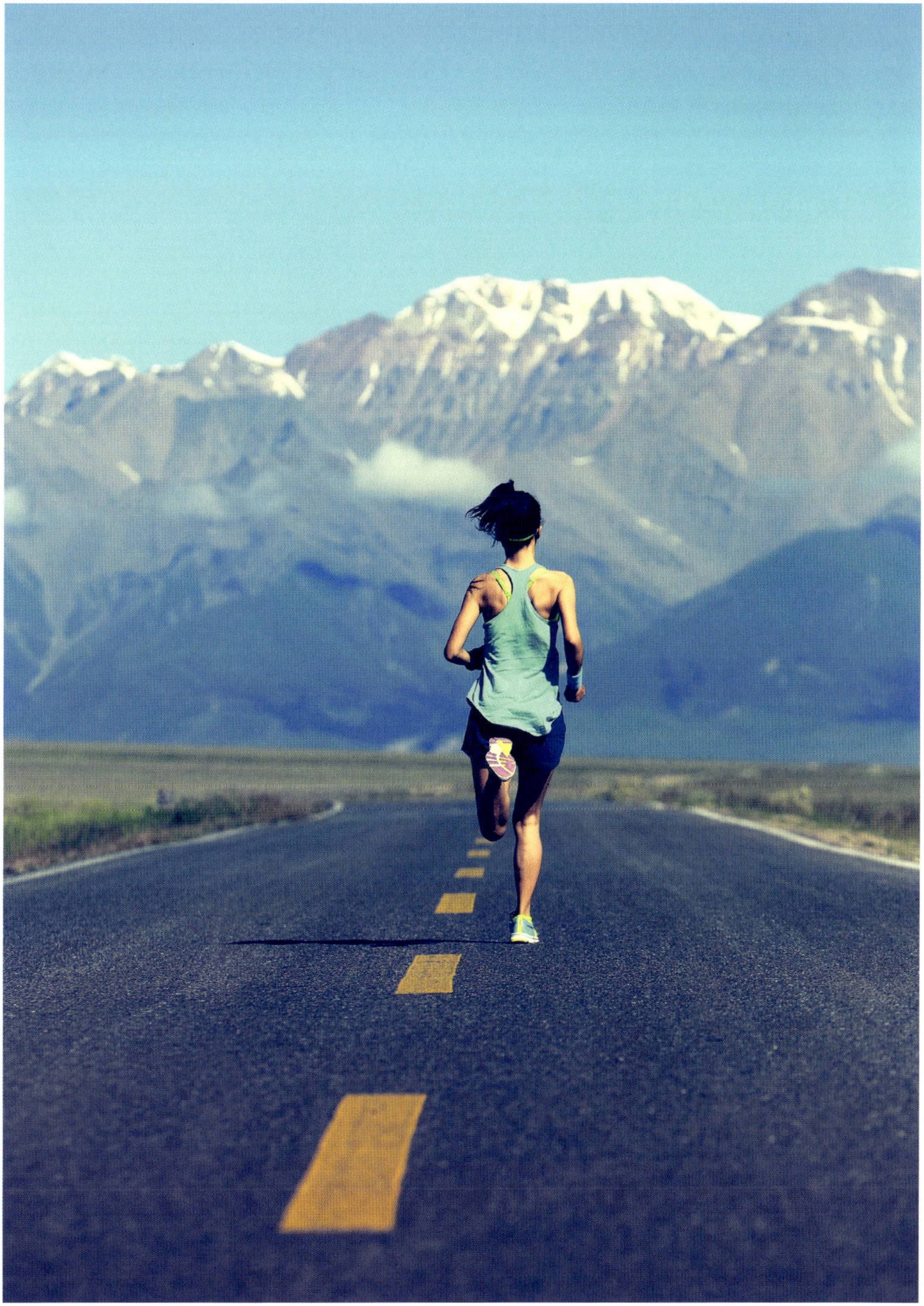

7.1.3 So könnte Ihr Urlaubstraining aussehen

7.1.3.1 → Urlaubsplan: Anfänger

Sie haben in diesem Frühjahr mit dem Laufen begonnen und laufen aus gesundheitlichen Gründen und ohne Leistungsanspruch.

Plan 31

Mo.	Ruhetag
Di.	20–30 min lockerer DL, 10 min Stretching
Mi.	Ruhetag
Do.	Schwimmen, Radfahren, leichtes Krafttraining
Fr.	Ruhetag
Sa.	40 min ruhiger DL, anschl. 2 Steigerungen
So.	Ruhetag

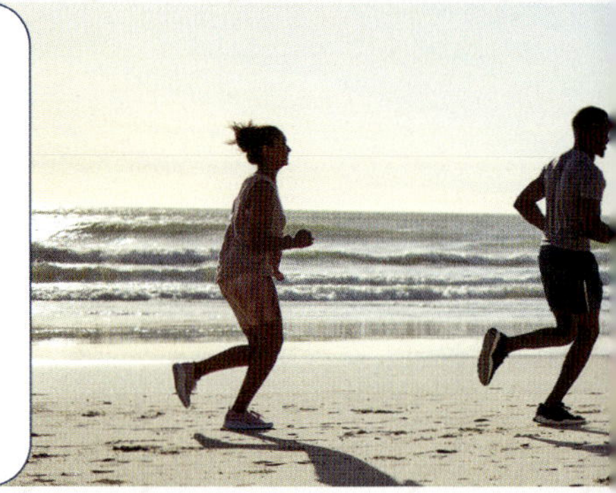

Zeitumfang/Urlaubswoche: max. 1:50 h

7.1.3.2 → Urlaubsplan: Engagierte Läufer

Sie laufen zirka 3 x pro Woche und nehmen ab und zu auch an Wettkämpfen teil (10-km-Bestzeit über 50 min), sind aber an »Bestzeiten« nicht interessiert.

Plan 32

Mo.	Ruhetag
Di.	30–40 min lockerer DL
Mi.	Ruhetag
Do.	5 min langsamer DL, 3–4 x 5 min schnell (5 min Trabpause), 5 min langsamer DL
Fr.	Ruhetag
Sa.	60–90 min langsamer DL
So.	Ruhetag

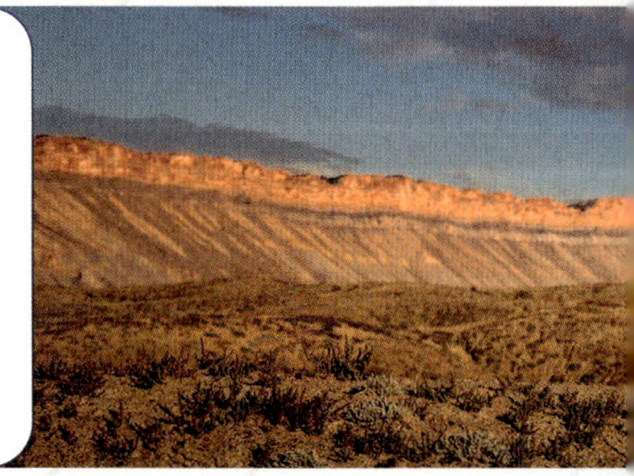

Zeitumfang/Urlaubswoche: max. 2:55 h

7.1.3.3 → Urlaubsplan: Ambitionierte Läufer

Sie laufen eigentlich mindestens 4 x wöchentlich, nehmen regelmäßig an Wettkämpfen teil (10-km-Bestzeit unter 50 min) und legen dabei Wert auf die Endzeiten bzw. Resultate.

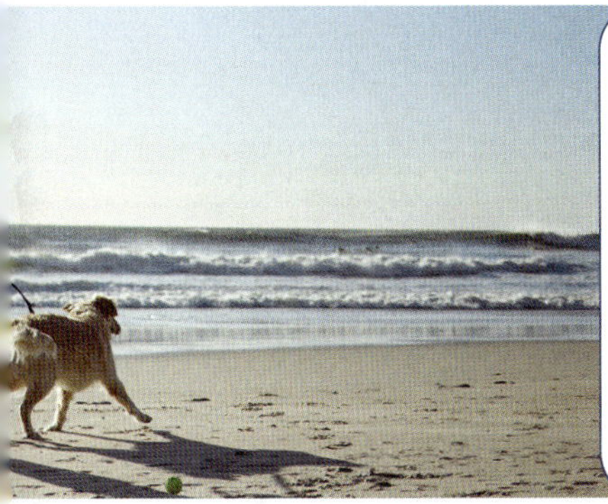

Plan 33

Mo.	Ruhetag
Di.	40–60 min lockerer DL, anschl. leichtes Krafttraining
Mi.	Ruhetag
Do.	5 min langsamer DL, 4–7 x 5 min schnell (2–3 min Trabpause), 5 min langsamer DL
Fr.	40 min ruhiger DL oder Schwimmen, Radfahren, leichtes Krafttraining
Sa.	Ruhetag
So.	80–90 min langsamer DL

Zeitumfang/Urlaubswoche: max. 4:25 h

7.1.3.4 Urlaubsplan: Marathonläufer

Sie wollen nach dem Urlaub an einem Marathon teilnehmen und sind es gewohnt, mindestens 4 x wöchentlich zu laufen. Ihre Zielzeit liegt im Bereich von 4:00 h.w

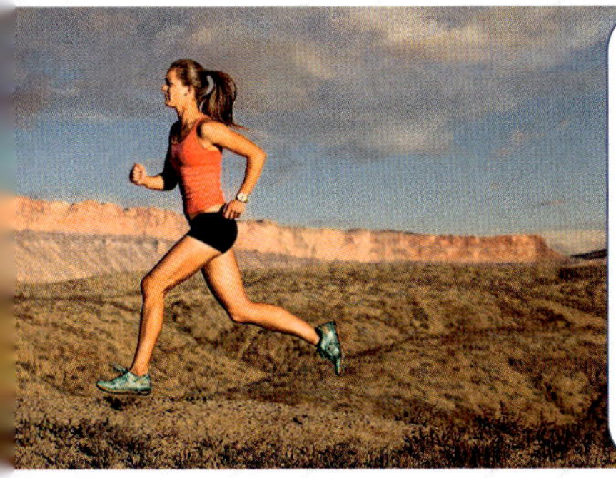

Plan 34

Mo.	Ruhetag
Di.	60 min lockerer DL, 3 Steigerungen
Mi.	Ruhetag
Do.	45 min zügiger DL
Fr.	Ruhetag
Sa.	60 min lockerer DL
So.	80–100 min langsamer DL

Zeitumfang/Urlaubswoche: max. 4:05 h

DL = Dauerlauf

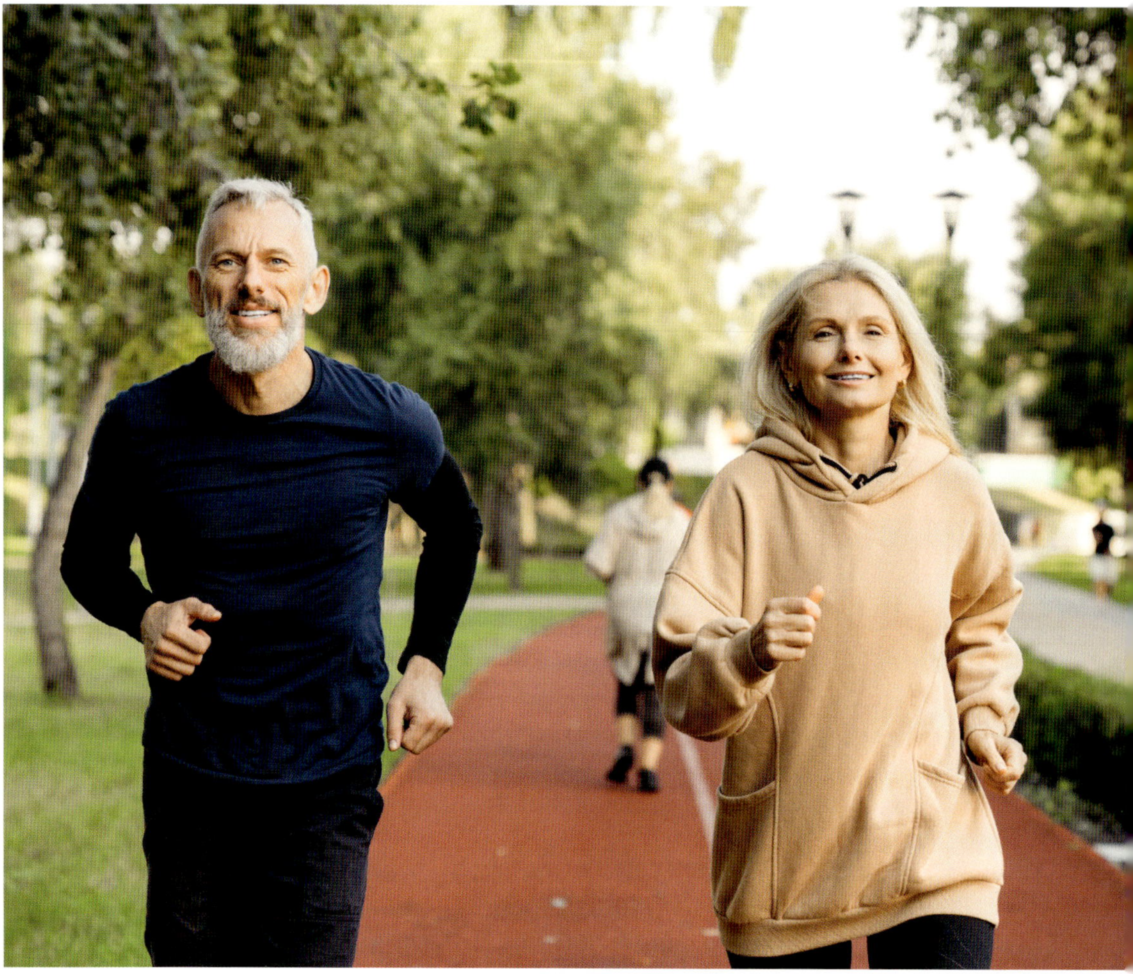

7.2 Die Masterklasse: Das beste Training für Senioren

Ein 30-jähriger Bundesligafußballer gilt für die Medien als »alt«, die Schwimmer beenden ihre Karriere in der Regel noch viel früher, Ausnahmen bestätigen die Regel. Die Regel: Vor dem Alter kann niemand fliehen, weder im richtigen Leben und schon gar nicht in einem Sport wie der Leichtathletik, wo sich Stoppuhr und Maßband nicht betrügen lassen. Es kommt nur darauf an, wie man damit umgeht. Man kann davon ausgehen, dass die Leistungsfähigkeit von Untrainierten vom 35. Lebensjahr an um 10–15 % pro 10-Jahres-Schritt zurückgeht.

Es gibt zwei Typen von Läufern, die das Älterwerden unterschiedlich erleben: Die einen liefen schon, bevor sie 30 waren, die anderen fingen erst in den 30ern damit an, was im Übrigen die Mehrzahl der Läufer ausmacht. Die erste Gruppe muss sich wohl oder übel damit auseinandersetzen, dass es spätestens ab dem 35. Lebensjahr nicht mehr so flott läuft wie in jüngeren Jahren, dass die alten Bestzeiten immer unerreichbarer werden. Die andere Gruppe darf sich zunächst über Fortschritte freuen, wird aber nach den ersten Aufbaujahren ähnliche Erfahrungen wie die erste Gruppe machen.

Dienen Bestzeiten und Rekorde anfangs noch als äußerst wichtige Motivation, so gilt es mit zunehmendem Alter, sich neu zu motivieren, vor allem anders zu motivieren. Nicht jedem ist es gegeben, sich von Altersklasse zu Altersklasse zu hangeln, was die Motivation angeht, ein leistungsorientiertes Training zu betreiben.

Die überwiegende Mehrzahl setzt den Erlebniswert zunehmend höher an: Die Natur erleben, ohne auf die Herzfrequenz zu achten, den Regen spüren und den Kilometerschnitt vergessen, oder – warum nicht – ganz einfach den Leistungsanspruch beim 10-km-Wettkampf oder einem Marathon heruntersetzen. Weiter hinten im Feld geht es meist eh lustiger zu als weiter vorne an der anaeroben Schwelle.

7. 2.1 Altersläufer im Test

Die Wissenschaft hat sich mit dem Phänomen »Leistungsfähigkeit im Alter« in den letzten Jahren zunehmend beschäftigt; einige der dabei gewonnenen Erkenntnisse möchte ich Ihnen nicht vorenthalten. Ging man lange davon aus, dass sich ab dem 35. Lebensjahr ein deutlicher Leistungsknick abzeichnet, so ist man seitens der Wissenschaft heute der Meinung, dass regelmäßig und gut trainierende Seniorenläufer bis hoch in die 40er-Jahre, manche bis in die 50er-Jahre hinein, keine bedeutenden Leistungseinbußen erfahren. Dazu kommt, dass die eintretenden Einbußen sehr gering ausfallen.

An der Ball-State-Universität (USA) wurden 37 ehemalige Hochleistungsläufer, die 1970 bereits getestet worden waren, 22 Jahre später noch einmal einem Test unterzogen. 11 dieser Athleten hatten in der Zwischenzeit intensiv trainiert, 18 hatten sich weiterhin fit gehalten, ohne spezielle Trainingsprogramme absolviert zu haben, und 8 hatten sich nicht mehr sportlich betätigt. Bei den 8 »Faulen« wurden die üblichen Defizite registriert, was Fitness angeht: ein Verlust der aeroben Kapazität von 15 % pro Zehnjahresspanne, ein Rückgang der maximalen Herzfrequenz um 12 Schläge und eine deutlich geringere Schrittlänge.

Die 18 Ehemaligen, die sich locker fit gehalten hatten, hatten etwa 9 % der aeroben Kapazität verloren (pro 10-Jahres-Spanne). Die 11 Leistungsorientierten verzeichneten so gut wie keinen Rückgang der Werte. Diese Läufer absolvierten regelmäßiges und intensives Intervalltraining bis weit in ihre 40er-Jahre hinein; einige arbeiteten als Trainer und machten das Training ihrer Athleten teilweise mit.

Zu einem ähnlichen Ergebnis kam der amerikanische Leistungsphysiologe Jack Daniels, der 26 ehemalige Eliteläufer 1968 und dann wieder 1993 testete. Eine umfassende Studie zur Entwicklung von Laufleistungen nach dem Höchstleistungsalter erstellte der Tübinger Sportwissenschaftler Achim Conzelmann unter dem Titel Trainierbarkeit im Alter.

Doch auch Studien mit Freizeitsportlern unterstreichen, dass bei regelmäßigem intensivem Training sehr lange ein hoher Leistungsstand gehalten werden kann. Der Hauptschlüssel zu solchen Leistungen im Alter sind jedoch das Ausbleiben beziehungsweise Vermeiden von Verletzungen und vor allem die Motivation. Wissenschaftler gehen davon aus, dass es nicht die intensiven Trainingseinheiten sind, die Sehnen und Muskeln zusetzen, sondern zu hohe Kilometerumfänge und zu wenig Regenerationszeit zwischen den Belastungen.

7.2.2 Blei in den Beinen

Sieben Thesen über Laufen und Älterwerden und Ihre Widerlegung:

1. **These:** Jedes Jahr verringert sich die maximale Herzfrequenz um einen Pulsschlag, gemäß der Regel 220 minus Lebensalter. Somit muss das Herz mehr leisten, um Blut in die Beinmuskeln zu pumpen.

   Tatsache: Wissenschaftliche Studien an der Ball-State-University (US-Staat Indiana) zeigen, dass es keine signifikanten Verminderungen der maximalen Herzfrequenz zwischen dem 25. und dem 48. Lebensjahr gibt. Die Studie von Jack Daniels stützt dieses Ergebnis vor allem mit denjenigen Probanden, die ihr intensives Training bis in die späten 40er-Lebensjahre fortsetzten.

2. **These:** Mit 35 Jahren beginnt sich die aerobe Kapazität langsam, aber stetig zu verringern.

   Tatsache: Das maximale Sauerstoffaufnahmevermögen zeigt keine entscheidenden Verluste in der Altersspanne zwischen 25 und 48 Jahren. Einige Studien konnten sogar eine Erhaltung bis zum 62. Lebensjahr nachweisen.

3. **These:** Weil der Herzmuskel mit den Jahren schwächer wird, muss sich die Herzfrequenz bei einem bestimmten Tempo im Vergleich zu früher beschleunigen, was das Laufen härter erscheinen lässt.

   Tatsache: Bei einer bestimmten Geschwindigkeit waren die Herzfrequenzen der in der Ball-State-Studie untersuchten Läufer im Alter von 48 Jahren dieselben wie mit 25 Jahren.

4. **These:** Das Älterwerden bringt eine Vergrößerung der Fettzellen und damit eine Gewichtszunahme mit sich.

   Tatsache: Die Ball-State-Läufer hielten ihr Gewicht all die Jahre hindurch, in denen sie trainierten, konstant.

5. **These:** Mit dem altersbedingten Schwinden der Koordination verschlechtert sich auch die Effizienz des Laufstils.

   Tatsache: Bei den trainierten Ball-State-Probanden waren überhaupt keine Änderungen in der Effizienz festzustellen, da der Sauerstoffverbrauch im Alter von 25 Jahren das gleiche Niveau aufwies wie mit 48 Jahren.

6. **These**: Wegen einer zunehmenden Muskelversteifung verringert sich die Schrittlänge. Somit wird es immer schwieriger, ein angestrebtes Wettkampftempo aufrechtzuerhalten.

   Tatsache: Bei den Ball-State-Athleten ließ sich keine signifikante Veränderung der Schrittlänge messen.

7. **These:** Spätestens mit 45 lässt sich der Alterungsprozess durch Training nicht mehr kompensieren, was sich in langsameren Wettkampfzeiten bemerkbar macht.

   Tatsache: Auch wenn sich Ihre Wettkampfzeiten etwas verschlechtern, der Alterungsprozess ist nicht der Grund für das Blei in Ihren Beinen. Viel eher ist die mangelnde Motivation ein entscheidender Faktor, aber auch die Reduzierung des Trainingsaufwandes, vor allem, was die qualitativen Trainingseinheiten betrifft. Außerdem, Hand aufs Herz: Fehlt Ihnen nicht auch wegen der beruflichen und familiären Belastung die Kontinuität in Ihrem Training?

7.2.3 → Trainingsempfehlung für Läufer von 45–55 Jahren

Exemplarischer Zwei-Wochen-Plan

Sie wollen Ihre aerobe Kapazität vergrößern, um dem normalen Leistungsabfall entgegenwirken, wie er ab 35 Jahren bei Untrainierten eintritt?

Der Weg: Bauen Sie Trainingseinheiten ein, die sich besonders stark auf die maximale Sauerstoffaufnahmekapazität (VO2max) auswirken. Probieren Sie es mit 5–5–5-Programmen: Nach dem Einlaufen belasten Sie sich im Wechsel 5 min in Ihrem derzeitigen 5000-m-Renntempo, 5 min im gemächlichen Joggingtempo zur Erholung und nochmals 5 min flott.

Alternativ sind auch Fahrtspielläufe im Gelände hervorragend geeignet, die VO2max aufzubauen. Wechseln Sie außerdem Belastungen von 2–3 min im 5- bis 10-km-Renntempo ab mit ein- bis zweiminütigen Erholungspausen.

Alter: 45–55
Exemplarischer Zwei-Wochen-Plan

Plan 35

Mo.	30–40 min ruhiger DL
Di.	5-5-5-Programm
Mi.	Aufwärmen, 20–25 min in einem Tempo, das zirka 8–10 s unter Ihrem aktuellen10-km-Renntempo liegt
Fr.	lockerer DL
Sa.	5- oder 10-km-Rennen
So.	langsamer DL zur Erholung
Di.	Fahrtspiel (siehe oben)
Mi.	lockerer DL
Do.	lockerer DL
Sa	15–20 km lockerer DL mit 5-km-Tempoverschärfung im Mittelteil bis nahe an das 10-km-Renntempo
So	lockerer DL

DL = Dauerlauf

7.2.4 → Trainingsempfehlung für Läufer von 55–65 Jahren

Die Motivation ist nicht mehr die gleiche wie noch vor ein paar Jahren, zu den physiologischen Veränderungen zählt eine leichte Abnahme der maximalen Sauerstoffaufnahmekapazität und ein geringer Rückgang des Muskelgewebes (Muskelatrophie). Eine ausreichende Regenerationszeit zwischen den Trainingseinheiten wird immer wichtiger, genauso wie eine Verringerung des Trainingsumfangs.

Der Weg: Ihre Motivationsprobleme bekämpfen Sie am besten durch gezielt abwechslungsreichere Programme im intensiven Bereich. Die Beinmuskeln kräftigen Sie mit Hügeltraining und einem speziellen Gewichtstraining, mit dem Sie 20 % Ihrer altersbedingten Muskelatrophie vorbeugen können. Gönnen Sie sich alle zwei Wochen einen zusätzlichen Ruhetag. Ein Vorschlag: Gehen Sie 1 x pro Woche schwimmen, machen Sie Aquajogging im Pool oder setzen Sie sich aufs Rad.

Plan 36

Alter: 55–65
Exemplarischer Zwei-Wochen-Plan

Mo.	Gewichtstraining mit anschließendem leichtem Auslaufen
Di.	Aufwärmen, danach 200-m-Intervalle ungefähr im 1500-m-Renntempo. Pause: 1–1,5 min (200-m-Trabpause). 8–12 Wiederholungen
Mi.	Ruhetag
Do.	Gewichtstraining, anschließend Aquajogging (80 % der maximalen Herzfrequenz). Alternativ: Radfahren oder Ergometer mit sehr hoher Intensität (z. B. 2-min-Intervalle in stehender Position, um die Laufmuskeln zu kräftigen, 5-min-Intervalle bei 90 % der max. Herzfrequenz, gefolgt von einem lockeren 5-min-Intervall zur Erholung)
Fr.	Ruhetag
Sa.	5- oder 10-km-Wettkampf oder 5–5–5-Training (siehe Training bis 55 Jahre)
So.	Leichtes Radfahren, Schwimmen oder Ruhe
Mo.	Gewichtstraining, kombiniert mit einem leichten Lauf, wobei Sie alle paar Minuten für zirka 20 s fast mit maximalem Tempo laufen
Di.	Ruhetag
Mi.	Hügeltraining: 30 min oder mehr in hügeligem Gelände; bei den Aufwärtsabschnitten Tempo forcieren; auf den Flach- und Bergabpassagen locker laufen
Do.	Ruhetag
Fr.	Gewichtstraining und Aquajogging oder Radfahrintervalle (siehe oben)
Sa.	leichter Lauf
So.	Motivationslauf: Machen Sie etwas anders: Laufen Sie ganz locker, eventuell mit einigen Gehpausen, sodass Sie die Natur richtig genießen können. Anstrengungen sind verboten.

DL = Dauerlauf

7.2.5 → Trainingsempfehlung für Läufer über 65 Jahren

Trotz bester Bemühungen verlieren Muskeln und Bindegewebe an Stärke; sie können harten Tempointervallen nicht mehr standhalten. Der Anteil an Körperfettgewebe steigt, das Muskelgewebe nimmt ab.

Der Weg: Intervalltraining mit kürzeren Intervallen, um die VO2max zu erhalten. Mit ausgiebigen Ausdauerbelastungen lassen sich die Fettpölsterchen straffen und dezimieren. Kombinieren Sie hierzu ruhig Ihre Dauerläufe mit Walking-Einheiten. Arbeiten Sie weiter mit Gewichten, um der Muskelschrumpfung entgegenzuwirken.

Alter: 65 und älter
Exemplarischer Zwei-Wochen-Plan

Plan 37

Mo.	Masterintervalle: 2 min im 3000-m-Renntempo, 3 min Pause (gemächliches Jogging)
Di.	Gewichtstraining
Mi.	Ruhe
Do.	Aquajogging oder Radtraining (siehe 55 bis 65 Jahre)
Fr.	Ruhe
Sa.	Leichter Lauf kombiniert mit Gewichtstraining
So.	Jogging-Walking-Kombination über 2 h; ärgern Sie sich nicht darüber, dass Sie vielleicht mehr gehen als laufen; Hauptsache, Sie bleiben über einen längeren Zeitraum in Bewegung.
Mo.	Ruhe
Di.	Gewichtstraining, anschließend 20–30 min laufen; dabei Tempo alle paar Minuten für 20 s steigern bis fast zum Maximaltempo
Mi.	Radfahren oder Aquajogging
Do.	Ruhe
Fr.	Gewichtstraining, anschließend in mittlerem Tempo laufen, 3-min-Belastungen einstreuen (80–90 % der max. Herzfrequenz)
Sa.	Ruhe
So.	wie vorigen Sonntag

DL = Dauerlauf

Arztbesuch!
Bevor Sie einen dieser Pläne in die Tat umsetzen, lassen Sie sich von einem Arzt gründlich auf Gesundheits- und Fitnesszustand durchchecken.

7.3 Topfit durch den Winter

Laufen ist eine Ganzjahressportart, was heißen soll, dass man auch im tiefsten Winter nicht nur problemlos laufen kann, sondern auch soll. Wer es noch nie probiert hat, dem sei garantiert: Das Laufen durch den ersten Schnee ist ein tolles Erlebnis, in Worten kaum zu beschreiben, man muss es schon mal selbst ausprobieren. Und manchem fällt das Lauftraining im Spätherbst und Winter viel leichter als im Frühling und Sommer, denn kein lästiger Pollenflug, keine hinderlichen Hochtemperaturen behindern die Leistungsfähigkeit. Nachweislich ist der Körper bei 5° Celsius leistungsfähiger als bei 35° Celsius, und ein Gesundheitsrisiko besteht selbst bei Minustemperaturen nicht, außer das Thermometer fällt unter minus 15° Celsius.

Der Trainingswinter teilt sich – egal, ob Sie Laufanfänger oder Laufweltmeister sind – immer in zwei Perioden: 1. die sogenannte Regenerationsphase und 2. die Wintertrainingsphase. In der ersten Phase, der Regenerationsphase, wird dem Körper eine Ruhepause gegönnt, in der nur wenige Läufe, dafür aber alternative Sportarten auf dem Programm stehen. In der zweiten Phase, der Wintertrainingsphase, werden die Grundlagen für einen Leistungsfortschritt im kommenden Jahr gelegt.

Wodurch unterscheiden sich diese beiden Trainingsphasen? 1. Durch die Trainingsumfänge, das heißt, wie viele Kilometer pro Tag, pro Woche gelaufen werden, und 2. durch die Intensitäten, also das Lauftempo.

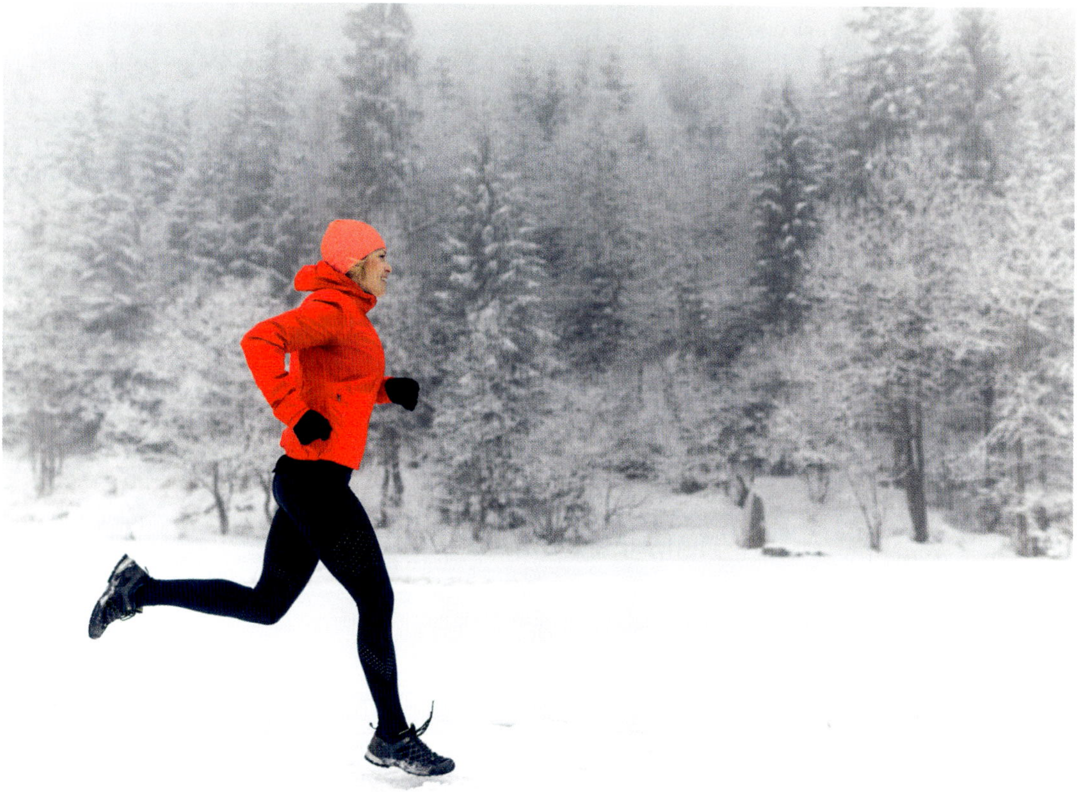

7.3.1 Regenerationsphase – darauf kommt es an

Zeitraum: 4–8 Wochen

Trainingsinhalt: Reduzierter Laufumfang (20–30 % des normalen Umfangs); keinerlei Intensitäten; Wechsel zu alternativen Sportarten (Rennrad, Mountainbike, Skaten, Schwimmen etc.).

Was tun?
Wir befinden uns im November, das heißt, die Laufsaison ist vorbei. Ein Teil von Ihnen hat gerade (erfolgreich?) an einem Herbstmarathon teilgenommen, andere haben einen aktiven Herbst mit mehreren Wettkämpfen über kürzere Laufdistanzen hinter sich. Die Trainingsexperten sprechen deshalb von der »Nachsaison«, weil es die Zeit unmittelbar nach den diversen Höhepunkten der Hauptlaufsaison ist. Sie ist gekennzeichnet durch eine Erschöpfung des Läufers (auch wenn die meisten von Ihnen in der Regel diese nicht zu spüren scheinen) und deshalb durch ein Minimum an Trainingsaufwand. Auf einen Marathon folgen teilweise sogar Wochen absoluter Laufpause. Danach stehen weitere 2–4 Wochen regenerative Trainingsmaßnahmen auf dem Programm.

Die Anzahl der Trainingseinheiten und der Gesamtumfang des Trainings sollten in der Nachsaison nicht mehr als 20–30 % der Haupttrainingswochen betragen. Sind Sie also in der Saison bis zu 60 km pro Woche gelaufen, sollten Sie in der Nachsaison nur zwischen 10–20 km pro Woche laufen. Das regenerative Training gibt Ihrem Körper Zeit, wieder zu Kräften zu kommen, und bietet Ihnen die Möglichkeit (soweit nötig), Abstand vom Trainingsalltag zu nehmen.

Wichtig: Die Regenerationsphase sollte eine vollständige Erholung des Muskel-, Skelett- sowie des Herz-Kreislauf-Systems bedingen. Während der Regenerationsphase nimmt Ihre Leistungsfähigkeit nicht komplett ab. Davor haben meist diejenigen Angst, die niemals ihr Training reduzieren. Ein gewisser Leistungsverlust geht mit der Ruhephase natürlich einher, und das ist auch gut so, denn er ist erst das Zeichen für eine echte Erholung. Übrigens: Wenn eine Regenerationsphase mit leichter sportlicher Aktivität durchgeführt wird (»aktive Erholung«), nimmt die Leistungsfähigkeit gar nicht so rapide ab, wie oft befürchtet: Eine Untersuchung der amerikanischen Sportwissenschaftler Burke und Thompson zeigte zwar, dass eine 10-tägige absolute Ruhepause bei 15 ambitionierten Langstrecklern (Trainingsaufwand: 80 km/Woche) zu einer Reduzierung des Plasmavolumens um 5 % und einem Anstieg der Ruheherzfrequenz um 9 Schläge/min führte, aber deren maximale Sauerstoffaufnahmefähigkeit, der wichtigste Parameter der Ausdauerleistungsfähigkeit, unverändert blieb.

Anmerkung: Viele Läufer werden angesichts der vier Wochen langen Regenerationsphase unter »Entzugserscheinungen« leiden, aber oft hilft ihnen eine sportliche Ersatzbefriedigung auf dem Fahrrad oder im Wasser über die mehr oder weniger lauffreie Zeit hinweg. Sie kann dazu dienen, die Gelenkbeweglichkeit zu erhalten, Herz und Kreislauf schonend zu belasten und beim Laufen vernachlässigte Muskelgruppen aufzubauen.

7.3.2 Wintertraining – so geht's

Zeitraum: 8–12 Wochen

Trainingsinhalt: Ausdauertraining ohne intensive Trainingsreize.

Was tun?
Das dominierende Merkmal einer Vorbereitungsphase auf eine neue Laufsaison ist die Ausbildung der aeroben Kapazität. Da ein aerobes Konditionstraining keinen sehr intensiven Trainingsreiz darstellt,

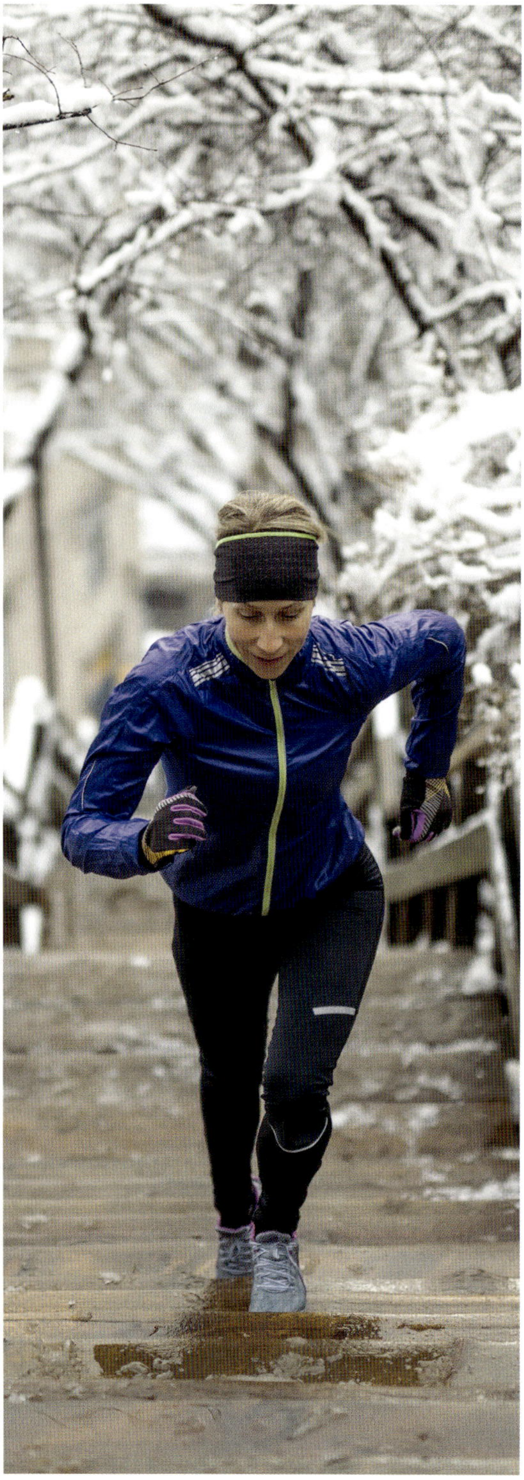

ist es die Hauptkomponente des Aufbautrainings nach einer längeren Pause. »Aerob« ist der Fachzusatz für ein Lauftraining, bei dem der Sauerstoffbedarf des Stoffwechsels in der Muskulatur in vollem Umfang durch eine ausreichende Sauerstoffversorgung gedeckt wird. Anders ausgedrückt, heißt dies: Beim aeroben Lauftraining kommen Sie nicht außer Atem, Ihre Muskulatur wird kaum müde. Ziel des Wintertrainings ist es, die Mechanismen der Energiebereitstellung und des Sauerstofftransports im Körper zu verbessern. Die durch das ruhige Lauftempo und -training hervorgerufenen Anpassungsprozesse in den Muskelzellen und im Herz-Kreislauf-System ermöglichen den langsam kontrahierenden Fasern, bei einer nicht maximalen Intensität mit zunehmend geringerer Ermüdung zu arbeiten. Eine verbesserte Kondition der direkt an der Laufbewegung beteiligten Muskeln verringert die Notwendigkeit, dass sich Hilfsmuskeln an der Bewegung beteiligen. Dies trägt zu einer Verbesserung der Laufökonomie bei, denn die für die Bewegung erforderliche Aktivität der Muskeln ist insgesamt geringer.

Zu Verbesserungen kommt es beim Ausdauertraining hinsichtlich der Menge der gespeicherten Brennstoffe (Kohlenhydrate und Fettsäuren) sowie der Anzahl und Größe der Mitochondrien in den stimulierenden Muskelzellen (Mitochondrien sind Einheiten in den menschlichen, tierischen und pflanzlichen Zellen, die der Atmung und dem Stoffwechsel der Zellen dienen). Außerdem verbessert die Zunahme des Blutvolumens und der Mitochondrien die Sauerstoffabgabe und die Kohlendioxidbeseitigung, also den gesamten oxidativen Stoffwechsel, der einen erheblichen Anteil an der Ausdauerleistungsfähigkeit hat.
Über 70 % des Wintertrainings werden im ruhigen Dauerlauftempo absolviert.

7.3.3 Regenerations- und Winterpläne für acht Leistungsklassen

7.3.3.1 → Regenerations- und Wintertraining: Einsteiger

Sie haben in diesem Sommer mit dem Laufen begonnen und laufen aus gesundheitlichen Gründen und ohne Leistungsanspruch.

Plan 38

Dauer der Regenerationsphase: Vier Wochen (November)

1. Woche	
Mo.–So.	kein Sport
2. Woche	
Mo.–So.	kein Sport
3. Woche	
Di.	15 min Stretching
Mi.	20 min langsamer DL
Fr.	30 min Schwimmen, anschl. evtl. Sauna
So.	90 min Spaziergang
4. Woche	
Di.	15 min Stretching, 15 min leichtes Krafttraining
Mi.	20 min langsamer DL
Fr.	30 min Schwimmen, anschl. evtl. Sauna
So.	90 min Spaziergang

Dauer des Wintertrainings: 12 Wochen (Dezember–Februar)

1.–6. Woche (Dez.–Jan.)	
Di.	30 min lockerer DL, Stretching
Do.	leichtes Krafttraining
Sa	40 min ruhiger DL, anschl. 2 Steigerungen
So.	2 h Spaziergang oder 60 min mittelintensives Radfahren
7.–12. Woche (Jan.– Feb.)	
Di.	30 min lockerer DL, Stretching
Do.	15 min langsamer DL, 5 Steigerungen, 10 min langsamer DL
So.	40 min ruhiger DL, anschl. 2 Steigerungen

DL = Dauerlauf

Plan 39

7.3.3.2 Regenerations- und Wintertraining: Fitness-Freizeitläufer

Sie laufen aus Spaß an der Bewegung, um Ihre Kondition zu verbessern, Ihr Gewicht zu halten und um gesund zu bleiben. Außerdem sind Sie regelmäßiger Besucher eines Fitnessstudios.

Dauer der Regenerationsphase: Vier Wochen (November)

1. Woche	
Mo.	20 min Schwimmen
Mi.	15 min Stretching, Massage
Sa.	20 min Schwimmen oder 90 min Radfahren
So.	Sauna, Massage
2. Woche	
Mo.	20 min Schwimmen
Mi.	15 min Stretching, Massage
Sa.	20 min Schwimmen oder 60 min Radfahren
So.	Sauna, Massage
3. Woche	
Mo.	20 min Schwimmen
Mi.	15 min Stretching, Sauna, Massage
Fr.	60 min Radfahren
So.	2 h Spaziergang
4. Woche	
Mo.	20 min Schwimmen
Mi.	15 min Stretching, Sauna, Massage
Fr.	60 min Radfahren
So.	2 h Spaziergang

Dauer des Wintertrainings: 12 Wochen (Dezember–Februar)

1.–6. Woche (Dez.–Jan.)	
Mo.	Krafttraining
Mi.	Laufband: 30–40 min lockerer DL
Fr.	60 min Fitness (Aerobics etc.)
So.	Laufband: 30 min langsamer DL, anschl. 10 min zügiger DL
7.–12. Woche (Jan.– Feb.)	
Mo.	Krafttraining
Mi.	Laufband: 10 min langsamer DL, 5 x 2 min schnell (dazwischen jeweils 1 min langsamst), 10 min langsamer DL
Fr.	60 min Fitness (Aerobics etc.)
So.	40–60 min langsamer DL

7.3.3.3 Regenerations- und Wintertraining: Engagierte Läufer

Sie laufen mindestens 3 x pro Woche und nehmen ab und zu auch an Wettkämpfen teil (10-km-Bestzeit über 45 min), sind aber an sogenannten »Bestzeiten« nicht interessiert.

Plan 40

Dauer der Regenerationsphase: Vier Wochen (November)

1. Woche	
Mo.-So.	kein Sport
2. Woche	
Mo.	20 min Schwimmen
Mi.	50 min Radfahren
Sa.	Sauna, Massage
So.	2 h Spaziergang
3. Woche	
Mo.	20 min Schwimmen
Mi.	20 min langsamer DL, anschl. 15 min Stretching
Fr.	Sauna, Massage
So.	20 min langsamer DL
4. Woche	
Mo.	20 min Schwimmen
Mi.	20 min langsamer DL, anschl. 15 min Stretching
Fr.	Sauna, Massage
So.	20 min langsamer DL

Dauer des Wintertrainings: 12 Wochen (Dezember-Februar)

1.-4. Woche (Dez.)	
Di.	40 min lockerer DL
Do.	30 min langsamer DL, 3 Steigerungen, 5 min langsamer DL, leichtes Krafttraining
Sa.	60 min langsamer DL
5.-12. Woche (Jan-Feb)	
Di.	40 min lockerer DL, 3 Steigerungen
Do.	40 min Fahrtspiel
So.	60-90 min langsamer DL

DL = Dauerlauf

7.3.3.4 Regenerations- und Wintertraining: Ambitionierte Läufer

Sie laufen öfter als 3 x wöchentlich, nehmen regelmäßig an Wettkämpfen teil (10-km-Bestzeit unter 45 min) und legen dabei auf die Endzeiten bzw. Resultate wert.

Plan 41

Dauer der Regenerationsphase: Vier Wochen (November)

1. Woche	
Di.	30 min Schwimmen
Mi.	20 min Stretching
Sa.	Sauna, Massage
So.	2 h Spaziergang
2. Woche	
Di.	30 min Schwimmen
Do.	30 min langsamer DL
Sa.	Sauna, Massage
So.	2 h Spaziergang oder 60 min mittelintensives Radfahren
3. Woche	
Di.	30 min ruhiger DL
Do.	30 min langsamer DL
Fr.	Sauna, Massage
So.	30 min Schwimmen
4. Woche	
Di.	30 min ruhiger DL
Do.	30 min langsamer DL
So.	30 min ruhiger DL

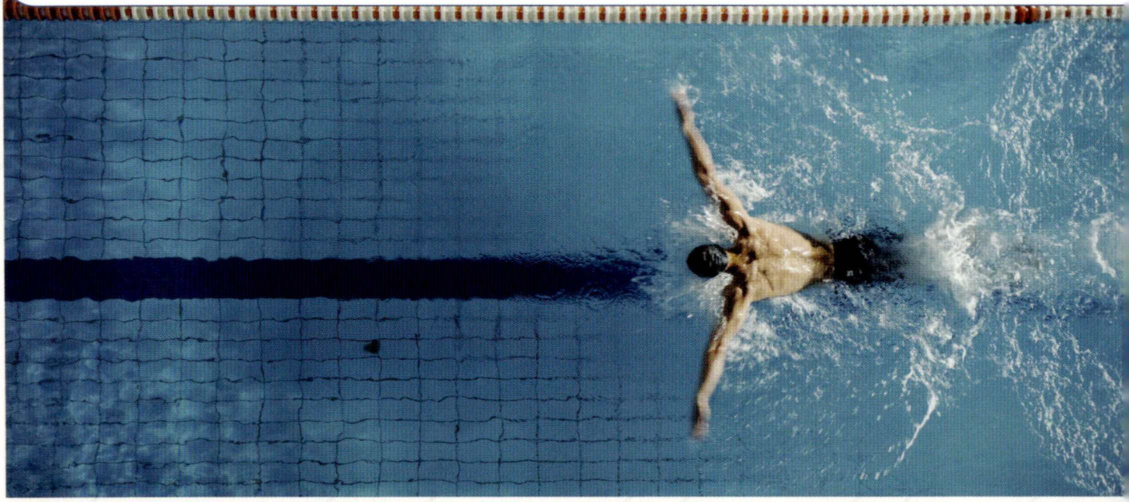

Dauer des Wintertrainings: 12 Wochen (Dezember–Februar)

1.–4. Woche (Dez.)	
Di.	40 min lockerer DL
Do.	50 min ruhiger DL, 5 Steigerungen
Fr.	40 min lockerer DL, anschl. Krafttraining
So.	70 min langsamer DL
5.–8. Woche (Jan.)	
Di.	50 min lockerer DL, anschl. Krafttraining
Do.	40 min Fahrtspiel
Fr.	40 min ruhiger DL
So.	70–90 min langsamer DL
9.–12. Woche (Feb.)	
Mo.	40 min lockerer DL
Di.	10 min langsam Einlaufen, Bergaufläufe: 7–10 x 300 m schnell bergauf (Pause: zurücktraben), 10 min langsam auslaufen
Do.	40–60 min ruhiger DL
Fr.	40 min Fahrtspiel
So.	90 min langsamer DL

DL = Dauerlauf

7.3.3.5 Regenerations- und Wintertraining: Marathon-Finisher

Sie haben im Herbst an einem/Ihrem ersten Marathon teilgenommen. Ihre Teilnahme stand »nur« unter dem Motto »dabeisein ist alles«. Sie sind nicht schneller als 4:30 h gewesen.

Dauer der Regenerationsphase (Beginn direkt am Tag nach dem Herbstmarathon): Sechs Wochen (November/Dezember)

Plan 42

1. Woche	
Mo.	10 min langsamstes Traben, Massage
Di.–So.	kein Sport
2. Woche	
Mo.	30 min Schwimmen
Do.	60 min Radfahren
Sa.	Sauna, Massage
So.	30 min Schwimmen
3. Woche	
Mo.	30 min Schwimmen
Mi.	20 min langsamer DL, Stretching
Fr.	Sauna
Sa.	40 min langsamer DL
4. Woche	
Mo.	30 min Schwimmen
Mi.	30 min langsamer DL, Stretching
Fr.	Sauna
Sa.	40 min langsamer DL
5. Woche	
	Wie 4. Woche
6. Woche	
	Wie 4. Woche

DL = Dauerlauf

Dauer des Wintertrainings: Acht Wochen (Dezember–Januar). An das Wintertraining schließt die 10–12-wöchige Marathonvorbereitung an.

1.–4. Woche (Dez.)	
Di.	40 min lockerer DL
Do.	60 min langsamer DL, 3 Steigerungen
So.	60 min langsamer DL
5.–8. Woche (Jan)	
Di.	40 min lockerer DL
Do.	40 min Fahrtspiel
So.	60–90 min langsamer DL (die Laufdistanz wird Woche für Woche von 60 auf 90 min gesteigert)

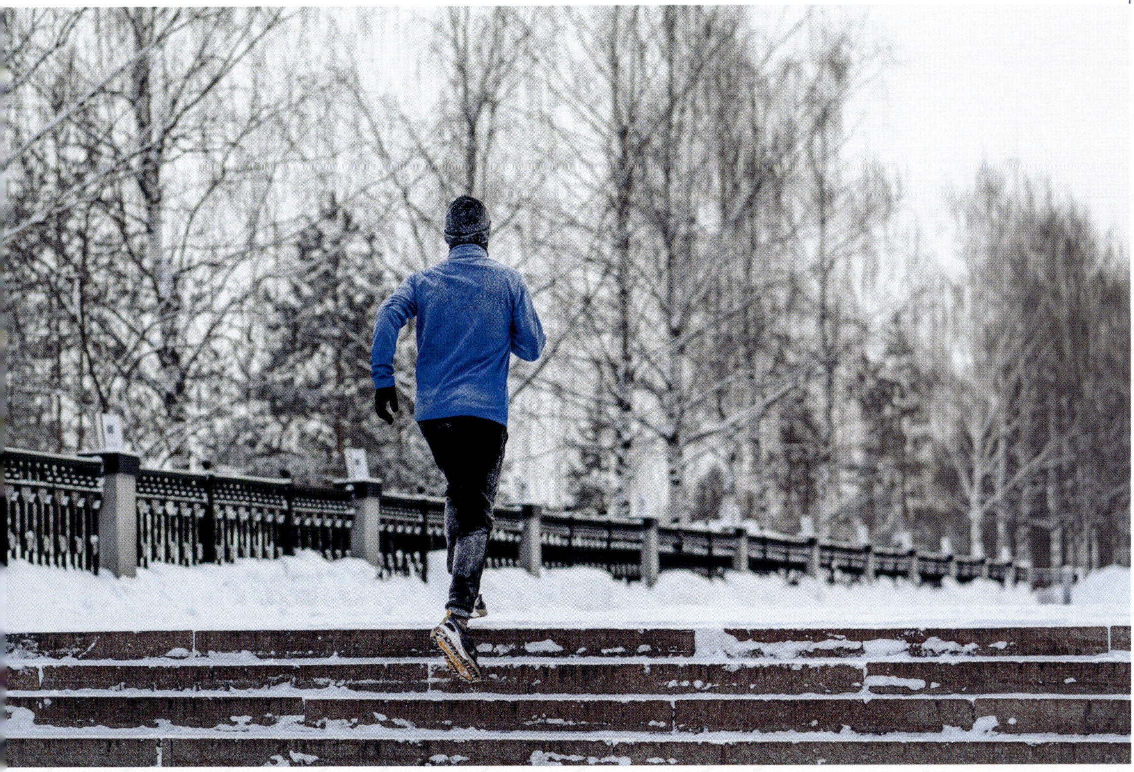

7.3.3.6 Regenerations- und Wintertraining: Engagierte Marathonläufer

Sie haben im Herbst an einem Marathon teilgenommen (Endzeit: unter 4:30 h) und sind es gewohnt, mindestens 3 x wöchentlich zu laufen.

Plan 43

Dauer der Regenerationsphase (Beginn direkt am Tag nach dem Herbstmarathon): Sechs Wochen (November/ Dezember)

1. Woche	
Mo.	10 min langsamstes Traben, Massage
Di.–So.	kein Sport
2. Woche	
Mo.	30 min Schwimmen
Do.	60 min Radfahren
Sa.	Sauna, Massage
So.	30 min ruhiger DL
3. Woche	
Mi.	20 min langsamer DL, Stretching
Fr.	Sauna
Sa.	40 min langsamer DL
4. Woche	
	Wie 3. Woche
5. Woche	
Mo.	30 min ruhiger DL
Mi.	30 min langsamer DL, Stretching
Fr.	Sauna
Sa.	30 min lockerer DL
6. Woche	
	Wie 5. Woche

DL = Dauerlauf

Dauer des Wintertrainings: 8 Wochen (Dezember–Januar). An das Wintertraining schließt die 10–12-wöchige Marathonvorbereitung an.

1.–4. Woche (Dez.)	
Di.	40 min lockerer DL, leichtes Krafttraining
Do.	40 min Fahrtspiel
So.	60–90 min langsamer DL (die Laufdistanz wird Woche für Woche von 60 auf 90 min gesteigert)

5.–8. Woche (Jan.)	
Di.	50 min lockerer DL, Krafttraining
Do.	40 min Fahrtspiel
Fr.	50 min ruhiger DL
So.	90 min langsamer DL

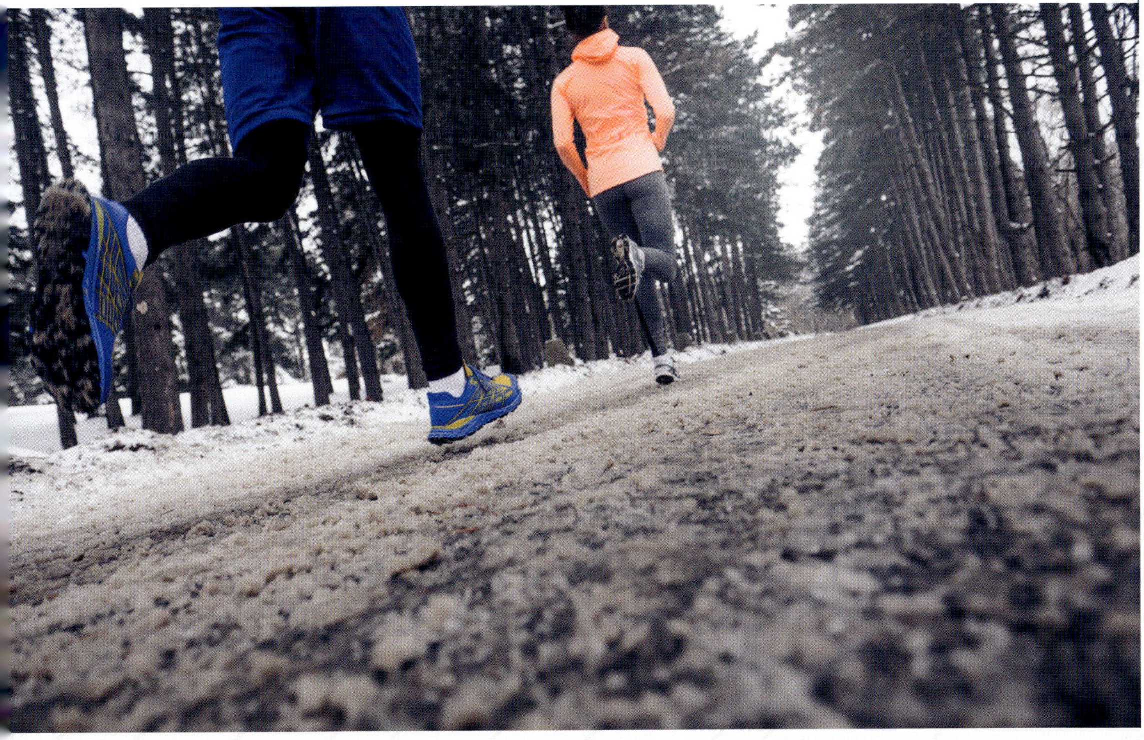

7.3.3.7 Regenerations- und Wintertraining: Ambitionierte Marathonläufer

Sie haben im Herbst an einem Marathon teilgenommen (Endzeit: unter 3:30 h) und sind es gewohnt, mindestens 5 x wöchentlich zu laufen.

Dauer der Regenerationsphase (Beginn direkt am Tag nach dem Herbstmarathon): 4–6 Wochen (November/ Dezember)

Plan 44

1. Woche	
Mo.	15 min langsamer DL, Stretching
Do.	30 min Schwimmen
So.	30 min Schwimmen
2. Woche	
Di.	60 min Radfahren, Stretching
Do.	40 min Schwimmen
Sa.	20–30 min ruhiger DL
3. Woche	
Di.	40 min lockerer DL
Do.	30 min langsamer DL, Stretching
Sa.	40 min lockerer DL
So.	30 min Schwimmen
4. Woche	
	Wie 3. Woche
5. Woche	
Di.	40 min lockerer DL
Mi.	30 min Schwimmen, Sauna
Do.	40 min langsamer DL, leichtes Krafttraining
Sa.	40–60 min lockerer DL
6. Woche	
	Wie 5. Woche

DL = Dauerlauf

Dauer des Wintertrainings: Acht Wochen (Dezember–Januar). An das Wintertraining schließt die 10–12-wöchige Marathonvorbereitung an.

1. und 2. Woche	
Mo.	50 min lockerer DL
Di.	60 min ruhiger DL, 5 Steigerungen, leichtes Krafttraining
Do.	60 min ruhiger DL
Fr.	40 min lockerer DL
So.	80 min langsamer DL
3. und 4. Woche	
Mo.	50 min lockerer DL
Di.	60 min ruhiger DL, 5 Steigerungen
Do.	50 min Fahrtspiel
Fr.	40 min lockerer DL
So.	90 min langsamer DL
5. und 6. Woche	
Mo.	50 min lockerer DL
Di.	10 min langsames Einlaufen, Bergaufläufe: 7–10 x 400 m schnell (Pause: bergab traben), 10 min Auslaufen
Mi	Krafttraining
Do.	60 min ruhiger DL
Fr.	40 min Fahrtspiel
So.	90 min langsamer DL
7. und 8. Woche	
Mo.	50 min lockerer DL
Di.	15 min langsames Einlaufen, Tempoläufe: 1, 3, 5, 7, 4, 2 min schnell (Trabpause: jeweils 2–3 min), 10 min Auslaufen
Do.	60 min ruhiger DL
Fr.	50 min Fahrtspiel
So.	90 min langsamer DL

7.3.3.8 Regenerations- und Wintertraining: Top-Marathonläufer

Sie haben im Herbst an einem Marathon teilgenommen (Endzeit: unter 3:00 h) und sind es gewohnt, täglich zu trainieren.

Dauer der Regenerationsphase (Beginn direkt am Tag nach dem Herbstmarathon): 3–4 Wochen (November)

Plan 45

1. Woche	
Mo.	20 min langsamer DL, Stretching
Mi.	30 min Schwimmen
Fr.	60 min Radfahren
So.	40 min Schwimmen
2. Woche	
Di.	30 min langsamer DL, Stretching
Do.	30 min lockerer DL
Fr.	30 min Schwimmen
Sa.	40 min lockerer DL, Stretching
So.	60 min Radfahren
3. Woche	
Di.	40 min langsamer DL, Stretching
Do.	40 min lockerer DL
Fr.	30 min Schwimmen
Sa.	40–60 min lockerer DL, Stretching
So.	60 min Radfahren
4. Woche	
	Wie 3. Woche

DL = Dauerlauf

Dauer des Wintertrainings: 8 Wochen (Dezember–Januar). An das Wintertraining schließt die 10–12-wöchige Marathonvorbereitung an.

1. und 2. Woche	
Mo.	50 min lockerer DL
Di.	60 min ruhiger DL, 5 Steigerungen, leichtes Krafttraining
Do.	40 min Fahrtspiel
Fr.	60 min lockerer DL
Sa.	40 min ruhiger DL
So.	90 min langsamer DL
3. und 4. Woche	
Mo.	50 min lockerer DL
Di.	10 min langsames Einlaufen, Bergaufläufe: 7–10 x 400 m schnell, 10 min Auslaufen
Mi.	40 min langsamer DL, 3 Steigerungen, anschl. Krafttraining
Do.	60 min ruhiger DL
Fr.	40 min Fahrtspiel
So.	100 min langsamer DL
5. und 6. Woche	
Mo.	50 min lockerer DL
Di.	10 min langsames Einlaufen, Bergaufläufe: 7–10 x 400 m schnell, 10 min Auslaufen
Mi.	40 min langsamer DL, anschl. Krafttraining
Do.	60 min ruhiger DL
Fr.	40 min Fahrtspiel
Sa.	40 min ruhiger DL
So.	100 min langsamer DL
7. und 8. Woche	
Mo.	50 min lockerer DL
Di.	10 min langsames Einlaufen, Bergaufläufe: 7–10 x 400 m schnell (Pause: bergab traben), 10 min Auslaufen
Mi.	80 min langsamer DL
Do.	40 min ruhiger DL
Fr.	60 min Fahrtspiel
Sa.	50 min ruhiger DL
So.	90–120 min langsamer DL

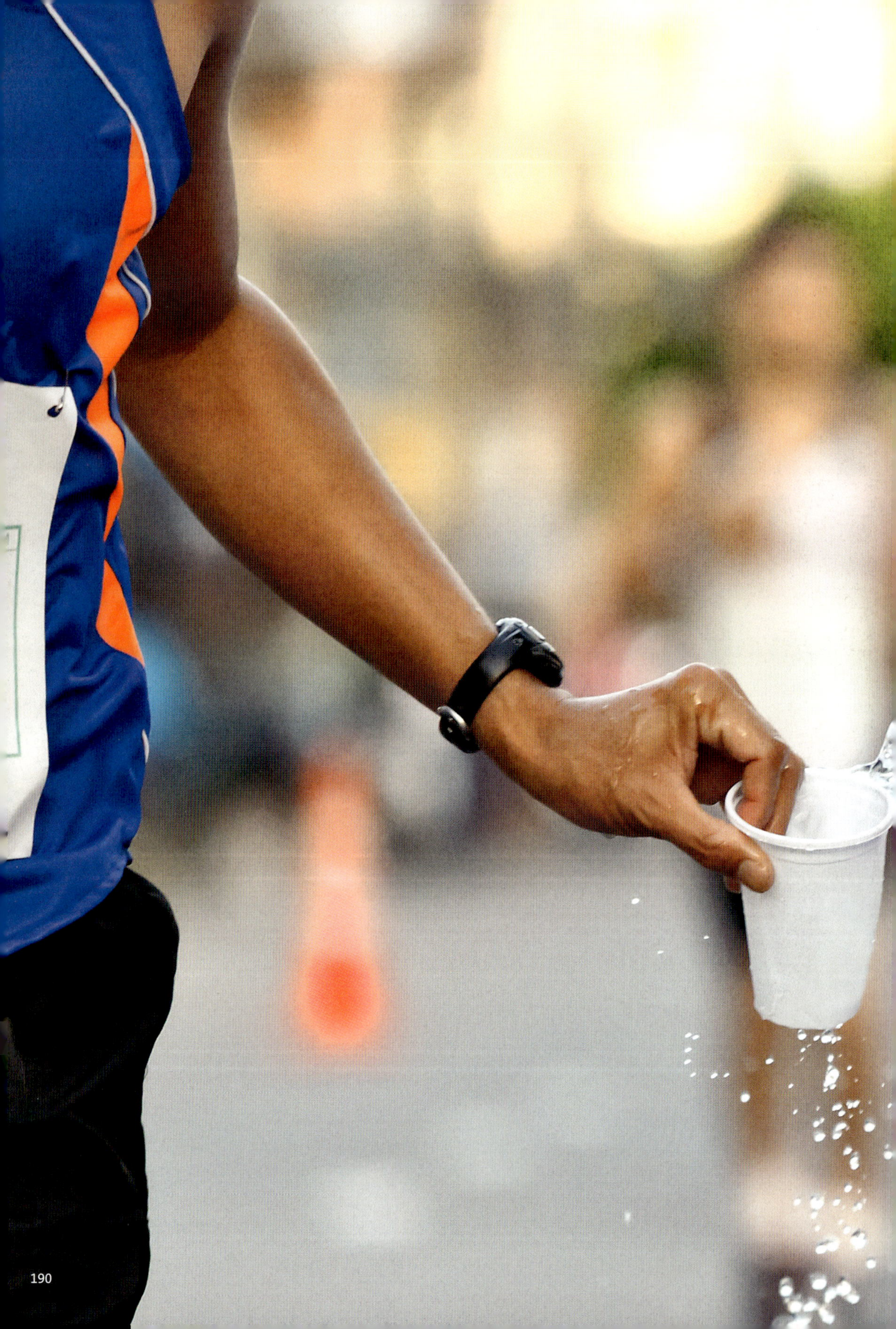

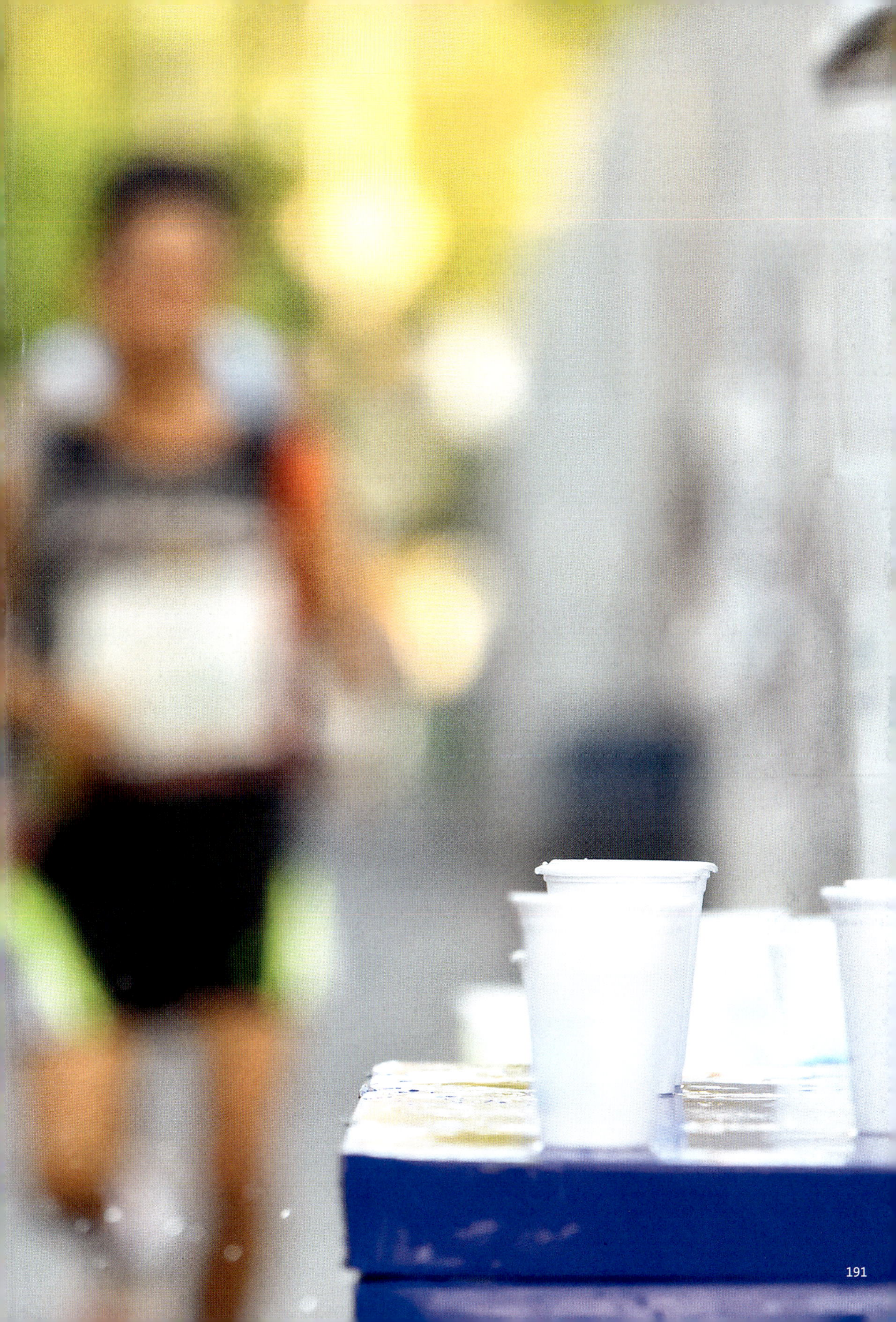

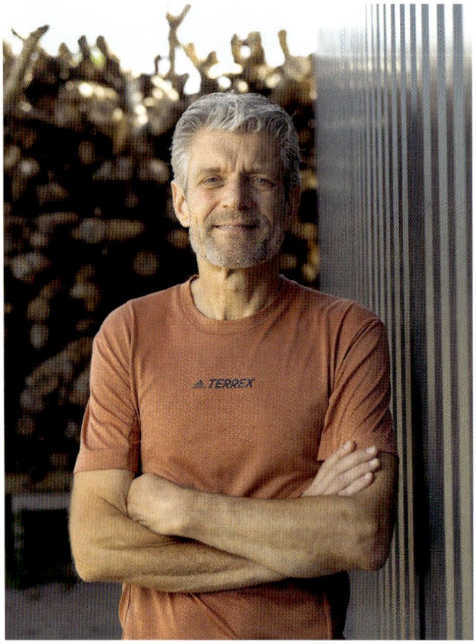

Der Autor

Martin Grüning gehörte mit seiner Marathon-Bestzeit von 2:13:30 Stunden zu den besten deutschen Marathonläufern der 1980er- und 1990er-Jahre.
Heute ist er Chefredakteur der deutschen Ausgabe von RUNNER'S WORLD, dem größten Laufmagazin der Welt, und der Internetseite runnersworld.de. Der Laufexperte ist immer noch nahezu täglich in Laufschuhen unterwegs und bei diversen Laufveranstaltungen von 5 bis 100 Kilometern am Start, ob auf der Laufbahn, der Straße oder auf Trails. Der 61-Jährige hat an der Universität Köln einen Magister in Geschichte und Germanistik gemacht. Inzwischen hat er diverse Fachbücher zum Thema Laufen verfasst und gibt sein Wissen als Co-Kommentator bei Marathon-TV-Übertragungen oder auch in Vorträgen und Seminaren regelmäßig weiter.